Elizabeth Randolph

Vom Welpen zum Hund

Aufzucht − Pflege − Erziehung

Albert Müller Verlag
Rüschlikon-Zürich · Stuttgart · Wien

Aus dem Amerikanischen übersetzt von Marianne Wengerek.
Titel des amerikanischen Originals: «How to Help Your Puppy Grow Up
to Be a Wonderful Dog». Erschienen bei Macmillan Publishing Com-
pany, New York. Copyright © by Elizabeth Randolph, 1987.
Deutsche Ausgabe: © Albert Müller Verlag AG, Rüschlikon-Zürich,
1988. – Nachdruck, auch einzelner Teile, verboten. Alle Nebenrechte
vom Verlag vorbehalten, insbesondere die Filmrechte, das Abdrucksrecht
für Zeitungen und Zeitschriften, das Recht zur Gestaltung und Verbrei-
tung von gekürzten Ausgaben und Lizenzausgaben, Hörspielen, Funk-
und Fernsehsendungen sowie das Recht zur foto- und klangmechanischen
Wiedergabe durch jedes bekannte, aber auch durch heute noch unbekannte Verfahren. – ISBN 3-275-00934-6. – 1/5-88. – Printed in Germany.

Inhaltsverzeichnis

* Die *kursiv* gedruckten Titel bezeichnen in sich abgeschlossene, ausführliche Besprechungen bestimmter wichtiger Aspekte der Erziehung oder des Verhaltens von Welpen. Die entsprechenden Abschnitte sind in anderer Schrift gedruckt.

Danksagung

An erster Stelle möchte ich Dr. Ginger Hamilton dafür danken, daß sie mir mit ihrem unschätzbaren Fachwissen über das Verhalten von Hunden und über den richtigen Umgang mit ihnen zur Seite gestanden hat.

Tim Donovan von der Abteilung für Öffentlichkeitsarbeit der American Veterinary Medical Association (AVMA) danke ich für seine Hilfe bei der Beschaffung von Hintergrundinformationen.

Herzlichen Dank an Joan R. Heilman, durch deren Anregung dieses Buch entstanden ist. Dank auch an Arlene Friedman, meine Lektorin bei Macmillan, und ihre Mitarbeiterin, Emily Easton.

Und, wie immer, danke ich meinem Mann, Arthur Hettich, für seine ständige Unterstützung und Ermutigung.

Elizabeth Randolph

Vorwort

In städtischen Hundezwingern und Tierheimen findet man sehr viele halbausgewachsene, junge Hunde, die bei ihren Besitzern nicht länger erwünscht sind. Warum? Menschen, die sich mit dem Problem beschäftigten, haben entdeckt, daß viele Tiere deshalb weggegeben werden, weil sie in irgendeiner Weise die Erwartungen ihrer Eigentümer nicht erfüllen. Dafür gibt es verschiedene Gründe: Zunächst die unsachgemäße Auswahl eines Welpen, dann mangelnde Kenntnis der physischen Bedürfnisse des heranwachsenden Hundes und schließlich Unbeholfenheit im Umgang mit ihm. Daraus resultiert dann eine unglückliche Verbindung von Besitzer und Tier.

Die Entscheidung, einen Welpen anzuschaffen, sollte auf mehr als nur einer Laune beruhen. Die Auswahl eines Hundes, der voraussichtlich mindestens zehn Jahre lang mit in Ihrem Haushalt lebt, sollte Ihnen Freude bereiten, interessant und spannend sein, aber nicht allzu impulsiv getroffen werden. Der erste Teil dieses Buches enthält Richtlinien, die Ihnen dabei helfen sollen, klug und durchdacht zu wählen.

Schon der gesunde Menschenverstand wird Ihnen sagen, daß der Besitz eines jungen Hundes ganz im Gegensatz zu dem, was manche Leute Sie glauben machen möchten, kein reines Vergnügen und Zuckerschlecken ist. Mit der Freude sind unabänderlich auch harte Arbeit, Verzicht, Aufregung und Ärger verbunden: Es fallen Besuche beim Tierarzt und Spaziergänge in Schnee und Regen an; Pfützen, «Mißgeschicke» und Hundehaare müssen beseitigt werden; Gegenstände, die Ihnen lieb und teuer sind, werden zerbissen oder zerbrochen und so weiter. Sogar erfahrene Hundehalter vergessen gerne, wie zeitaufwendig und anstrengend die fachgerechte Pflege eines kleinen Hundes sein kann. Den meisten Menschen ist es die Mühe wert mitzuerleben, wie der Welpe zu einem schönen, gehorsamen und treuen Hund heranwächst. Sind Sie und Ihre Familie jedoch nicht bereit, diese Verantwortung und Mühe auf sich zu nehmen, sollten Sie es lieber bleiben lassen.

Eine große Zahl von Büchern wurde geschrieben, um Eltern das Verständnis für die Entwicklung eines Kindes zu erleichtern – die verschiedenen Stadien körperlicher Veränderungen, die Phasen sozio-psychologischen Aufruhrs oder die Zeiten der Ruhe. Die meisten Bücher erklären den Eltern, daß ihre Kinder «normal» sind, und leiten sie dazu an, positiv bei der natürlichen Entwicklung ihrer Kinder mitzuwirken.

Vom Welpen zum Hund tut dasselbe für die Besitzer von «Hundekindern». Es will nicht als Buch über Welpenerziehung verstanden werden und gibt auch nicht vor, eine Zauberformel zu enthalten, nach der alle Hunde gut geraten. Dieses Buch schildert vielmehr die normale Entwicklung der meisten Welpen: Wie sie heranwachsen, welche physischen und sozialen Bedürfnisse sie in verschiedenen Phasen haben, wann sie reif genug sind, um bestimmte Verhaltensweisen zu erlernen, und zu welchem Zeitpunkt mögliche Fehlentwicklungen schon im Ansatz erkannt und behoben werden können. Die bekannte Tierpsychologin Dr. Ginger Hamilton hat ihr berufliches Fachwissen beigesteuert und Material zu allen hier behandelten Aspekten des Verhaltens kleiner Hunde zur Verfügung gestellt. In diesem Buch finden sich erstmals veröffentlichte Untersuchungen darüber, in welcher Weise das Temperament eines Welpenbesitzers das Verhalten seines Tieres beeinflussen kann. Besondere Aspekte der Hundepsychologie in bestimmten Entwicklungsstadien und geeignete Erziehungsmaßnahmen werden in den *ausführlichen Besprechungen* (siebenundzwanzig speziell gekennzeichneten Abschnitten) detailliert dargestellt. Diese *ausführlichen Besprechungen* sollen es Ihnen ermöglichen, künftigen Unarten vorzubeugen oder sie zumindest in Grenzen zu halten.

Selbst ein glücklicher und erfahrener Hundebesitzer gibt sich oft mit mangelhaften Verhaltensweisen seines Vierbeiners zufrieden, gerade wie es auch Eltern bei ihren Kindern tun. Dieses Buch wird Ihnen Einsichten in die rasche Entwicklung Ihres Welpen vom hilflosen «Säugling» zum unabhängigen «Erwachsenen» vermitteln. Aus menschlicher Sicht betrachtet, vollzieht sich diese Reise in einem äußerst kurzen Zeitraum – je nach Größe und Rasse des Hundes dauert sie nur zwölf bis achtzehn Monate. Die entsprechende Zeitspanne beträgt beim Menschen fünfzehn bis zwanzig Jahre. *Vom Welpen zum Hund* skizziert die Entwicklungsstadien eines Jungtiers und zeigt Ihnen gangbare Wege, diese Phasen sinnvoll zu nutzen und Ihrem Tier dabei zu helfen, ein folgsamer und umgänglicher Hund zu werden, der sich gut in Ihren Haushalt und Ihren Lebensstil einfügt und an dem Sie jahrelang Freude haben können — mit anderen Worten, wie aus Ihrem Welpen ein prachtvoller Hund wird.

Viel Glück bei der Erziehung!

Elizabeth Randolph

Erster Teil

Vorausplanung

1 Eine schwerwiegende Entscheidung – Was erwarten Sie von einem Hund?

Niemand kauft sich einen Welpen in der Absicht, ihn schon nach ein paar Monaten oder einem Jahr wieder wegzugeben. Doch viele Menschen tun zum Schluß genau das, denn sie erkennen nicht, daß es bei der Hundehaltung um sehr viel mehr geht als nur ums Füttern und Spazierengehen. Es mag banal sein, doch es ist wichtig genug, um es hier zu wiederholen: Ein Tier ist kein Spielzeug zum Aufziehen, das Sie einfach zur Seite legen können, wenn Sie keine Lust mehr haben, mit ihm zu spielen; es ist ein lebendiges Wesen und benötigt jeden Tag sorgfältige Pflege und ein beträchtliches Maß an Liebe und Aufmerksamkeit.

Bevor Sie daran denken, sich einen Welpen anzuschaffen, sollten Sie sich einige Fragen stellen: Sind Sie willens und in der Lage, einen kleinen Hund richtig zu versorgen? Warum möchten Sie einen Welpen? Was für einen Hund hätten Sie gerne?

Sind Sie willens und in der Lage, einen Welpen richtig zu versorgen?

Bevor Sie zu schnell mit «ja» antworten, denken Sie bitte über das Folgende nach:

● Kleine Hunde benötigen viel Aufmerksamkeit und Pflege seitens des Menschen. Sehr junge Tiere (bis zum Alter von drei oder vier Monaten) sollten nicht für längere Zeit allein gelassen werden. Sind alle Familienmitglieder in der Regel den größten Teil des Tages außer Haus, gibt es verschiedene Lösungen für dieses Problem: Man kann es so einrichten, daß tagsüber wenigstens einmal jemand nach dem Rechten schaut und sich um den Hund kümmert; es besteht auch die Möglichkeit, gleichzeitig zwei Welpen anzuschaffen, oder ein älterer Hund kann dem kleinen Gesellschaft leisten (siehe *Ein weiteres Haustier zur Gesellschaft*, Seite 235).

● Die Bindung des Welpen an seine Besitzer vollzieht sich insbesondere während seiner ersten Lebensmonate. Längere Abwesenheiten der Eigentümer können diese Prägung verhindern; daher sollten Sie zumindest während der ersten vier oder fünf Monate ausgedehnte Geschäftsreisen oder Familienferien ohne den Vierbeiner verschieben. Dies kann schwierig sein.

● Die ersten Erfahrungen und Kontakte mit Menschen spielen eine wichtige Rolle bei der Entwicklung eines Welpen. Es geht nicht nur darum, sich der physischen Bedürfnisse seines Tieres anzunehmen; Sie sollten außerdem auch immer wieder mit ihm spielen – insgesamt mindestens eine Stunde täglich –, gleichgültig wie müde oder beschäftigt Sie sind.

● Gute und schlechte Angewohnheiten und Verhaltensweisen bilden sich schon früh. Wenn Sie möchten, daß sich Ihr Welpe zu einem wohlerzogenen Hund entwickelt, müssen Sie auch Zeit darauf verwenden, ihm gute Manieren beizubringen.

● Bis er etwa ein Jahr alt ist, müssen Sie mit Ihrem Welpen in Abständen von zwei bis vier Wochen zur Impfung gehen. Dies erfordert Zeit und Geld.

● Hunde müssen regelmäßig gebürstet und/oder gekämmt werden, und manche Rassen benötigen sogar professionelle Pflege. Mit solchen Routinearbeiten sollten Sie so früh wie möglich beginnen, damit ihr neuer Gefährte sich daran gewöhnt.

● Wie sehr Sie auch aufpassen und wie gesittet Ihr Welpe auch sein mag, lassen sich «Mißgeschicke» im Haus nicht vermeiden: Teppiche werden beschmutzt, Gegenstände umgeworfen oder zerbissen, und Hundehaare liegen herum.

Kurz gesagt: Einen kleinen Hund zu besitzen heißt, Energie, Zeit, Geduld und Geld investieren und sicher auch einiges Durcheinander im Haushalt in Kauf nehmen zu müssen. Wenn Sie sich dies nicht klarmachen und nicht willens sind, diese im Leben eines jeden Hundebesitzers unvermeidlichen Tatsachen zu akzeptieren, sollten Sie lieber keinen Welpen kaufen.

An dieser Stelle ein Wort über Kinder und Hundepflege: Oft beklagen sich Erwachsene, daß unabhängig davon, wieviele Versprechen Kinder im Hinblick auf die Pflege eines Tieres abgegeben haben, schließlich doch den Eltern der Löwenanteil dieser Arbeit zufällt. Hier sollte der gesunde Menschenverstand zum Tragen kommen: Schön und gut, wenn ein achtjähriger Junge verspricht, sich um die vollständige Versorgung eines Hundes zu kümmern – doch es ist kaum realistisch, tatsächlich davon auszugehen, er sei dazu in der Lage. Eltern sollten daran denken, daß alle Kinder gelegentlich so ins Spiel mit ihren Freunden vertieft sind, daß sie darüber ihre Pflichten vergessen. Auch kann ein Kind den Welpen nicht füttern oder mit ihm spazierengehen, wenn es zum Beispiel in der Schule oder im Bett ist, noch kann es ihn normalerweise zum Tierarzt oder in den Hundesalon bringen. Ein vernünftiger Plan, bei dem sich alle Familienmitglieder in die verschiedenen Aufgaben der Hundepflege teilen, funktioniert gewöhnlich am besten und verhindert Tränen, Schuldgefühle und Ärger, ganz zu schweigen von der drohenden Vernachlässigung des Jungtieres (siehe *Wer kümmert sich um was,* Seite 41).

Warum der Wunsch nach einem Hund?

Diese Frage mag überflüssig erscheinen, doch ihre Beantwortung ist nicht so einfach, wie es auf den ersten Blick aussieht. Neben der zweckorientierten Hundehaltung – für die Jagd oder andere Sportarten, die erwerbsmäßige Zucht, die Bewachung oder sonstige Arbeiten –, mit der wir uns in diesem Buch jedoch nicht befassen, gibt es zahlreiche Gründe dafür, warum eine Person oder eine Familie gerne einen Haushund hätte: zur Gesellschaft und um ihn einfach lieb zu haben, als Spielgefährten für die Kinder, zum Schutz für Mensch und Besitz, um Kindern Verantwortung beizubringen, weil es Freude bereitet oder um es Nachbarn und Freunden gleichzutun. Innerhalb einer Familie kann jedes Mitglied unterschiedliche Vorstellungen oder auch mehrere Gründe für den Wunsch nach einem Hund haben.

Darüber hinaus ist es sinnvoll zu bedenken, daß sich die Familiensituation während der durchschnittlichen Lebenszeit eines Hundes mit Sicherheit ändert: Die Kinder, deren Spielgefährte der Welpe sein soll, wachsen heran und ziehen aus; das Haus, das er bewachen sollte, wird vielleicht gegen eine Stadtwohnung eingetauscht; zahlreiche andere Veränderungen innerhalb der Familie und ihrer Lebensweise können sich ergeben. Wenn es auch unmöglich ist, alle Wechselfälle, die vermutlich während der Lebensdauer des Tieres in Ihrer Familie eintreten werden, vorherzusehen, sollten Sie sich doch der Tatsache bewußt sein, daß Ihre ursprünglichen Gründe für die Anschaffung eines Hundes in einigen Jahren vielleicht hinfällig sind und er dann möglicherweise nicht mehr zu Ihren Lebensumständen paßt. Wenn solche Faktoren sorgfältig geprüft werden, stellt sich mitunter heraus, daß der Kauf eines Tieres keine gute Entscheidung wäre.

Was für einen Hund hätten Sie gerne?

Wenn Sie und Ihre Familie sich entschlossen haben und auch dazu bereit sind, die Pflichten eines Hundebesitzers auf sich zu nehmen, sind Sie sich dann auch darüber im klaren, was für einen Hund Sie gerne hätten? Es ist jetzt an der Zeit, sich intensiv mit dieser Frage zu befassen, denn es hängt weitgehend von Ihrer Wahl ab, wie zufrieden Sie später mit dem Tier sein werden.

Wie sieht der Idealhund eines jeden Familienmitgliedes aus? Hat er lange oder kurze Haare? Fühlt er sich weich und seidig oder rauh an? Sind seine Ohren lang und schlappig oder stehen sie in die Höhe? Hat er eine spitze, runde oder eher eingedrückte Schnauze? Wie groß ist er − ein Zwerg oder ein Riese? Und wie verhält er sich? Wenn ein schüchternes Kind oder ein ruhiges Pärchen sich ein süßes, knuddeliges, weiches und nicht gerade aufregendes Schoßhündchen wünscht, wäre ein frecher, energiegeladener, drahthaariger Terrier sicher nicht das Richtige. Andererseits wäre ein empfindsames, zart besaitetes Tierchen eine große Enttäuschung für eine Familie mit lebhaften Kindern, die auf einen unermüdlichen Spielgefährten gehofft hatten. Gibt es eine bestimmte Rasse oder Hundeart, mit der Sie einmal in Berührung kamen − vielleicht besitzt ein Bekannter ein Exemplar dieser Gattung, die Sie jetzt für gut geeignet halten?

Am besten geht man so vor, daß jedes Familienmitglied seine Wünsche oder Vorstellungen schriftlich festhält und man die Notizen dann miteinander vergleicht. Wenn sich alle auf eine bestimmte Hunderasse oder Art einigen können, ist die Sache wesentlich einfacher, doch auch ohne eine solche Übereinstimmung läßt sich gewöhnlich ein Kompromiß finden, solange nur jeder seine Meinung äußern darf (siehe *Tabelle 1,* Seite 18).

Es gibt gewöhnlich mehrere Rassen oder Hundearten, die mit der Beschreibung übereinstimmen, die Sie erarbeitet haben, und nun sollten Sie herausfinden, welches Ihr «Idealhund» ist. Wenn vielleicht auch eine Promenadenmischung die von Ihrer Familie vorgebrachten Erwartungen an den perfekten Welpen erfüllen mag, lassen sich doch die späteren Merkmale eines reinrassigen Hundes

Tabelle 1: Punktesammlung für die vernünftige Auswahl eines Welpen

---

Physische Gegebenheiten:

Größe (z. B.: riesig, groß, mittel, klein, zwergwüchsig): _____
Farbe: _____
Art des Fells: _____
   Bedeutung von Pflegeleichtigkeit und Haarausfall: _____
Ohren: _____
Schwanz: _____
Schnauze: _____
Augen: _____
Konstitution (z. B.: ausdauernd und robust, zierlich und empfindsam.
Lebt er in erster Linie im Haus oder im Freien?): _____

Verhalten / Temperament

Ruhig, nicht sehr aktiv; im Haus: _____ draußen: _____
Sehr aktiv; im Haus: _____ draußen: _____
Sanft, anschmiegsam: _____
Struppig, kräftig: _____
Verspielt: _____
Still, bellt selten: _____
Unternehmungslustig, zutraulich, kontaktfreudig: _____
«Ein-Mann-(Familien-)Hund», zurückhaltend bei Fremden: _____
Bedeutung von (d. h. sehr, ein wenig, kaum):
   Grad des Gehorsams: _____
   Lernfähigkeit: _____
   Eignung als Wachhund: _____
Andere wichtige Eigenschaften: _____

---

leichter abschätzen; daher beschränken wir uns im Folgenden auf solche Tiere.

Jedes Familienmitglied sollte an der Auswahl beteiligt sein; auch sehr kleine Kinder können sich Bilder von verschiedenen Hunden ansehen. Besuchen Sie Hundeausstellungen, sprechen Sie mit Züchtern und Besitzern, und lesen Sie möglichst viel über die Rassen und Arten, die Sie in Erwägung ziehen. Bedenken Sie auch, daß die meisten Züchter nicht ganz objektiv sind, wenn es um «ihre» Rassen geht; es lohnt sich daher, recht viele Hundebesitzer zu befragen, um herauszufinden, ob es bei der einen oder anderen Hundeart bestimmte Unannehmlichkeiten und Probleme gibt. Was für einige Menschen durchaus akzeptabel ist, muß es nicht

18

auch für Sie sein. Die Liebhaber einer speziellen Rasse meinen vielleicht, daß die guten Eigenschaften eines solchen Tieres die schlechten bei weitem überwiegen, doch Sie empfinden das unter Umständen ganz anders.

In der Folge werden einige allgemeine Charakteristika behandelt, die Sie bei der Auswahl eines Hundes vielleicht mit berücksichtigen sollten.

Umstände, die Sie bedenken sollten

Im Lauf Ihrer Erkundigungen begegnen Sie möglicherweise Ausdrücken wie «überzüchtet» oder ähnlichen. Oder Ihnen kommen Behauptungen zu Ohren wie: «Diese und jene Hunde sind nicht vertrauenswürdig» (oder «nur schwer stubenrein zu machen» oder «bissig» oder «kränklich»). Es ist ratsam, die Quelle solcher Bemerkungen zu beachten, da derartige Informationen oft aus zweiter oder sogar dritter Hand stammen oder der Betreffende nur einen Hund dieser Art kennt.

Wie dem auch sei, manche Rassen oder Arten tendieren zu gewissen unerfreulichen physischen oder verhaltensmäßigen Merkmalen. Manche dieser scheinbar unbedeutenden Eigenschaften, zum Beispiel schnarchen und geifern, sind für einige Menschen wirklich ärgerlich, doch Züchter erwähnen sie kaum, wenn man nicht ausdrücklich danach fragt.

Es ist wichtiger zu wissen, daß bestimmte Rassen und Hundearten eine Veranlagung zu möglicherweise schwerwiegenden körperlichen und verhaltensmäßigen Störungen haben. Nichts ist trauriger als festzustellen, daß sich bei dem schönen Welpen, den Sie bereits ins Herz geschlossen haben, ein ernstes physisches Problem oder eine unerträgliche Eigenschaft zeigt. (Weitere Informationen zum Thema «Veranlagung» finden Sie in den Kapiteln *Eine Bezugsquelle auswählen,* Seite 29, und *Die Auswahl einen Welpen,* Seite 45).

Das Folgende soll Sie nicht vom Kauf einer bestimmten Hunderasse oder -art abschrecken, sondern dient lediglich Ihrer Information.

Lebenserwartung
Ein Charakteristikum, das unerfahrene Hundebesitzer meist völlig außer acht lassen, ist die Lebensdauer. Man geht normalerweise davon aus, daß ein gesunder, gut gepflegter Haushund im Durch-

Tabelle 2: Beispiele von Rassen mit einer längeren oder kürzeren Lebenserwartung als üblich

---

Länger als üblich (fünfzehn bis zwanzig Jahre):
Die meisten der Zwerghunderassen und viele sehr kleine Hunde; Boston Terrier; Dobermann; Foxterrier; Irischer Setter; Kerry Blue Terrier; Schipperke; Standardschnauzer; Welsh Corgi (Cardigan und Pembroke); West Highland White Terrier; Whippet.

Kürzer als üblich (weniger als zehn Jahre):
Boxer; Bulldogge (Englische Bulldogge); viele sehr großwüchsige Rassen wie Bernhardiner, Pyrenäen-Hund und Neufundländer; alle Riesenrassen, besonders die Deutsche Dogge, der Irische Wolfshund und der Schottische Hirschhund (Deerhound).

---

schnitt zwölf bis fünfzehn Jahre lebt; doch eine ganze Anzahl Rassen hat eine längere Lebenserwartung, und andere leider eine recht kurz bemessene. Obwohl dies für viele Menschen weiter keine Bedeutung hat, gibt es doch solche, die Wert darauf legen, die Lebenserwartung Ihres Welpen zu kennen, wenn sie Ihre Wahl treffen. *Tabelle 2* listet einige der Rassen auf, deren Lebenserwartung über oder unter dem Durchschnitt liegt.

Physische Gegebenheiten

Es gibt auch gewisse physische Eigenschaften, die Ihre Wahl beeinflussen könnten. Reinrassige Hunde werden in bestimmte Klassen oder «Gruppen» eingeteilt: Sporthunde, Jagdhunde, Arbeitshunde, Terrier, Zwerghunde und Begleithunde. Diese Gruppen unterscheiden die Hunde nach ihren Funktionen − nämlich nach dem, was sie tun sollen − und nicht nach körperlichen Merkmalen. Außer im Fall der Zwergrassen, deren Gruppenzugehörigkeit durch ihre Größe festgelegt ist, gibt es gewöhnlich keine allgemeingültigen Richtlinien für die physischen Eigenschaften in diesen Klassen. Zur Gruppe «Jagdhund» gehören zum Beispiel der kleine, kurzbeinige Dachshund, der riesige Irische Wolfshund und der zierliche Whippet. Auch das Fell kann innerhalb einer Gruppe stark variieren, vom glatten, geschmeidigen Fell eines Weimaraners bis zum weichen, seidigen Pelz des Golden Retriever

– beide gehören in die Gruppe der Sporthunde. Diese Einteilungen haben also im Hinblick auf die äußere Erscheinung wenig Aussagekraft.

Größe

Die Größe sollte man als Masse (die Kombination aus Schulterhöhe und Gewicht) ansehen, statt einfach nur entweder an die Höhe oder das Gewicht zu denken. Ein Hund erscheint auch groß oder klein, je nachdem ob er einen langen oder gedrungenen Körper hat, schlank gebaut oder kräftig und lang- oder kurzbeinig ist und ob er eine lange oder kurze Rute hat. Was den Pflegeaufwand und die Eignung eines Hundes auch für kleine Wohnungen angeht, sollten die künftigen Besitzer die Bewegungsfreudigkeit eines Tiers und sein Bedürfnis nach Auslauf berücksichtigen (siehe *Tabelle 3,* Seite 22).

Fell

Die Pflege, deren das Fell eines Hundes bedarf, und das Ausmaß, in dem er Haare verliert, sind für einige Menschen besonders wichtig. Obgleich alle Hunde regelmäßig gekämmt oder gebürstet werden müssen, haben manche ein Fell, das täglich gepflegt werden sollte, während andere mit nur einmal Kämmen pro Woche verhältnismäßig leicht sauber und in Ordnung gehalten werden können. Die meisten Rassen, die in den Hundesalon gebracht werden müssen, brauchen nur wenig zusätzliche Pflege seitens ihrer Besitzer.

Viel hängt von Ihnen ab: die Zeit, die Sie auf die Fellpflege verwenden müssen, der Betrag, den Sie für professionelle Schönheitspflege ausgeben wollen und können sowie die Bedeutung, die Sie einem haarfreien Haus beimessen. Wenn ein in Ihrem Haushalt lebender Mensch eine Allergie hat, müssen Sie natürlich besonders darauf achten, einen Hund zu wählen, der sich nur sehr wenig haart, oder einen, der für Allergiker weniger bedenklich ist, da er im Gegensatz zu manchen anderen Rassen nur wenig trockene Haut abstößt; Pudel und Schnauzer werden im allgemeinen als die schuppenfreisten angesehen.

Nach ihrem Fell lassen sich Hunde in die folgenden Kategorien einteilen: glattfellig, doppelfellig (Unterwolle und Deckhaar), drahthaarig, langhaarig und lockig. Man kann sie auch noch weiter unterteilen in solche Tiere, die a) das ganze Jahr stark haaren,

Tabelle 3: Einteilung nach maximalen Durchschnittsgrößen

	Gewicht (Pfund)	Höhe (cm)
zwergwüchsig*	bis 10	bis 24
klein	10 bis 30	25 bis 41
mittel	20 bis 65	27 bis 62
groß	50 bis 115	37 bis 75
riesig	95 bis 150 und mehr	70 bis 80 und mehr

* Manche sind schwerer und größer, speziell Rüden.

b) nur zu bestimmten Jahreszeiten stark haaren, c) das ganze Jahr normal haaren und d) nur schwach haaren (alle Hunde, selbst die sogenannten nichthaarenden Rassen, verlieren Haare, damit neue nachwachsen können).

Einige allgemeine Feststellungen: Hunde mit drahtigem oder lockigem Fell haaren sich weniger als solche mit glattem Fell. Doppelfellige Hunde verlieren sehr viele Haare, und einige Tiere, besonders solche mit sehr dickem Winterpelz, verlieren im Frühling ihr ganzes Unterfell. Die Besitzer lassen das Fell solcher Tiere in dieser Zeit häufig im Hundesalon «ausreißen» oder rupfen, um sich so des Großteils an Haaren zu entledigen. Viele Wasserhunde haben eine ölige Schicht auf ihrem Pelz, die sie vor Feuchtigkeit schützt (zum Beispiel der Labrador). Diese Schicht kann Flecken an Möbeln und Wänden hinterlassen. Der Umfang des Haarverlusts scheint auch von der Größe und Farbe eines Hundes abzuhängen. So sieht man weißes Haar deutlich auf dunklen Möbeln und Teppichen, und dunkles Haar hebt sich eher von hellen Möbeln und Teppichen ab, und das Fell eines großen Hundes ist voluminöser als das eines kleinen.

Eine Übersicht über den Pflegebedarf der Felle unterschiedlicher Rassen und den Haarverlust findet sich in *Tabelle 4*.

Ohren

Der Ohrenform wird im Zusammenhang mit dem Pflegebedarf eines Hundes gewöhnlich keine große Beachtung geschenkt. Trotzdem sollten Sie wissen, daß es bei Hängeohren eher zu traumatischen Verletzungen kommt als bei Stehohren. Hängeohren können auch die Luftzirkulation verhindern, was zu bakteriellen Infektionen führen kann, und bei Hunden mit stark behaarten

Tabelle 4: Fellpflege und Haarverlust bei einigen repräsentativen Rassen

Pflegebedarf

Regelmäßige, professionelle Pflege:
Bürsten und Schneiden – etwa alle sechs Wochen: Pudel.
Ausreißen, trimmen und scheren – zwei- bis dreimal im Jahr: Bedlington Terrier, die meisten drahthaarigen Terrier, Schnauzer.
Ausreißen oder rupfen – jährlich oder halbjährlich: zu bestimmten Jahreszeiten haarende Hunde (siehe unten).

Höchster (täglicher) Pflegebedarf:
Alle Rassen mit langem, seidigem Fell.
Afghane, Bichon Frisé, Langhaar Collie, Dandie Dinmont Terrier, Keeshond, Lhasa Apso, Malteser, Old English Sheepdog (Bobtail), Papillon, Pekinese, Pommerscher Hütehund, Shetland Sheepdog (Sheltie), Shih-Tzu, Silky Terrier, Skye Terrier, Yorkshire Terrier.

Pflegeleicht:
Die meisten Rassen mit kurzem, glattem und weichem Fell.
Affenpinscher, Basenji*, Border Terrier, Boston Terrier*, Boxer, Bulldogge, Chihuahua, Kurzhaar Collie, Dachshund, Dalmatiner, Deutsche Dogge, Dobermann, Foxhound, Greyhound*, Labrador Retriever, Manchester Terrier*, Mops, Norfolk und Norwich Terrier, Pointer, Rhodesian Ridgeback, Saluki (Persischer Windhund)*, Schipperke, Schnauzer*, Welsh Corgi, Whippet*.

Haarverlust

Starker Haarverlust:
Die meisten Rassen mit Doppelmantel einschließlich: Chow-Chow, Deutscher Schäferhund, Pommerscher Hütehund, Sibirischer Husky.

Zu bestimmten Jahreszeiten oder einmal jährlich stark haarende Rassen:
Akita Inu, Alaskan Malamute, Chow-Chow, Collie, Keeshond, Neufundländer, Pyrenäen-Hund, Samojede, Sibirischer Husky.

Wenig (oder kein) Haarverlust:
Die meisten drahthaarigen Hunde verlieren keine Haare.
Basenji, Bearded Collie, Irischer Wasserspaniel, Malteser, Pudel, Schnauzer, Sealyham Terrier, Whippet, Yorkshire Terrier.

---

* Sehr sauber, adrett und geruchlos.

Ohren können sich Pfropfen aus verfilzten Haaren bilden. Oft stutzen die Züchter den Tieren vor dem Verkauf die Ohren (zum Beispiel den Deutschen Doggen und Dobermännern). Nach solchen kosmetischen Operationen, die das Ohr eines Hundes aufstellen sollen, ist sorgfältige Pflege seitens des Besitzers erforderlich, damit keine Infektion entsteht.

Kopf

Bestimmte gezüchtete Hunderassen haben eingedrückte Schnauzen und vorstehende Augen. Diese kurzköpfigen Rassen neigen zu ernsthaften Nasen- und Augenproblemen. Bei Boston Terriern, Boxern, Bulldoggen, Lhasa Apsos, Pekinesen und Möpsen kommen häufig Augenschäden und -krankheiten vor, denn die Augen sitzen nicht tief in den Höhlen und werden von den Lidern nicht gut geschützt.

Weniger schlimm, aber doch ärgerlich ist die Tatsache, daß Rassen mit eingedrückten Schnauzen fast immer schnarchen und röcheln und in der Regel auch an heftigen Blähungen leiden, da sie ständig viel Luft schlucken.

Hunde mit lose herabhängender Unterlippe wie Bluthunde, Boxer, Bernhardiner, Neufundländer, Mastiffs und die Pyrenäen-Hunde geifern stark.

Physische Widerstandskraft/Empfindlichkeit

Sport- und Arbeitshunde sowie die meisten Jagdhunde und Terrier sind im allgemeinen abgehärtet und ertragen auch extreme Temperaturen. Ausnahmen in der Kategorie der Arbeitshunde sind der Boxer und die Deutsche Dogge, die beide äußerst empfindlich auf Feuchtigkeit und Kälte sind. Unter den Jagdhunden müssen die Greyhounds und Whippets vor Kälte geschützt werden. Auch alle Zwergrassen brauchen Schutz vor sehr hohen oder tiefen Temperaturen, besonders vor Kälte.

Kurzköpfige Rassen haben an heißen Tagen besonders zu leiden. Oft fallen Bulldoggen und Möpse Hitzschlägen zum Opfer. Auch doppelfellige Rassen wie der Chow-Chow reagieren äußerst empfindlich auf große Wärme.

Temperament und Verhalten

Im Gegensatz zu den physischen Gegebenheiten können die Verhaltensmerkmale bis zu einem gewissen Grad durch die Gruppenzugehörigkeit eines Hundes bestimmt werden. Wie bereits erwähnt, ist dies deshalb der Fall, weil Hunde meist nach ihrer Funktion eingeteilt werden.

Große Sport- und Jagdhunde wurden im Lauf der Jahre so gezüchtet, daß sie vor allem über große körperliche Energie verfügen. Das bedeutet, daß sie täglich viel Auslauf benötigen, um physisch und emotionell in guter Verfassung zu bleiben. Daher sind zum Beispiel Bluthunde, Foxhounds, Irische Wolfshunde, Pointer, Retriever, Schottische Hirschhunde, Setter und Weimaraner für das Leben in einer Stadtwohnung ungeeignet. Sie sind gewöhnlich lernwillig, doch ist es nötig, ihnen klarzumachen, was man von ihnen erwartet.

Arbeitshunde sind im allgemeinen sehr aktiv, stark und brauchen täglich sehr viel Bewegung, um glücklich zu bleiben. Die größeren Arbeitsrassen (Alaskan Malamute, Flandrischer Treibhund, Briard, Bullmastiff, Pyrenäen-Hund und Old English Sheepdog) sind auch nicht sonderlich für das Stadtleben geeignet. Gebrauchshunde sind normalerweise sehr intelligent und für menschliche Bedürfnisse aufgeschlossen, aber gerne etwas eigenwillig und stur, und selbst die kleinwüchsigsten Rassen (Corgis und Shetland Sheepdog) erfordern eine feste Hand.

Terrier sind zwar energiegeladen und temperamentvoll, doch wegen ihres kleinen Wuchses kann man ihnen gewöhnlich selbst in einer Stadt genug Bewegung verschaffen. Die Rüden haben ein ausgeprägtes Revierverhalten und sind eigensinnig, und man muß ihnen schon früh beibringen, daß aggressive Terriorialität und übermäßiges Bellen nicht akzeptabel sind.

Die Notwendigkeit der Bewegung im Freien muß grundsätzlich von der Aktivität in der Wohnung oder im Haus unterschieden werden. Ein winziger Yorkshire Terrier braucht wirklich keine ausgedehnten Spaziergänge, um genügend Bewegung zu haben (trotzdem muß man ihn nach draußen mitnehmen, damit er Gesellschaft hat und sich nicht langweilt), doch Besitzer dieser kleinen Hunde wissen, daß sie viel im Haus umherlaufen, Gegenstände inspizieren und sich mit ihnen beschäftigen. Wenn Sie gerne einen Hund hätten, der sich im Haus ruhig verhält, so sind einige der größeren und Riesenrassen (Bulldogge, Basset, Neufundländer, Mastiff, Deutsche Dogge, Pyrenäen-Hund, Irischer Wolfshund, Pudel und Schottischer Hirschhund) zu empfehlen, vorausgesetzt Sie sorgen für die nötige tägliche Bewegung im Freien. Clumber Spaniels sind bekannt für ihre etwas phlegmatische Natur.

Temperament

Das Temperament von Welpen kann stark variieren; Erbveranlagung, anfängliche Behandlung, Konditionierung und eine Anzahl besonderer Charaktermerkmale beeinflussen die individuelle «Persönlichkeit» eines Hundes.

Manche Rassen scheinen schon von Geburt an freundlich zu sein, während andere von Anfang an Distanz wahren und sich nur mit der unmittelbaren Familie anfreunden – sie werden als «Ein-Mann-Hunde» bezeichnet.

Verallgemeinerungen im Hinblick auf das Temperament einer bestimmten Rasse sind zwangsläufig subjektiv – auch gibt es immer Ausnahmen. Außerdem finden sich traurige Beispiele von Rassen, die durch unbedachte Züchtung verdorben wurden (siehe *Die Auswahl eines Welpen,* Seite 45). Die meisten Familienhunde sind freundlich zu rücksichtsvollen Kindern und zu den Kindern, mit denen sie aufwuchsen. Doch viele Angehörige der großen und Riesenrassen müssen in der Nähe von kleinen Kindern sorgfältig beobachtet werden, einfach wegen ihrer Größe und Kraft.

Eignung zum Wachhund

Fast jeder Hund bellt bei erschreckenden Geräuschen. Manche bellen nur, wenn sich ein fremdes Tier dem eigenen Besitz nähert, und andere bei ihnen unbekannten Menschen. Hunde mit ausgeprägtem Revierverhalten (viele Terrier und manche Zwergrassen) bellen bei jedem Geräusch. Einige Arbeitshunderassen wurden eigens herangezüchtet, um Viehbestand und/oder Eigentum zu bewachen, und besitzen einen überdurchschnittlichen, natürlichen Wachhund-Instinkt. Sehr große Tiere geben nützliche Wachhunde ab, selbst wenn sie kein ausgeprägtes Revierverhalten oder starke Aggressionen haben. Allein schon ihre Größe wirkt abschreckend auf Fremde.

Sie sollten darauf achten, starke Aggressionen und Territorialität nicht zu begünstigen, insbesondere wenn ein Tier schon von Natur aus zum Beschützen neigt. Auch ist es wohl überflüssig zu erwähnen, daß überaggressives und territoriales Verhalten, das bei einem kleinen oder zwergwüchsigen Hund toleriert werden kann, einem größeren nicht gestattet werden darf. Unerfahrene Besitzer sollten sich daher im Hinblick auf die Größe eines Hundes nicht allzuviel zutrauen.

Auch tiefsitzende Verhaltensweisen lassen sich in den Griff be-

26

kommen und ändern, wenn der Besitzer es wirklich will, die nötige Zeit aufbringen kann und weiß, wie er vorgehen muß. *Tabelle 5* zeigt, wie sich bestimmte Rassen im allgemeinen verhalten und kann den Uneingeweihten vielleicht bei der sinnvollen Auswahl eines für sie geeigneten Hundes helfen.

Tabelle 5: Verhaltens- und Temperamentsmerkmale bei einigen Rassen

Eigenschaft	Rassen, die sie besitzen
Lärmpegel Besonders ruhig	Alaskan Malamute, Barsoi (Russischer Windhund), Basenji, Papillon, Whippet.
Besonders lärmig – vielleicht ständiges Bellen	Die meisten Terrierarten und viele Zwerghunde neigen zu starkem Gebell. Auch Cocker Spaniel, Dachshund, Norwegischer Elchhund, Retriever, Shetland Sheepdog (Sheltie), Weimaraner und Welsh Corgi.
Neigung zu Kläffen und Jaulen	Alle Jagdhunde (außer dem Basenji); besonders Basset und Beagle, auch Alaskan Malamute und Sibirischer Husky.
Aktivitätspegel Neigung zum Streunen	Die meisten Jagdhunde; Amerikanischer Wasser- und Bretonen Spaniel, Collie, Labrador Retriever (männlich), Pointer (meistens Rüden), Pyrenäen-Hund und Setter.
Sehr aktiv im Haus	Die meisten Zwergrassen und viele Terrier, Alaskan Malamute, Basenji, Bichon Frisé, Corgi, Dachshund und Weimaraner.
Sehr ruhig im Haus	Die meisten Riesen- und großen Rassen, vorausgesetzt sie haben genug Bewegung im Freien. Basset Hound, Boston Terrier, Clumber Spaniel, Greyhound, Mops, Pekinese, Saluki (Persischer Windhund), Standardpudel und Whippet.
Umgänglichkeit Aggressiv zu anderen Hunden	Viele der Rassen, die gezüchtet wurden, einer Beute nachzujagen. Amerikanischer Staffordshire Terrier, Akita Inu, Alaskan Malamute, Barsoi (Russischer Windhund), Bedlington Terrier, die

Eigenschaft	Rassen, die sie besitzen
	Belgier, Border Terrier, Boxer, Bulldogge, Bullmastiff, Bullterrier, Chow-Chow, Corgi, Flandrischer Treibhund, Foxterrier, Gordon Setter, Irischer Terrier, Irischer Wasserspaniel, Kerry Blue Terrier, Norwegischer Elchhund, Otterhound, Riesenschnauzer, Staffordshire Bullterrier und Welsh Terrier.
Wahren Distanz zu Menschen	Chihuahua, Chow-Chow, Schottischer Terrier und Vizsla (Ungarischer Vorstehhund).
Ein-Mann- oder Familienhunde	Afghane, Airedale Terrier, Basenji, Beagle, die Belgier, Berner Sennenhund, Bretonen Spaniel, Briard, Cairn Terrier, Clumber Spaniel, Curly-coated Retriever, Dalmatiner, Dobermann, Englischer Springer Spaniel, Gordon Setter, Irischer Wasserspaniel, Irischer Wolfshund, Keeshond, Komondor (Ungarischer Hirtenhund), Lhasa Apso, Norwegischer Elchhund, Rhodesischer Ridgeback, Rottweiler, Schottischer Hirschhund (Deerhound) und Whippet.
Offen, freundlich	Affenpinscher, Alaskan Malamute, Dachshund, Bearded Collie, Bichon Frisé, Border Terrier, Boston Terrier, Boxer, Chesapeake Bay Retriever, Cocker Spaniel*, Collie*, Englischer Setter, Flat-coated, Golden und Labrador Retriever, Neufundländer, Norfolk und Norwich Terrier, Old English Sheepdog (Bobtail)*, Samojede, Shih Tzu, Standardpudel, Welsh Terrier, West Highland White Terrier, Yorkshire Terrier und Zwergschnauzer*.
Natürliche Wachhunde	Alle Terrierarten und die meisten der Wachhunde, einschließlich Akita Inu, die Belgier, Bretonen Spaniel, Briard, Brüsseler Griffon, Collie, Corgi, Deutscher Schäferhund, Flandrischer Treibhund, Lhasa Apso, Norwegischer Elchhund, Otterhound, Puli, Rhodesischer Ridgeback, Shetland Sheepdog (Sheltie) und Riesen- und Standardschnauzer, Schottischer Hirschhund (Deerhound).

* Falls nicht durch schlechte Züchtung verdorben.

2   Vorbereitung auf einen Welpen

Da Sie und Ihre Familie sich nun zum Kauf eines Welpen ent-
schlossen haben und auch recht genau wissen, was für einen Hund
Sie gerne hätten, müssen Sie sich auf diese «Adoption» vorbe-
reiten.
Der erste Schritt besteht darin festzulegen, bei wem Sie Ihren
Welpen kaufen möchten. Dann sollten Sie einen Tierarzt für ihn
auswählen. (Die umgekehrte Reihenfolge ist ebenfalls möglich.)
Drittens müssen Sie und Ihre Familie ein paar grundlegende Ent-
scheidungen in bezug auf die Unterbringung treffen: Wo in Ihrem
Heim verbringt der Welpe seine erste Nacht, und wo bleibt er tags-
über, wenn er alleine ist? Nach Möglichkeit sollte es der gleiche
Platz sein. Auch müssen Sie ausfindig machen, welche Utensilien
Sie zur Pflege, Sicherheit und Bequemlichkeit Ihres Hündchens
brauchen. Auch sollten Sie die Verteilung der verschiedenen Aufgaben unter den einzelnen Familienmitgliedern vorausplanen:
Wer ist wann für das Füttern, Saubermachen, Bürsten und den
Auslauf verantwortlich? Und schließlich sollten sich alle Familienmitglieder auf gewisse Erziehungsrichtlinien einigen und sie konsequent befolgen, damit der Welpe nicht durch widersprüchliches
Verhalten irritiert wird. Im Verlauf dieses Buches wird immer wieder betont, daß gerade die ersten Erlebnisse zu positiven oder
negativen Prägungen führen. Am späteren Benehmen Ihres Hundes zeigt sich, ob Sie diese frühere Lernphase gut genutzt haben.

Die Bezugsquelle auswählen

Wenn Sie einen reinrassigen Hund möchten, ist es aus verschiedenen Gründen wichtig, die Bezugsquelle sorgfältig auszuwählen.
Unabhängig davon, wie gewissenhaft Sie einen Welpen aufziehen,
werden seine Gesundheit und emotionelle Stabilität von Erbanlagen beeinflußt. Der anfängliche Umgang mit ihm (vor allem die
soziale Prägung durch den Züchter während der ersten Lebens-

wochen) bestimmt seine spätere Gemütsart. Physische Defekte und Eigenarten im Verhalten können zwar beherrscht oder geändert werden, doch sie erschweren unnötigerweise Ihre Aufgabe.

Vererbte physische Gebrechen

Reinrassige Hunde wurden über Jahre hinweg selektiv gezüchtet, um bestimmte körperliche Merkmale immer mehr zur Geltung zu bringen. Leider verschlimmert genau diese selektive Zuchtmethode mitunter auch unerwünschte physische Eigenschaften. Für künftige Welpenbesitzer ist es daher wichtig zu wissen, daß einige Rassen zu bestimmten körperlichen Mängeln tendieren. Diese Gebrechen müssen nicht unbedingt bei den Hundeeltern (Vater- und Muttertier) vorhanden sein, sondern der Welpe kann sie von einem der Großeltern oder sogar Urgroßeltern geerbt haben. (Man spricht auch von rezessiven Genen.) *Tabelle 6* zeigt einige der erblichen physischen Schwächen und Veranlagungen bestimmter Hunderassen.

Wenn die von Ihnen ausgesuchte Rasse zu bestimmten, erblich bedingten Krankheiten neigt, sollten Sie sich Gewißheit verschaffen, daß im Stammbaum Ihres zukünftigen Hausgenossen keine derartige Krankheit verzeichnet ist. Es empfiehlt sich, die Ahnenreihe mindestens zwei Generationen weit zurückzuverfolgen. Jeder zuverlässige Züchter wird Ihnen gerne entsprechende Informationen zur Verfügung stellen, und viele Kaufverträge beinhalten heutzutage eine Garantie von bis zu einem Jahr, falls sich bei dem Welpen ein physischer Defekt bemerkbar macht. Natürlich werden Sie dann bereits an Ihrem Vierbeiner hängen; es ist daher weit besser, schon vorher umsichtig zu Werke zu gehen.

Verhaltensprobleme, die durch unsachgemäße Zucht oder Behandlung verursacht werden

Neben den physischen Problemen, die auftreten können, wenn ein Züchter die Erbfaktoren zu wenig berücksichtigt oder nicht allzu viel davon versteht, verstärken sich mitunter auch schlechte Verhaltensmerkmale.

Bereits eine nachlässige Behandlung kann genügen, um vorhandene Verhaltensschwächen zu intensivieren oder schwerwiegende Verhaltensstörungen nach sich zu ziehen. Eine gute, frühzeitige Sozialisation des Welpen durch den Züchter ist notwendig, wenn

Tabelle 6: Einige Hundearten mit einer Veranlagung zu vererbten physischen Gebrechen

Probleme der Atemwege	
Laryngoparalyse (angeboren)	Flandrischer Treibhund, Schlittenhunde
Nasenerkrankungen (angeboren)	kurzköpfige Rassen
Gaumenerkrankungen (angeboren)	kurzköpfige Rassen
Trachealbeschwerden	Zwergrassen
Augenerkrankungen	
Sehnerv bei der Geburt nicht richtig ausgebildet	Collie
Pannus	Deutscher Schäferhund
Retina bei der Geburt nicht richtig ausgebildet	Englischer Springer Spaniel
Abnormalität der Retina (zeigt sich erst mit den Jahren)	Cocker Spaniel, Collie, Irischer Setter, Norwegischer Elchhund, Pudel, Schnauzer
Autoaggressionskrankheiten	
Lupus erythematodes	Deutscher Schäferhund, Shetland Sheepdog (Sheltie)
Bluterkrankheit	
Willebrand-Jürgenssche Krankheit (angeboren)	Dobermann
Endokrine Krankheiten	
Cushingsches Syndrom (entwickelt sich in den mittleren oder späten Lebensjahren)	Boston Terrier, Boxer, Dachshund, Pudel
Diabetes (entwickelt sich in den mittleren oder späten Lebensjahren)	Pudel (tritt häufig auf)
Juvenile Anfälligkeit (angeboren)	Golden Retriever, Keeshond
Hyperthyreose	Deutsche Dogge, Dobermann, Golden Retriever, Irischer Setter

Tabelle 6: Einige Hundearten mit einer Veranlagung zu vererbten physischen Gebrechen

Hautprobleme	
Kutan-Asthenie (Ehlers-Danlossches Syndrom)	Boxer, Springer Spaniel
Haarausfall – Alopezie mit Farbveränderung	blue-merle-farbene oder rehbraune Hunde
– Ohren (Alopezie der Ohrmuschel, angeboren)	Dachshund
– durch Wachstumshormone bedingte Dermatose	Chow-Chow, Keeshond, Pommerscher Hütehund, Pudel
Mastzellentumore	Boston Terrier, Boxer
Schnauzer-Komedo-Syndrom (angeboren)	Zwergschnauzer
durch Zink bedingte Dermatitis	Alaskan Malamute, Sibirischer Husky
Herzerkrankungen (angeboren)	Collie, Pommerscher Hütehund, Pudel
Probleme des Knochengerüsts Kieferkrankheit (Mandibular-Osteopathie)	Cairn Terrier, Schottischer Terrier, West Highland White Terrier; gelegentlich: Boxer, Deutsche Dogge, Dobermann, Labrador
Probleme der Beingelenke – Wachstums- und Entwicklungsschäden (Schulter, Ellbogen, Knie, Knöchel)	große und Riesenrassen
– Hüft-Dysplasie	große, schnellwachsende Rassen; besonders: Bernhardiner, Deutscher Schäferhund, Mastiff, Pyrenäen-Hund, Retriever
– Kniescheibenverrenkung (Patellar-Luxation, angeboren)	Zwerg-, große und Riesenrassen
Neurologische Probleme Epilepsie	Beagle, Bernhardiner, Deutscher Schäferhund, Pudel

Tabelle 6: Einige Hundearten mit einer Veranlagung zu vererbten physischen Gebrechen

Myasthenia gravis	Foxterrier, Jack Russell Terrier, Springer Spaniel
Nierenerkrankungen	Alaskan Malamute, Basenji, Cocker Spaniel, Dobermann, Lhasa Apso, Norwegischer Elchhund, Shih-Tzu, Samojede, Standardpudel
Taubheit (angeboren)	Dalmatiner
Verdauungsprobleme Pankreasinsuffizienz	Deutscher Schäferhund

sich der Hund zu einem charakterstarken, verständigen Tier entwickeln soll (siehe *Sozialisation,* Seite 103).

Schlechte Züchtung und/oder Sozialisation können bei jeder Hunderasse zu Verhaltensproblemen führen (siehe *Tabelle 7,* Seite 34). Wenn Sie wissen, daß die von Ihnen ausgesuchte Hunderasse zu einem spezifischen Fehlverhalten neigt, sind Sie eher in der Lage, einen Welpen richtig zu beurteilen.

Einige Vorsichtsmaßnahmen

Unglücklicherweise führt Popularität oftmals zu schlechter Züchtung. Wenn die Nachfrage nach einer besonderen Hunderasse die Zahl der von profilierten Züchtern erhältlichen Welpen übersteigt, haben Geschäftemacher ein leichtes Spiel: Diese Leute verstehen oft nichts von Vererbung, von fachgerechter Gesundheitspflege und von angemessener, für die emotionelle Ausgeglichenheit eines Welpen notwendiger Sozialisation. Das Resultat sind im günstigsten Fall enttäuschende und im schlechtesten Fall unausstehliche Hunde.

Passen Sie auf, daß Sie nicht auf solche Hinterhofzüchter hereinfallen, die nur darauf aus sind, schnell und mühelos Geld zu verdienen. Lassen Sie sich auch nicht durch irgendwelche Werbesprüche verlocken, die «prämiierte» oder «registrierte» Welpen zu Sonderpreisen anbieten. Denken Sie daran: Gut gezüchtete, sorgfältig aufgezogene Welpen haben ihren Preis. Das soll nicht heißen, daß die Kaufsumme für einen guten Haushund dem Lösegeld für einen König gleichkommen muß. Viele anständige, verantwortungsbewußte Züchter verkaufen Welpen mit «Haushund-

Tabelle 7: Verhaltensprobleme, zu denen die folgenden Rassen bei schlechter Zucht und Sozialisierung neigen (Bemerkung: Diese Probleme können grundsätzlich bei allen Rassen auftreten)

Rasse	unsozial	überaggressiv	destruktiv	schwer erziehbar	überempfindlich, nervös, ruhelos	reizbar, bissig	äußerst eigensinnig	extrem territorial, überwachsam neurotisch	furchtsam, nervös, wachsam neurotisch	unberechenbar	kläfft häufig
Alaskan Malamute		X	X					X			
Amerikanischer Cocker Spaniel	X	X								X	X
Barsoi		X									
Beagle				X		X	X	X	X		
Belgier			X	X	X						
Bernhardiner		X					X		X	X	
Boston Terrier	X					X			X		
Boxer		X		X	X				X		
Bretonen Spaniel			X		X			X			
Collie					X	X			X	X	
Dachshund						X				X	

Rasse	unsozial	über-aggressiv	destruktiv	schwer erziehbar	überempfindlich, nervös, ruhelos	reizbar, bissig	äußerst eigensinnig	extrem territorial, überwachsam	furchtsam, nervös, neurotisch	unberechenbar	kläfft häufig
Deutscher Schäferhund		X						X		X	
Dobermann		X			X						
Greyhound					X					X	
Irischer Setter										X	
Old English Sheepdog (Bobtail)		X	X	X	X	X	X	X			
Pudel (besonders Zwergpudel)		X			X	X	X	X	X	X	X
Pyrenäen-Hund					X				X	X	
Shetland Sheepdog (Sheltie)					X			X			X
Weimaraner			X	X	X		X				
West Highland White Terrier					X	X	X				
Yorkshire Terrier								X			X
Zwergschnauzer						X		X		X	

qualität» (sie entsprechen nicht ganz den strengen, an einen Ausstellungshund gestellten Anforderungen) zu einem fairen Preis. Aber wer möchte schon, nur um ein paar Mark zu sparen, bei seinem Welpen auf gute Erbanlagen und eine fachgerechte Erziehung, die auch die physische und emotionelle Gesundheit berücksichtigt, verzichten?

Hüten Sie sich aus dem gleichen Grund vor dem Kauf in Zoohandlungen, wo Sie unter Umständen einen Spitzenpreis für einen Hund bezahlen müssen, von dem Sie − bis auf das, was ein Angestellter Ihnen sagen kann oder will − überhaupt nichts wissen. Welpen, die an den Einzelhandel verkauft werden, wachsen meistens unter äußerst dürftigen Verhältnissen auf; damit sie so lange wie möglich niedlich wirken, werden sie gewöhnlich viel zu früh vom Wurf entfernt und zudem noch tagelang unter ungünstigen Bedingungen transportiert. Deshalb und wegen des allzu frühen Kontakts mit fremden Tieren hat der Welpe möglicherweise eine Krankheit, die erst nach Ablauf der Garantiezeit (die sich oft nur auf achtundvierzig Stunden beläuft) ausbricht (siehe *Impfungen,* Seite 59). Zudem besteht die Gefahr physischer und verhaltensmäßiger Probleme aufgrund von schlechter Züchtung, ungenügender oder fehlender Sozialisation und verschiedenen anderen traumatischen Eindrücken.

Den besten Welpen finden

Wie finden Sie den besten Welpen? Es gibt verschiedene Bezugsquellen für gesunde Welpen, sofern Sie sich etwas Zeit nehmen und eine kleine Anstrengung nicht scheuen. Wenn jemand in Ihrem Bekanntenkreis ein schönes Exemplar einer Rasse besitzt, an der auch Sie interessiert sind, dann erkundigen Sie sich, wo er seinen Hund gekauft hat. Fragen Sie einen oder auch mehrere Tierärzte nach zuverlässigen Züchtern. Sprechen Sie an Hundeausstellungen selbst mit den Züchtern. Verlangen Sie beim Verband für das Deutsche Hundewesen (VDH)*, bei der Schweizerischen Kynologischen Gesellschaft** oder beim Österreichischen Kynologenverband*** eine Liste der anerkannten, in Ihrer Region ansässigen Züchter. Sehen Sie sich in einer Bibliothek Veröffent-

---

* Verband für das Deutsche Hundewesen, Postfach 1390, D-4600 Dortmund
** Schweizerische Kynologische Gesellschaft, Falkenplatz 11, CH-3012 Bern
*** Österreichischer Kynologenverband, Karl Schweighofer-Gasse 3, A-1070 Wien

elektrische Drähte, Gegenstände, die zerbissen oder verschluckt werden könnten, irgendwelche Chemikalien, Reinigungsmittel, Schminke oder Farben. Bedenken Sie auch, daß Ihr heranwachsender Welpe schon bald auf Möbel springen und auf seinen Hinterbeinen stehen kann, so daß sich dann schon vieles in seiner Reichweite befindet.

Falls er im Zimmer eines Familienmitgliedes schlafen darf, lesen Sie den Abschnitt *Die erste Nacht,* Seite 54.

Wir sind ganz entschieden gegen die Verwendung von Kisten und Käfigen als Aufenthaltsraum für Welpen, auch wenn sie von einigen «Hunde-Experten» empfohlen werden, und zwar aus verschiedenen Gründen. Diese Kisten werden oftmals von Hundebesitzern mißbraucht, die ihr Tierchen einfach darin einsperren; und weil ihnen diese Methode so bequem erscheint, setzen die Leute sie auch dann noch fort, wenn der Welpe längst ausgewachsen ist. Der in solchen Kisten zur Verfügung stehende Platz reicht meistens gerade für die kleinsten und inaktivsten Hunde aus. Auch nimmt man dem Tier die Gelegenheit, seine Umgebung nach Lust und Laune zu erforschen. Ein Welpe sollte die Möglichkeit haben, eine Vielfalt von Erfahrungen zu machen, und sich jederzeit erheben, strecken, hinsetzen und umherbewegen können. Noch wichtiger ist, daß eine «eigene» Kiste (oder gar ein Bett) einen Welpen zu Territorialverhalten erzieht: Wenn er bereits einen ausgeprägten Territorialinstinkt hat (wenn es sich beispielsweise um einen Terrier handelt), werden Sie dieser Veranlagung Vorschub leisten und vielleicht territoriale Aggressionen in ihm nähren. Übrigens ist es einfach nicht wahr, daß ein Welpe eine Kiste nicht verunreinigt, weil er darin schläft: Er tut es, wenn er muß.

Es gibt nur zwei Fälle, in denen die Benutzung eines Korbes oder Käfigs angebracht ist. Zum einen muß ein kleiner Hund auf Fahrten in öffentlichen Verkehrsmitteln in seiner Bewegungsfreiheit eingeschränkt werden. Ein kleiner oder mittelgroßer Welpe kann in einem Tragekäfig oder in einer Tasche transportiert werden, doch ein größerer wird eine Kiste brauchen. Manche Besitzer und Züchter empfehlen auch bei Fahrten im Auto aus Sicherheitsgründen den Gebrauch eines Transportbehältnisses. Zum anderen ist die Verwendung eines großen Käfigs oder eines Laufställchens in der Zeit nach einer Operation oder schweren Erkrankung sinnvoll, wenn der Welpe oder Hund sich erholen und deshalb ruhig gehalten werden muß. Einen Käfig kann man mitten ins Wohnzimmer oder die Küche stellen, so daß sich das Tier zwar in der Nähe von Menschen befindet, aber dennoch ungestört ruhen kann.

Notwendige Ausrüstung

Lassen Sie sich nicht durch das reichhaltige Angebot in Katalogen und in Zoohandlungen dazu verlocken, mehr zu kaufen, als Sie für Ihren Welpen benötigen. Sie können ja zu einem späteren Zeitpunkt noch ein oder zwei Spielzeuge, ein ausgefallenes Halsband oder andere Luxusartikel anschaffen, doch im Moment brauchen Sie nicht viel; beschränken Sie sich daher bei Ihren Einkäufen auf das Wesentliche.

Das Wichtigste ist jetzt ein solides, auszieh- oder faltbares Gitter von guter Qualität, das Sie gewöhnlich in Läden mit Kinderzimmereinrichtungen oder in Zoo- und Haushaltwarenhandlungen finden. Wählen Sie ein Gitter, das sich leicht öffnen oder auf- und abbauen läßt, aber nicht gleich umfällt, wenn der immer kräftiger werdende Welpe an ihm hochspringt. Wenn Sie einen kleinwüchsigen Hund besitzen, sollten Sie darauf achten, daß die Zwischenräume der Stäbe oder die Öffnungen an den Ecken so klein sind, daß er seinen Kopf nicht hindurchstecken kann. Ein Welpenköpfchen kann sehr viel kleiner sein als das eines Babys, und Sie müssen auf den Innenseiten des Gitters vielleicht ein mit Plastik überzogenes Drahtgeflecht oder eine Verkleidung anbringen, um Unfälle zu verhüten.

Wie gesagt, wir sind strikt gegen die handelsüblichen Hundekörbchen und gegen Kisten. Sie möchten Ihren Welpen schließlich nicht zu Territorialität erziehen, indem Sie ihn glauben machen, ein bestimmter Ort gehöre ihm. Für den Schlafplatz ist ein Stück Imitationspelz bestens geeignet. Es ist waschbar, weich und behaglich, und aus irgendeinem Grund beißen die meisten Welpen nicht daran herum. Doch vor allem ist es leicht zu transportieren und kann den Welpen an alle möglichen Orte begleiten – zum Tierarzt, in die Tierpension und auf einer Autofahrt. Ein Stück Imitationspelz bekommen Sie in einem billigen Kaufhaus oder Resteläden. Auch ein alter Pullover oder eine alte Decke leisten gute Dienste, doch werden sie nicht so haltbar und problemlos zu waschen sein und wahrscheinlich bald zerbissen.

Sie werden auch zwei große, schwere, standfeste Keramiknäpfe kaufen – einen für Wasser und einen für Futter – doch können Sie genauso gut alte, schwere Geschirre aus Steingut verwenden. Auch bruchfestes Plastik ist für die meisten Hunde brauchbar, doch manche Tiere reagieren mit Hautallergien auf Plastik. Weiches, gegossenes Plastik ist für Welpen ungeeignet, denn es kann zu leicht in Stücke zerbissen und verschluckt werden. Metallnäpfe hingegen sind oft nicht schwer genug und lassen sich umstoßen oder geräuschvoll umherschieben, und wenn man sie für Wasser verwendet, werden sie oft undicht. Für welche Art Napf Sie sich auch entscheiden, er sollte Reinigungen in heißer Seifenlauge schadlos überstehen.

Unter den Utensilien für Ihren Welpen sollte sich unbedingt ein Kauknochen aus Rohleder befinden. Sicher haben Sie ihn gerne zur Hand, um das Tier davon abzuhalten, an Ihnen herumzunagen. (Siehe *Ungebührliches Beißen und Kauen,* Seite 134; beachten Sie auch die Hinweise auf ungefährliche Kau-Spielzeuge auf Seite 136).

Wenn Sie Ihren Welpen nicht zu Gesicht bekommen, bevor Sie ihn mit nach Hause nehmen, müssen Sie mit dem Kauf eines Halsbandes und einer Leine warten, bis Sie an seinem Hals Maß nehmen können – doch diese Artikel sollten Sie umgehend besorgen. (Siehe *Gewöhnung des Welpen an Halsband und Leine,* Seite 145.)

Gedulden Sie sich auch mit dem Anlegen eines Futtervorrats, bis Sie den Hund abholen oder mit dem Züchter sprechen können, denn Sie sollten ihm auch weiterhin das Futter zu fressen geben, an das er gewöhnt ist.

Und vergessen Sie nicht, Ihre Zeitungen ein paar Wochen lang zu sammeln. Sie brauchen einen reichlichen Vorrat!

Wer kümmert sich um was?

Die Ansprüche eines Welpen sind recht bescheiden, doch muß man sich zuverlässig um sie kümmern. Bevor Sie ihn zu sich nehmen, sollten Sie und Ihre Familie sich überlegen, wie Sie seinen Bedürfnissen Rechnung tragen wollen; andernfalls sitzt er verloren in der Ecke, während darüber gestritten wird, wer was wann machen sollte.

Manche Aufgaben (zum Beispiel Füttern und mit dem Tier spielen) sind angenehmer als andere (zum Beispiel verschmutztes Papier durch frisches ersetzen). Daher muß eine gerechte Arbeitsteilung vorgenommen werden. Wie bereits erwähnt, machen kleine Kinder gerne großartige Versprechungen – sie wollen «alles» für den Welpen tun –, die sie dann gar nicht einlösen können. Erwachsene müssen realistisch einschätzen, was sie von Kindern erwarten dürfen. Sie sollten auch wissen, daß Kinder selbst an die einfachsten Aufgaben erinnert werden müssen, sobald die Neuartigkeit des Gefühls, Hundebesitzer zu sein, ein wenig abgeklungen ist. Doch auch ganz kleine Kinder sollten an der Welpenpflege beteiligt werden und können bei fast allen Arbeiten «helfen».

In vielen Familien kommt es auch zu Szenen, in denen die Bemerkung fällt: «Das ist *dein* Hund, *du* mußt dich darum kümmern.» Es geht dann meistens darum, daß plötzlich eine unangenehme oder zeitaufwendige Arbeit zu erledigen ist – ein Spaziergang im strömenden Regen oder bei Graupelschauern, ein Bad zur Entfernung von Schmutz oder Teer, das Auszupfen von Haarknäueln im Fell, das Saubermachen nach einem Durchfall oder Erbrechen usw. Eine solche Situation kann wirklich heikel werden, besonders wenn jedermann beschäftigt oder müde ist (was in solchen Momenten gewöhnlich zutrifft). Oftmals muß dann der Welpe leiden – entweder weil man Schuldgefühle in ihm erweckt oder weil man grob oder nachlässig mit ihm umgeht. Es ist vielleicht viel verlangt: Doch versuchen Sie, solchen Situationen zuvorzukommen, indem Sie sich darüber klar werden, wie Sie derartige Probleme lösen wollen. Viele Spannungen und Mißstimmungen, die bei unvorhergesehenen Zwischenfällen und Reinigungsaktionen entstehen, werden vermieden, wenn die Familie sich bereits vor dem Kauf darauf geeinigt hat, daß der Welpe *allen* Familienmitgliedern gehört und jeder für ihn verantwortlich ist.

In der Hauptsache gilt es, die folgenden Aufgabenbereiche auf die Familienmitglieder zu verteilen: Füttern, die Umgebung sauber halten, den Welpen selbst reinigen/bürsten, ihm Bewegung verschaffen und mit ihm spielen, Besuche beim Tierarzt (Impfungen durchführen usw.) und die Erziehung.

Viele Familien kommen am besten mit einem schriftlich fixierten Zeitplan zurecht. Wenn kleine Kinder beteiligt sind, ist ein leicht verständlicher Plan, der einfach gekennzeichnet werden kann, das Geeignetste. Er erinnert ein Kind nicht nur daran, wann was zu tun ist, sondern gibt ihm auch die Befriedigung, seine Aufgabe abhaken zu können, sobald es sie erledigt hat. Vieles hängt natürlich

Tabelle 8: Musterplan für die Welpenpflege

Monat:				
Nächster Termin beim Tierarzt:	1. Woche	2. Woche	3. Woche	4. Woche
Morgen				
Füttern: Freß- und Wassernäpfe reinigen; frisches Futter/ Wasser geben	Udo	Susi	Mutter	Vater
Saubermachen: schmutziges Papier entfernen; sauberes Papier auslegen	Susi	Udo	Vater	Mutter
Bewegung/Spiel: mindestens eine halbe Stunde spielen, spazierengehen	Vater	Mutter	Susi	Udo
Sicherheit: Kontrolle, daß nichts Gefährliches im Zimmer ist und daß das Gitter fest steht	Mutter	Vater	Udo	Susi
Mittag				
Füttern	Udo	Susi	Udo	Susi
Saubermachen	Susi	Udo	Susi	Udo
Spiel/Bewegung/Training	Udo	Susi	Udo	Susi
Abend				
Spiel/Bewegung/Training	Mutter	Vater	Susi	Udo
Bürsten	Udo	Susi	Mutter	Vater
Schlafenszeit				
Bewegung	Vater	Mutter	Vater	Mutter
Füttern	Mutter	Vater	Mutter	Vater
Sicherheit	Vater	Mutter	Vater	Mutter

auch von der Anzahl der Familienmitglieder, ihrem Alter, ihren Fähigkeiten und ihrem Terminplan ab. Doch sicher läßt sich eine Art rotierender Aufgabenplan für jeweils einen Monat erstellen. Er sollte an einem gut sichtbaren Ort aufgehängt und daneben eine Schnur mit einem Stift befestigt werden, damit jeder mühelos die von ihm verrichtete Arbeit abhaken kann. Manchen Familien ist es vielleicht lieber, wenn regelmäßig dieselbe Person am Morgen, eine andere mittags usw. für den Welpen verantwortlich ist; oder jemand ist eine ganze Woche oder einen ganzen Monat lang fürs Füttern und ein anderer fürs Spazierengehen usw. zuständig. Wie auch immer Sie vorgehen, vergessen Sie nicht, daß der Reiz des Neuen besonders bei Kindern sehr schnell verfliegt und die Arbeitsverteilung daher im Lauf der Zeit abwechslungsreicher gestaltet werden muß. Wenn dann der Welpe heranwächst und sich vielleicht auch der Zeitplan einiger Familienmitglieder ändert, müssen Sie vielleicht ein ganz neues System ausarbeiten. Vor allem aber muß der Welpe gut versorgt sein und jedes Familienmitglied das Gefühl haben, an dieser Fürsorge entsprechend seinen Fähigkeiten gleichberechtigt mitzuwirken. (Siehe *Tabelle 8,* Seite 43: Beispiel eines Arbeitsplans für eine vierköpfige Familie mit zwei schulpflichtigen Kindern und zwei erwerbstätigen Erwachsenen.)

Zum Schluß noch eine Bemerkung zur Beteiligung der Familie an der Aufzucht: Wenn auch die Stimme jedes Familienmitglieds bei Diskussionen über die Grundlagen der Hundeerziehung Gewicht haben sollte, muß doch *ein* Erwachsener das letzte Wort darüber haben, was dem Tier erlaubt ist und was nicht. Legen Sie vorab fest (nach Möglichkeit durch demokratische Abstimmung), welcher Erwachsene entscheiden soll, ob der Welpe in einem Schlafzimmer übernachten, auf die Möbel klettern, während der Mahlzeiten im Eßzimmer bleiben darf usw. oder nicht. An diese Entscheidungen sollten sich dann alle halten. Andernfalls empfängt der Welpe von verschiedenen Familienmitgliedern widersprüchliche Signale, und schon ist er verwirrt!

3 Der große Tag

Der große Tag ist gekommen! Sie können nun Ihren Welpen beim Züchter abholen und mit nach Hause nehmen. Wahrscheinlich haben Sie den genauen Zeitpunkt bereits vereinbart; andernfalls ist es nützlich, den Züchter anzurufen, bevor Sie sich auf den Weg machen. Er weiß, wann der Welpe die Reise am besten übersteht – gewöhnlich nicht unmittelbar nach Mahlzeiten.

Sollten Sie bereits ein Stück Imitationspelz gekauft haben, dann nehmen Sie es mit. Es ist auch von Vorteil, einen mit Papier ausgelegten Pappkarton dabei zu haben, damit der Welpe während der Autofahrt darin sitzen oder liegen kann. Die Nerven und die Aufregung veranlassen das Hündchen vielleicht zu urinieren, oder es bekommt Durchfall oder muß erbrechen – all das läßt sich leichter in einem Pappkarton bewältigen als auf dem Schoß oder dem Autositz. Wenn Sie den Welpen in einem öffentlichen Verkehrsmittel nach Hause bringen, dann benötigen Sie eine stabile, mit Papier ausgelegte, für den Transport geeignete Kiste.

Die Auswahl eines Welpen

Wenn Sie den Züchter und die Welpen bereits kennen, dann haben Sie Ihre Wahl vermutlich schon getroffen. Junghunde verändern sich jedoch in kurzer Zeit sehr stark, und unter Umständen möchten Sie Ihre Entscheidung jetzt nochmals überdenken – falls diese Möglichkeit überhaupt gegeben ist.

Die Gesundheit beurteilen

Haben Sie die Welpen zuvor noch nicht gesehen und auch noch keinen ausgesucht, dann gibt es verschiedene Dinge zu beachten, bevor Sie sich festlegen. Nehmen Sie keinen Hund, der nicht bei allerbester Gesundheit zu sein scheint, in der irrigen Meinung, er habe nur eine «leichte Erkältung» oder etwas ähnliches. Sie lassen sich damit auf ernsthafte Schwierigkeiten ein, und die

Wahrscheinlichkeit, daß Ihr Welpe nicht sehr alt wird, ist recht hoch.

Auch sollten Sie sich aus verschiedenen Gründen nicht ausgerechnet den kleinsten Welpen des Wurfs aussuchen, denn er hat manchmal einen angeborenen physischen Defekt (etwa einen Herz-, Nieren- oder sonstigen Geburtsfehler), der zwar nicht sofort zu erkennen ist, aber bewirkt, daß der Kleine sein Futter nicht richtig verwerten kann und dementsprechend im Wachstum zurückbleibt. Doch auch wenn kein physischer Mangel zugrunde liegt, deutet die Tatsache, daß er nicht so groß ist wie seine Geschwister, möglicherweise auf einen Nahrungsmangel hin, und meistens wird aus ihm ein empfindlicher, kränkelnder Hund, der mehr medizinische Betreuung und Zuwendung von seinem Besitzer braucht als ein normal entwickeltes Tier.

Tabelle 9 zeigt eine allgemeine Checkliste für die Auswahl eines gesunden Welpen. Haben Sie noch nie einen Welpen besessen, so ist es sinnvoll, diese Liste beim Kauf mitzunehmen. Man übersieht leicht die möglichen Probleme, wenn man ein paar entzückende Hündchen vor Augen hat. Wenn dazu noch die Aufregung mehrerer Familienmitglieder kommt, die versuchen, den süßesten Welpen ausfindig zu machen, sowie der etwaige Einfluß des Züchters, dann fühlen Sie sich vielleicht zu einer übereilten Entscheidung gedrängt. Lassen Sie es nicht dazu kommen. Nehmen Sie sich genügend Zeit, und sehen Sie sich jeden Welpen einzeln an. Sie sollten ihn hochheben und gründlich betrachten und befühlen.

Augen, Ohren, Maul, Nase und Rektum müssen sauber und rosig sein, aber nicht rot, und dürfen weder Absonderungen aufweisen noch übel riechen. Jedes Anzeichen von Durchfall, Husten, laufender Nase oder tränenden Augen kann auf Hundestaupe oder eine andere infektiöse Krankheit hinweisen; es kann auch eine ernsthafte Wurmplage vorliegen. Unangenehm riechende Ohren oder Absonderungen in den Gehörgängen lassen ebenfalls auf eine Infektion schließen, und wenn die Hängeohren eines Welpen rot oder krätzig aussehen, hat er vielleicht Ohrmilben. Schlechter Atem oder eine belegte Zunge sind allgemeine Merkmale eines unbefriedigenden Gesundheitszustands, und blutendes oder verfärbtes Zahnfleisch kann auf eine Anämie oder Bluterkrankheit hindeuten.

Achten Sie auch auf die Pfoten und Fußballen des Welpen. Wunde Pfoten oder eingerissene Krallen können anzeigen, daß er in einem Käfig aus grobem Draht oder in einer ähnlich ungünstigen

Tabelle 9: Physische Checkliste für die Auswahl eines gesunden Welpen
(nehmen Sie diese Liste beim Kauf mit)

	gutes Zeichen	mögliche Probleme
Gehege, Hof, Umgebung:	sauber, keine unangenehmen Gerüche	Exkremente, Gestank oder starker Geruch nach Desinfektionsmitteln
Welpe:		
Augen	klar, sauber	trüb, tränend, Absonderung in den Augenwinkeln, Blinzeln im Licht
Ohren	sauber, kein Geruch	Absonderungen in den Ohren, schlechter Geruch, Hängeohren schmutzig oder verkrustet, empfindlich bei Berührung, Welpe kratzt sich an den Ohren
Maul	sauber, kein schlechter Geruch, Zahnfleisch rosig und fest	schlechter Geruch, blutiges Zahnfleisch, belegte Zunge, Sabbern, empfindlich, Verfärbung
Nase	trocken oder ein wenig feucht, kühl	läuft, verkrustete Absonderungen, heiß
Bauch	fest aber nicht hart, leicht gerundet	aufgebläht, hart anzufassen, oder schlaff und runzlig, empfindlich
Rektum	sauber, rosig	angetrocknete Fäkalien, rot und wund
Genitalien	sauber, rosig; 2 Hoden beim Rüden	rot und wund, eitrig, nicht herabhängende(r) Hoden
Pfoten	fest, sauber	wund, verletzt oder rissig, Krallen beschädigt
Fell	sauber, glänzend	struppig, schmutzig, kahle Stellen
Haut	rosig, sauber, geruchlos, fest und elastisch, aber nicht gespannt	Schwellungen, Beulen, rote Punkte, schlechter Geruch oder Geruch nach Desinfektionsmitteln, spröde, trocken, schuppig
Brustkorb	fest, gewölbt, Rippen fühlbar	wirkt zerbrechlich, schmerzt bei Berührung

	gutes Zeichen	mögliche Probleme
Wirbelsäule	gerade, gleichmäßig	Schwellungen, Knoten, schmerzt bei Berührung
Gesamteindruck	wirkt gesund und glücklich	wirkt kränklich

Umgebung gehalten wurde. Ein Hund mit wunden Pfoten wurde offensichtlich nicht gut gepflegt.

Betasten Sie den Körper des Tieres, und fahren Sie mit beiden Händen vom Kopf bis zur Rute. Schenken Sie dabei der Wirbelsäule und dem Brustkorb besondere Aufmerksamkeit. Es dürfen keine Beulen oder Schwellungen zu spüren sein. Das Knochengerüst muß sich fest und die Wirbelsäule gerade und ebenmäßig anfühlen. Lassen Sie Ihre Handfläche über den Magen gleiten: Er sollte gerundet und fest sein. Fühlt er sich jedoch aufgebläht oder hart an, leidet der Welpe vielleicht an Verdauungsstörungen, oder er ist schlimm mit Spulwürmern verseucht. Die Genitalien müssen rosig und klein sein. Nicht herabhängende Hoden sind bei Rüden weit verbreitet und können auf Vererbung zurückzuführen sein. Manchmal senken sie sich erst später, doch gewöhnlich geschieht das bei der Geburt, und Sie sollten beide Hoden spüren können. Hodenkrebs tritt sehr häufig bei älteren Hunden mit nicht herabhängenden Hoden auf.

Setzen Sie das Tier auf den Boden, und ermuntern Sie es, ein bißchen zu laufen. Alle jungen Hunde wackeln ein wenig und schaukeln etwas hin und her, besonders wenn sie schwer sind, doch Sie wollen ja sichergehen, daß der Welpe nicht hinkt oder sich so bewegt, als ob seine Läufe oder Pfoten schwach wären oder schmerzen würden.

Schließlich müssen Sie noch das Haarkleid und die Haut des kleinen Hundes inspizieren. Das Fell sollte weich und glänzend sein und darf keine kahlen Stellen aufweisen; die Haut muß zart sein, geruchlos und rosig oder weiß. Es gibt eine Unzahl von Haut- und Fellkrankheiten, die meist sehr schwer zu erkennen und zu behandeln sind; sie reichen von bakteriellen Infektionen über die Räude bis hin zu Parasitenbefall. Sie wollen sicher *keinen* Hund mit dermatologischen Problemen!

Wenn Sie sich überzeugt haben, daß der Welpe Ihrer Wahl gesund ist, dann nehmen Sie sich die Zeit, sein Verhalten zu testen.

Das Verhalten beurteilen

In *Kapitel 6* wie überhaupt im ganzen Buch wird viel von der Sozialisation und ihrer Bedeutung bei der Aufzucht eines verhaltensmäßig gesunden Hundes gesprochen. Sie können gewöhnlich nicht genau beurteilen, wie gut ein Welpe sozialisiert wurde, es sei denn, sie hätten Gelegenheit, seinen Alltag beim Züchter mitzuerleben. Jedenfalls ist es ein gutes Zeichen, wenn Sie anständig erzogene Welpen oder Hunde kennen, die von demselben Züchter stammen. Doch auch ein paar einfache Tests werden Ihnen zeigen, wie ein Welpe auf Menschen und auf seine Umgebung reagiert. *Tabelle 10* hilft Ihnen dabei.

Wir erwähnten bereits im Zusammenhang mit der körperlichen Verfassung einige Gründe, weshalb Sie nicht den kleinsten Welpen eines Wurfs wählen sollten; doch es gibt auch verhaltensbedingte Gründe. Der Kleinste ist vielleicht deshalb so winzig, weil er äußerst furchtsam ist und sich nicht gegen seine Geschwister durchsetzen konnte, um die ihm zustehende Nahrungsmenge zu erhalten; oder es handelt sich um ein entwicklungsgestörtes Exemplar, das schlecht ernährt ist, weil es nicht in seinem Wesen liegt, für seine Rechte einzutreten. Auf jeden Fall wird es ein unerfahrener Hundebesitzer sehr schwer mit einem solchen Tier haben.

Doch auch ein sehr dreister Welpe kann problematisch sein. Vielleicht wird er überaggressiv, insbesondere wenn die von Ihnen gewählte Rasse naturgemäß zu Aggressionen neigt. Wenn Sie also nicht willens und in der Lage sind, dem Tier gegenüber eine dominierende Rolle einzunehmen und beizubehalten, werden Sie Mühe haben. Beachten Sie daher die Warnungen des Abschnitts *Aggressionen im Keim ersticken,* Seite 139, und legen Sie sich keinen Welpen zu, der nicht mindestens sieben oder noch besser acht Wochen alt ist. Sollten Sie es dennoch tun, so müssen anstelle seiner Geschwister eben Sie ihm die Grenzen aggressiven Verhaltens beibringen.

Wählen Sie deshalb weder den frechsten noch den ruhigsten Welpen des Wurfs aus, sondern einen, der zwischen diesen Extremen liegt. Normalerweise können Sie die Eigenarten der einzelnen Tiere leicht ausfindig machen, wenn Sie ihnen ein paar Minuten beim Spiel zusehen.

Die anderen «Tests» aus *Tabelle 10* bedürfen keiner weiteren Erklärung. Sie sind so angelegt, daß sie Ihnen Klarheit darüber

Tabelle 10: Checkliste für das Verhalten eines Welpen
(Nehmen Sie die Liste beim Kauf mit.)

	gute Zeichen	mögliche Probleme
Gewöhnung an die Umgebung		
Klatschen Sie mit den Händen, schlagen Sie eine Türe zu oder machen Sie ein lautes Geräusch.	Richtet die Ohren auf, legt den Kopf schräg, schaut Sie an, steht vielleicht auf, setzt sich auf oder bellt.	Macht einen Satz, legt die Ohren an, klemmt den Schwanz zwischen die Beine, legt sich flach auf den Boden, knurrt, zittert.
Schalten Sie Musik an (Radio oder Kassettenrekorder).	Richtet die Ohren auf, wirkt interessiert.	Wie oben.
Heben Sie den Welpen auf und setzen Sie ihn außerhalb des Geheges oder der Umfriedung auf den Boden.	Sitzt ruhig, beschnüffelt den Boden, erhebt sich und geht mit erhobenem Kopf und Schwanz umher, richtet die Ohren auf.	Sitzt oder liegt flach am Boden mit gesenktem Kopf und angelegten Ohren, zittert, verhält sich verängstigt.
Gewöhnung an Menschen		
Knien oder hocken Sie auf einer Höhe mit dem Welpen, halten Sie ihm Ihre Hand hin, die Handfläche nach oben.	Beschnüffelt die Hand, verhält sich interessiert, leckt vielleicht.	Weicht zurück, ist verängstigt, knurrt, bellt, schnappt vielleicht.
Streichen Sie sanft über Kopf und Rücken.	Wedelt mit dem Schwanz, leckt vielleicht an Ihren Händen, legt sich auf den Rücken.	Weicht zurück, knurrt, schnappt nach der Hand oder ist verängstigt, zittert.
Heben Sie den Welpen hoch, halten Sie ihn fest, doch nicht gepreßt.	Versucht, Ihnen das Gesicht zu lecken, windet sich eventuell, doch zeigt keine Furcht.	Duckt sich, ist erschreckt, zappelt wild, schnappt, knurrt.
Gehen Sie schnell an dem auf dem Boden sitzenden Welpen vorbei.	Bleibt ruhig sitzen oder erhebt sich und folgt Ihnen langsam.	Duckt sich, legt sich flach hin, knurrt, schnappt nach Ihren Knöcheln.

gute Zeichen	mögliche Probleme
Verhalten im Umgang mit Geschwistern	

Beobachten Sie.	Spielt, leckt, kämpft vielleicht und knurrt; ist interessiert und freundlich, setzt sich durch, doch ist nicht brutal.	Bleibt ganz ruhig sitzen, macht nicht mit; ist ängstlich, erhält immer das Schlechteste *oder* knurrt, greift andere aggressiv an, beißt mitunter heftig.

verschaffen, ob ein kleiner Hund bei seinem Züchter regelmäßig mit Menschen in Berührung kam und die üblichen Haushaltsgeräusche kennt. Falls nicht, ist das Risiko sehr groß, daß sich bei dem Welpen ernsthafte Verhaltensstörungen entwickeln. Zumindest müssen Sie dann mit dem Hund sein Leben lang arbeiten, um die verlorene Zeit wieder wettzumachen.

Fragen an den Züchter

Sobald Sie Ihre Wahl getroffen haben, sollten Sie die Pflege des Welpen mit dem Züchter besprechen, der mitunter ganz spezifische und ausführliche Ratschläge erteilt. Manche überreichen den frischgebackenen Hundebesitzern detaillierte Listen oder Blätter mit Anweisungen. Wenn Sie dem, was ein Züchter für das Beste hält, auch gerne Beachtung schenken, so werden Sie trotzdem nicht all seine Instruktionen sklavisch befolgen. Wird Ihnen zum Beispiel dringend der Gebrauch eines Käfigs oder einer Kiste angeraten, so hoffen wir, daß Sie einen solchen Rat ignorieren (siehe *Der richtige Platz für den Welpen,* Seite 38). Doch fangen Sie nicht zu debattieren an; es könnte sein, daß Sie es mit einer recht willensstarken Person zu tun haben; und manch ein Züchter ist schon zu dem Schluß gekommen, jemand sei als Hundehalter ungeeignet.

Erkundigen Sie sich, welche Impfungen der Welpe bereits erhalten hat; lassen Sie sich nach Möglichkeit eine diesbezügliche schriftliche Bestätigung für den Tierarzt geben. Wenn Sie noch keinen Veterinär gefunden haben, kann Ihnen der Züchter vielleicht einen empfehlen. Falls der Welpe irgendwelche chirurgischen Eingriffe hinter sich hat – wurden zum Beispiel Schwanz oder Ohren gestutzt –, so lassen Sie sich spezielle Pflegeanweisungen geben. Es ist sehr wichtig, den Welpen weiterhin so zu füttern, wie er es gewohnt ist, wenigstens anfänglich. Später können Sie ihn anders verköstigen (siehe *Füttern,* Seite 65), doch sollten Sie sein Verdauungssystem nicht gerade jetzt durch einen abrupten Ernährungswechsel durcheinanderbringen. Falls Sie das Futter aus irgendeinem Grund nicht besorgen können, lassen Sie sich einen Vorrat für ein paar Tage mitgeben. Viele Züchter tun dies ohnehin.

Fragen Sie, ob die von Ihnen gewählte Rasse eine besondere Fellpflege erfordert oder sonstige wichtige Bedürfnisse hat, die Ihnen vielleicht nicht bekannt sind. Mitunter werden vom Züchter auch Broschüren über die Rasse ausgehändigt oder zum Kauf angeboten. Diese Büchlein können recht nützlich sein, besonders wenn Sie mit der Rasse und ihren Eigenarten nicht vertraut sind.

Auf dem Weg nach Hause: Ein Besuch beim Tierarzt

Wenn Sie mit dem Auto nach Hause fahren, sollten Sie Ihren kleinen Passagier in den mitgebrachten Karton setzen und diesen sicher im Wageninnern verstauen. Sind Sie allein, so stellen Sie den Karton am besten auf den Boden hinter den Vordersitzen, damit der Welpe, falls es ihm gelingt, aus der Schachtel zu klettern, nicht während des Fahrens zwischen Ihre Füße gerät. Nehmen Sie nach Möglichkeit einen Begleiter mit, der auf ihn aufpaßt und ihn beruhigt.

Wie bereits erwähnt, uriniert das Hündchen vielleicht, oder es wird autokrank. Wenn Kinder mitfahren, dann machen Sie Ihnen klar, daß sie in einem solchen Fall nicht kreischen, keinen Tumult machen und es liegen lassen sollen. Faßt man den Welpen am Bauch an, wird die Angelegenheit nur verschlimmert. Streicheln Sie ihm statt dessen den Kopf, und reden Sie ihm ruhig zu. Sehr oft wiegt die Bewegung des Autos ihn auch in den Schlaf.

Wenn Sie ein öffentliches Verkehrsmittel benutzen, sollten Sie das Transportbehältnis nach Möglichkeit auf den Boden stellen, um zu verhindern, daß ein Sitz beschmutzt wird, und den Welpen durch Zureden beruhigen. Vielleicht schläft er auch hier bald durch die Bewegungen ein.

Besitzen Sie noch andere Haustiere, so ist es besonders wichtig, daß Sie gleich auf dem Heimweg einen Tierarzt aufsuchen. Viele Welpenkrankheiten sind äußerst ansteckend für andere Hunde, auch werden Darm- und Hautparasiten leicht auf Katzen und Hunde übertragen. Schließlich wollen Sie nicht das Risiko eingehen, sich Bazillen und Parasiten ins Haus zu schleppen. Dies gilt vor allem, wenn Sie bereits einen älteren Hund haben.

Doch auch ansonsten sollte der Welpe untersucht werden, damit Sie sicher sein können, daß er gesund ist und keine schwerwiegenden angeborenen Schäden hat. Es ist gut, diese Kontrolle durchzuführen, bevor Sie das Tier ins Herz geschlossen haben, insbesondere wenn Sie den Welpen entgegen unserem Rat in einer Zoohandlung oder von einem unzuverlässigen Züchter erworben haben. Obwohl sich manche Krankheiten nicht sofort äußern, gibt es viele Defekte, die bei einer gründlichen Untersuchung entdeckt werden können, und es ist von Vorteil, baldmöglichst über sie Bescheid zu wissen.

Falls Sie den Tierarzt auf dem Heimweg noch nicht aufsuchen können, bringen Sie den Welpen besser nicht mit anderen Tieren in Kontakt, bevor er eingehend untersucht wurde.

Das Einleben

Wie zugänglich und freundlich ein Welpe auch sein mag, wenn er eben erst von seiner Mutter und seinen Geschwistern getrennt wurde und von fremden Menschen und Dingen umgeben ist, wird er sich zunächst zwangsläufig einsam und verlassen vorkommen. Jetzt sollten Sie und Ihre Familie ihm vor allem dabei helfen, sich in der neuen Umgebung wohl zu fühlen. Das geschieht, indem Sie sich ruhig verhalten, ihm gut zureden und ihn vor zu viel Lärm, Unruhe oder Berührung schützen.

Gestatten Sie es den Kindern nicht, den kleinen Hund zu vereinnahmen, auch wenn sie es gut meinen. Setzen Sie den Welpen an den Ort, den Sie bereits mit einem Stück Imitationspelz oder einer Decke und einer Wasserschale vorbereitet haben, und lassen Sie ihn dann ein Weilchen alleine, damit er sich etwas umsehen oder schlafen kann. Füttern Sie ihn auch nicht sofort, denn wegen der

Aufregungen der Heimreise oder der neuen Umgebung ist er vielleicht nicht hungrig, oder er erbricht, wenn er etwas frißt. Nach einiger Zeit können ein oder zwei Personen zu ihm gehen und ihn streicheln, aber erlauben Sie nicht, daß sich viele Menschen gleichzeitig bei ihm aufhalten, damit sich der Welpe nicht fürchtet. Gönnen Sie ihm genügend Zeit, um sich allmählich an die Familienmitglieder und anderen Haustiere zu gewöhnen.

Versuchen Sie nicht, ihn zu erziehen, ihm etwas beizubringen oder ihn irgendwie zu disziplinieren, bevor er sich in seinem neuen Heim sicher fühlt. Meist ist das schon nach ein oder zwei Tagen der Fall.

Befolgen Sie den Fütterungsplan, an den er gewöhnt ist. Wenn der kleine Hund sehr nervös oder aufgeregt ist und nicht frißt, kann ein Erwachsener versuchen, ihn sanft dazu zu bewegen, bis der Appetit wiederkommt. Doch lassen Sie das nicht zur Gewohnheit werden, denn sonst wird er schon bald nur dann fressen wollen, wenn diese Person bei ihm ist.

Die erste Nacht

Wenn Sie nur einen Welpen haben, kann die erste Nacht schwierig sein. Die bloße Anwesenheit eines älteren Hundes könnte vielleicht beruhigend wirken, selbst wenn er nicht im selben Raum schläft wie der Kleine. Sie werden Ihr Hündchen instinktiv zu trösten versuchen, wenn es sich einsam fühlt und bellt oder wimmert, was es ziemlich sicher tun wird. Das Problem besteht darin, daß der Welpe bereits seine erste Lektion lernt, falls Sie Ihrem Drang nachgeben und ihn beruhigen: Er hat Sie dann nämlich dazu gebracht, das zu tun, was er gerne möchte. Glauben Sie nicht, er sei noch zu jung, um das zu bemerken – er begreift es sehr wohl. Und schon bald wird er Ihnen beigebracht haben, auf jedes Winseln einzugehen.

Handeln Sie daher von Anfang an konsequent. Entscheiden Sie, wo Ihr Hund sein ganzes Leben lang schlafen soll. Sie können ihn nicht zunächst einmal in Ihrem Schlafzimmer unterbringen und dann später, weil er zu groß geworden ist oder schnarcht, von ihm erwarten, die Küche als neuen Schlafplatz zu akzeptieren.

Der Schlafbereich des Tierchens muß groß genug sein, daß Sie dort viele Zeitungen ausbreiten können, denn es uriniert und entleert seinen Darm mehrmals im Verlauf einer Nacht. *Falls* Sie beschlossen haben, daß es in einem Schlafzimmer übernachten darf, müssen Sie einen Teil des Raums abtrennen. Für einen kleinen Welpen genügt ein Laufställchen; Sie können auch eine Nische abteilen oder ihn einfach in einer geräumigen Garderobe oder einem angrenzenden Badezimmer unterbringen. Vergewissern Sie sich, daß der Platz warm genug ist.

Füttern Sie den Welpen unmittelbar vor der Schlafenszeit, damit er satt ist und sich wohl fühlt. Setzen Sie ihn mit seinem Imitationspelz an den für ihn bestimmten Ort. Der alte Trick mit einem Wecker funktioniert bei einigen Hunden noch immer: Wickeln Sie einen laut tickenden Wecker in mehrere Handtücher und legen Sie ihn in die Nähe des Schlafplatzes. Das tickende Geräusch erinnert den Welpen an die Herzschläge seiner Mutter und Geschwister und beruhigt ihn vielleicht.

Es kann sein, daß er winselt und sogar bellt, wo immer er sich auch befindet. Seien Sie fest entschlossen, *nicht* zu ihm zu gehen, um ihn zu streicheln oder ihm gut zuzureden. Wenn Sie auch in Zukunft durchschlafen möchten, müssen Sie seine Protestrufe jetzt ignorieren. Gewöhnlich beruhigt sich der Welpe nach einer Weile und schläft ein. Vielleicht wacht er im Lauf der Nacht noch ein- oder zweimal auf und protestiert, doch Sie dürfen dies nicht beachten, wenn Sie ihm nicht gleich eine schlechte Angewohnheit beibringen wollen.

Sie werden überrascht sein, wie bald Ihr Welpe abends ruhig bleibt und von selbst einschlummert. Normalerweise schläft er bereits nach wenigen Tagen nachts durch.

4 Grunderfordernisse der Pflege eines heranwachsenden Hundes

Wahrscheinlich hat Ihnen der Züchter einige Anleitungen über das Füttern und die allgemeine Pflege des Welpen gegeben. Dieses Kapitel vermittelt nun detaillierte Informationen über wichtige Aspekte der Versorgung eines kleinen Hundes. Der von Ihnen konsultierte Veterinär ist jedoch die zuverlässigste Quelle, wenn es um Einzelheiten des physischen Wohlbefindens Ihres Welpen geht. Da er ihn unter ständiger Beobachtung hat, weiß er auch, was zu welcher Zeit das Richtige für ihn ist. Darüber hinaus kennt der Tierarzt die spezifischen Probleme, die in der Umgebung Ihres Wohnortes vorkommen – zum Beispiel der Ausbruch ansteckender Krankheiten oder ein plötzlich auftretender Parasit – , und ist zudem über die neuesten, wissenschaftlichen Erkenntnisse der sich rasch verändernden Veterinärmedizin auf dem laufenden. Wenn Sie also irgendwelche noch so unbedeutenden Fragen hinsichtlich der Betreuung Ihres Welpen haben, so wenden Sie sich an Ihren Tierarzt.

Krankheiten

Manchmal erkranken junge Hunde überraschend schnell, und da ihre Körper noch klein sind, kann jede Krankheit in kürzester Zeit recht gefährlich werden. Warten Sie daher nicht darauf, daß unübliche Verhaltensweisen Ihres Welpen oder unerklärliche Symptome von selbst wieder verschwinden, sondern konsultieren Sie in jedem Fall unverzüglich den Veterinär.

Versuchen Sie niemals, Ihren Hund mit Hausmitteln oder wohlfeiler Medizin zu behandeln, es sei denn, der Arzt habe Ihnen ausdrücklich dazu geraten. Viele für den Menschen bestimmte Arzneien sind Gift für Hunde oder aber entschieden zu stark für Welpen.

Ferner ist es sinnvoll, in dem Raum, in dem Sie das Hündchen untergebracht haben, und für seine Futter- und Trinknäpfe keine intensiven Desinfektions- oder Reinigungsmittel zu verwenden. Bei vielen Welpen verursachen einige dieser Haushaltsprodukte heftige allergische Reaktionen, und es kann zu krankhaften Hautausschlägen, Atemnot oder Verdauungsstörungen kommen, wenn das Tier derartigen Chemikalien über einen etwas längeren Zeitraum hinweg ausgesetzt ist.

Unfälle

Selbst in wohlorganisierten Haushalten kann ein Welpe einen Unfall erleiden. Sollte das passieren, so ist es meistens das Beste, keinen Erste-Hilfe-Versuch zu unternehmen. Damit verschlimmern Sie die Sache vielleicht noch und verlieren nur Zeit, wenn Sie den Hund nicht sofort zum Tierarzt bringen.

Wenn Ihr Vierbeiner aus einer gewissen Höhe auf den Boden gestürzt ist oder von einem Fahrzeug gestreift wurde, so lassen Sie ihn umgehend untersuchen, auch wenn keine sichtbaren Zeichen einer Verletzung festzustellen sind. Zudem müssen Sie davon ausgehen, daß er einen Schock erlitten hat; halten Sie ihn daher warm und ruhig, und bewegen Sie ihn so wenig wie möglich. Legen Sie ihn in eine Kiste oder Schachtel, oder hüllen Sie ihn in eine weiche Decke, und bringen Sie ihn zum Arzt.

Durch Zerbeißen von ans Stromnetz angeschlossenen Kabeln herbeigeführte elektrische Schläge sind eine recht häufige Unfallursache bei Welpen. Wenn Sie nach Hause kommen und Ihren Hund bewußtlos oder in Atemnot vorfinden, dann sollten Sie sofort an einen Stromschlag denken und unverzüglich den Tierarzt zu Hilfe rufen. Vergeuden Sie keine Zeit, indem Sie nach dem Kabel suchen, an dem der Hund gekaut haben könnte. Doch sollte seine Schnauze noch mit einer elektrischen Leitung Kontakt haben, dann ziehen Sie bitte unbedingt den Stecker heraus, bevor Sie das Tier berühren.

Es gibt Ausnahmen von der Regel, einem Welpen keine erste Hilfe zu leisten. Blutet er heftig, dann müssen Sie versuchen, die Blutung einzudämmen oder zum Stillstand zu bringen, bevor Sie ihn zum Tierarzt transportieren; ansonsten könnte er sehr schnell verbluten. Eine weiche Bandage oder ein Druckverband sind am wirkungsvollsten: Legen Sie verschiedene Lagen sauberen Stoffes direkt auf die blutende Wunde, und drücken Sie den Verband auf dem Weg zum Arzt von Hand fest auf die Verletzung. Sollte das nicht möglich sein, können Sie ihn mit einem weichen Stoffstreifen befestigen. Doch legen Sie den Verband keinesfalls so fest an, daß die Blutzirkulation abgeschnürt wird; das kann sehr gefährlich sein. Erste Hilfe ist auch nötig, wenn der Hund einen Anfall von Hypoglykämie, also einen zu niedrigen Blutzuckerspiegel hat. Das kommt gewöhnlich nur bei Welpen kleinwüchsiger Rassen vor, die aus irgendeinem Grund nicht genug gefressen haben. Die Symptome der Hypoglykämie sind Schwäche, Verwirrung, Unfähigkeit aufzustehen und schließlich der Kollaps. Falls Sie etwas derartiges bei Ihrem Welpen bemerken, sollten Sie ihm sofort ein wenig Honig, Sirup, Zuckerwasser oder sonst etwas Zuckerhaltiges einflößen. Löffeln Sie Ihrem Hund das Mittel direkt ins Maul, doch in ganz kleinen Portionen, bis er etwa einen Eßlöffel voll geschluckt hat. Bringen Sie ihn dann sofort zum Tierarzt, damit die Ursache des Problems ermittelt werden kann.

Wenn Sie wissen, daß Ihr Welpe eine giftige, aber nichtätzende Substanz verschluckt hat (zum Beispiel für den Menschen bestimmte Arzneien, Frostschutzmittel oder Rattengift), dann sollten Sie versuchen, ihn so schnell wie möglich zum Erbrechen zu bringen − bevor der Körper das Gift absorbieren kann. Flößen Sie ihm zu diesem Zweck reichlich Wasserstoffsuperoxyd durch das Maul ein. Haben Sie keine Angst, Sie könnten dem Hund zuviel davon geben: Es schadet ihm nicht, sondern bewirkt nur, daß er stärker erbricht. Doch verabreichen Sie ihm *kein* Wasserstoffsuperoxyd, wenn Sie nicht ganz sicher sind, was er verschluckt hat, oder wenn Sie wissen, daß es sich um etwas Ätzendes handelt (etwa um Benzin, Schmieröl oder ein laugenhaltiges Mittel). In solchen Fällen können Sie ihm Milch zu trinken geben, um ein Brennen in der Speiseröhre oder im Magen zu verhindern; doch verschwenden Sie mit solchen Maßnahmen keine Zeit, wenn sie die sofortige Behandlung durch einen Tierarzt hinauszögern. Ein Welpe, der etwas möglicherweise Giftiges verschluckt hat (dazu gehören alle Arten von Medikamenten, die für den Menschen bestimmt sind, Tabletten, Tabak usw.) sollte sofort zum Veterinär gebracht werden, denn er benötigt wahrscheinlich eine gründliche medizinische Versorgung, damit bleibende Schäden vermieden werden. Falls es Ihnen nicht gelingt, sofort einen Tierarzt zu erreichen, rufen Sie in einer Tierklinik an und lassen Sie sich dort Anweisungen geben.

Vorbeugende Maßnahmen: Impfungen

Regelmäßige Untersuchungen sind ein wichtiger Beitrag zur Vorbeugung gegen alle Arten von Krankheiten. Sofern der Tierarzt Ihren Welpen regelmäßig zu sehen bekommt, kann er dessen Gesundheitszustand, Gewichtszunahme und Wachstum gut beurteilen und aus diesem Grund auch jedes Anzeichen von Gesundheitsstörungen frühzeitig erkennen. In der Wachstumsphase eines Hundes finden die Untersuchungen normalerweise anläßlich der Impfungen statt.

Alle heranwachsenden Welpen benötigen eine Reihe von Impfungen, damit sie vor ansteckenden Krankheiten geschützt sind. Eine Schutzimpfung regt die Bildung von Antikörpern gegen Krankheiten an (aktive Immunität).

Obwohl ein kleiner Hund in den ersten Lebenstagen durch die erste Muttermilch (Kolostrum) passiv geschützt ist, kann derzeit noch nicht genau festgestellt werden, wie lange diese mütterlichen Antikörper im Organismus eines Welpen verbleiben; während dieser ersten Zeit haben die Impfstoffe keine Wirkung. Es ist jedoch bekannt, daß die Immunkörper bei der Mehrzahl aller Hunde im Alter von etwa sechzehn Wochen nicht mehr vorhanden sind. Dann gewährt eine Impfung aktiven Schutz vor Krankheiten.

Da nicht sicher ist, wann die von der Mutter stammende Immunität endet, empfehlen die meisten Tierärzte, einen Welpen in Abständen von etwa vier Wochen impfen zu lassen, damit er dauernd geschützt ist. Obgleich ein Züchter in der Regel bereits mit den Impfungen beginnt, ist der kleine Hund erst dann wirklich in Sicherheit, wenn er die ganze Impfserie erhalten hat.

Es ist sehr wichtig, ihn bis zu diesem Zeitpunkt keiner Ansteckungsgefahr auszusetzen. Infektiöse Hundekrankheiten können auf verschiedene Arten übertragen werden: durch Kontakt mit dem Kot oder Speichel befallener Tiere, durch Viren in der Luft, durch direkten Kontakt mit einem erkrankten Hund und auch durch Fliegen oder Stechmücken. Deshalb sollten Sie den Welpen nicht in öffentliche Anlagen, Parks und auf Straßen mitnehmen, die von anderen Hunden besucht werden, bis Ihr Tierarzt ausdrücklich erklärt hat, daß der Hund nun voll geschützt ist. Manche Veterinäre empfehlen sogar, ihn ganz und gar im Haus zu behalten, bis alle Impfungen durchgeführt sind. Ihr Tierarzt kann Sie am besten beraten, wie Ihr Welpe vor Ansteckung bewahrt werden kann, denn er kennt die in Ihrem Wohnbezirk kursierenden Krankheiten und auch die Wirkung des Impfschutzes, den Ihr Hund zu einem gegebenen Zeitpunkt besitzt.

Impfungen können Welpen (und erwachsene Tiere) gegen Hundestaupe, Hepatitis, Leptospirosen, Parainfluenza, Parvovirus und Tollwut schützen.

Gegen Herzwürmer können verschiedene Medikamente oral verabreicht werden, doch erst, nachdem eine Untersuchung zweifelsfrei ergeben hat, daß sich noch keine Herzwürmer im Blutkreislauf des Welpen befinden. Herzwurmlarven werden durch Mückenstiche von Hund zu Hund übertragen. Ihr Tierarzt kann Ihnen sagen, wann und ob eine entsprechende Untersuchung und Behandlung durchgeführt werden sollte. Der Test wird gewöhnlich das erste Mal vorgenommen, wenn der Welpe etwa sechs Monate alt ist.

Die meisten Veterinäre führen über die Impfungen Buch und versenden Benachrichtigungsschreiben, wenn Auffrischungsspritzen fällig sind. Es ist jedoch empfehlenswert, sich auch eigene Notizen zu machen. Am Ende dieses Kapitels finden Sie eine Anregung, wie diese aussehen könnten.

Darmparasiten

Zum ersten Besuch beim Tierarzt gehört jedenfalls auch die Untersuchung des Stuhls; wenn Sie daher den ersten Termin vereinbaren, fragen Sie gleich, ob Sie eine Stuhlprobe mitbringen sollen. Einige Leute glauben, daß alle kleinen Hunde mit Spulwürmern (Ascaroidea) zur Welt kommen, andere sagen einfach, Welpen seien sehr anfällig dafür. Diese Darmparasiten kommen jedenfalls bei jungen Hunden extrem häufig vor. Mit dem bloßen Auge sind sie oft nicht zu erkennen, und sie lassen sich nur mit Hilfe eines Mikroskops nachweisen. Unternimmt man nichts, können Spulwürmer schwere Durchfälle verursachen, ferner Erbrechen, Gewichtsverlust, Schwäche, Anämie, und bei einem kleinen Welpen sogar zum Tod führen.

Da Stuhluntersuchungen nicht immer ganz zuverlässig sind und Spulwürmer einen jungen Hund bedenklich schwächen können, raten viele Tierärzte dazu, Welpen sicherheitshalber mindestens einmal zu entwurmen, ob nun bei der mikroskopischen Analyse

Wurmlarven sichtbar sind oder nicht. Wenn ein Welpe Würmer hat, sind im Verlauf von etwa drei bis vier Wochen vielleicht mehrere «Wurmkuren» erforderlich, um ihn von allen Parasiten und Larven zu befreien.

Eine nachdrückliche Warnung: Versuchen Sie *nicht*, Ihren Welpen auf eigene Faust mit im Handel erhältlichen Medikamenten zu entwurmen. Wurmmittel sind sehr stark, und Sie könnten ihm mit einer falschen Dosis ernsten Schaden zufügen. Darüber hinaus gibt es für jede Wurmart ein besonderes Medikament, und es könnte sein, daß Ihr Welpe zum Schluß schwerkrank ist und immer noch Würmer hat.

Fellpflege

Unabhängig von der Art seines Fells sollte Ihr Welpe – sobald er in Ihre Obhut kommt – daran gewöhnt werden, daß er gebürstet und gepflegt wird. Im Abschnitt *Sozialisation* (siehe Seite 103) wird dieses Thema ausführlich behandelt. Es liegt in Ihrem eigenen Interesse, Ihren Hund frühzeitig mit solchen Prozeduren vertraut zu machen. Mit Sicherheit werden sich viele Situationen ergeben, in denen Sie froh darüber sind, daß Ihr Haustier Ihnen soviel Vertrauen entgegenbringt, daß Sie jeden Teil seines Körpers ohne weiteres berühren oder behandeln dürfen. Die regelmäßige Pflegestunde ist auch eine ausgezeichnete Gelegenheit, Ihren Welpen sorgfältig von Kopf bis Fuß zu inspizieren.

Insbesondere für Hunde mit langen Haaren ist es wichtig, früh im Leben an eine gründliche Fellpflege gewöhnt zu werden. Läßt man es jedoch zur Knoten- und Filzbildung kommen, wird es für Sie und das Tier zu einer recht unerfreulichen Erfahrung, sein Haarkleid wieder zu entwirren. Glücklicherweise ist langes Fell bei einem Welpen recht einfach in Ordnung zu halten; gewöhnen Sie ihn frühzeitig ans Kämmen, so werden Sie es leichter haben, wenn der Hund ausgewachsen ist und sein Fell die volle Länge und Dichte erreicht hat. *Tabelle 4* (siehe Seite 23) gibt einen Überblick über die Pflegebedürftigkeit verschiedener Fellarten.

Manche Bücher enthalten ziemlich komplizierte Hinweise, wie und wo ein Welpe zu pflegen sei. Nach unserer Erfahrung kann er an jedem geeignet erscheinenden Ort gekämmt werden. Wenn Sie damit beginnen, solange Ihr Tierchen noch jung ist, muß diese

Prozedur weder für Sie noch für den Welpen zu einer Plage werden. Je nachdem wie groß er ist und wie gelenkig Sie selbst sind, können Sie ihn kämmen und bürsten, während Sie beide einfach auf dem Boden sitzen oder wenn Sie ihn auf dem Schoß haben oder wenn er auf einem Tisch oder auf einem halbhohen Schrank sitzt – mit anderen Worten, ganz so, wie es für Sie und das Tier bequem ist. Der Welpe kann stehen, sitzen oder liegen; falls er liegt, schläft er bei der Behandlung möglicherweise ein. Er muß nur lernen stillzuhalten, bis Sie fertig sind und ihm sagen, wie brav er sich benommen hat, und ihn wieder laufen lassen.

Die meisten Junghunde lernen die Fellpflege bald schätzen und verhalten sich von selbst ganz ruhig; viele gehen bereitwillig an ihren Platz, sobald Sie den Kamm oder die Bürste zur Hand nehmen. Sogar sehr kleine Kinder können sich am täglichen behutsamen Kämmen und Bürsten beteiligen, doch sollten Sie ihnen nicht erlauben, sich an der Schnauze, den Ohren oder den Augen eines Welpen zu schaffen zu machen.

Eine Bürste eignet sich vor allem für kurzes oder drahtiges Haar, während ein Kamm für lange Felle das richtige Instrument ist. Bevor Sie sich die einzelnen Körperteile vornehmen, empfiehlt es sich, die Haare mit der Hand zurückzustreifen, um einen Blick auf die Beschaffenheit der Haut zu werfen: Sie sollte rosig sein, keine Fleckchen und auch keine trockenen, schuppigen Stellen aufweisen. Falls Sie irgendeine Hauterkrankung vermuten, holen Sie bitte umgehend ärztlichen Rat ein. Dermatologische Probleme lassen sich mitunter nur sehr schwer korrigieren, und je früher sie erkannt und behandelt werden, umso besser.

Bürsten oder kämmen Sie wirklich jede Körperpartie Ihres Welpen, und lassen Sie sich durch sein Verhalten nicht dazu verleiten, einen bestimmten Bereich auszulassen. Viele junge Hunde mögen es nicht, wenn man ihre Läufe oder Pfoten berührt. Weicht Ihr Welpe zurück, sobald Sie dies tun, wehrt er sich möglicherweise mehr gegen die Behinderung seiner Bewegungsfreiheit als gegen die Pflege. Kämpfen Sie dann nicht mit ihm, sondern fassen Sie seine Gliedmaßen einfach besonders sanft an. Ist ihm auch das noch zuwider, so stellen Sie seine Pfötchen einfach auf die Fläche Ihrer geöffneten Hand, und versuchen Sie, seine Läufe zu bürsten, ohne sie festzuhalten. Vielleicht erweist es sich auch als hilfreich, wenn der Hund auf der Seite liegt, während Sie seine Läufe und Pfoten bearbeiten. Manchen Welpen bleibt diese Prozedur verhaßt; in diesem Fall müssen Sie sich eben durchsetzen. Doch zunächst sollten Sie keine Körperzone zu einem Kampfgebiet machen, denn sonst wird es bald schwierig sein, ihn überhaupt noch zu kämmen.

Sehen Sie sich Ihren Welpen mindestens einmal pro Woche gründlich an. Streicheln Sie ihn zu diesem Zweck zunächst vom Kopf bis zur Basis der Rute, und betasten Sie dann mit beiden Händen seinen ganzen Körper. Schauen Sie ihm in die Augen, in die Ohren und in die Schnauze, und betrachten Sie auch den Rektalbereich unter der Rute und die Unterseite der Pfoten. Befinden sich trockene Rückstände in den inneren Augenwinkeln, dann entfernen Sie diese mit einem feuchten Tuch. Riechen Sie an seinen Ohren: Schlechter Geruch kann auf eine Ohrenentzündung hinweisen. Das Innere der Ohren sollte rosig und sauber sein. Finden sich dort Absonderungen oder schwarze Fleckchen, könnte es sich um Milben handeln (darüber mehr im nächsten Abschnitt). Bei langhaarigen Welpen bleiben oft Fäkalienreste im Fell um den After hängen; reinigen Sie diese Zone dann mit einem feuchten Lappen.

Das Innere des Mauls sollte ebenfalls rosig und das Zahnfleisch fest sein. Bitten Sie Ihren Tierarzt, Ihnen zu zeigen, wie Sie die Zähne des Tieres reinigen können; die Zahnpflege wird aus prophylaktischen Gründen immer häufiger von Veterinären empfohlen.

Gehört Ihr Welpe zu einer Rasse, die professionelle Fellpflege benötigt, sollte er das erste Mal in einen Hundesalon gebracht werden, sobald er alle Impfungen hinter sich hat. Anfänglich muß er wahrscheinlich nur kurze Zeit dort bleiben und vielleicht nur gekämmt oder gebürstet werden, doch sollte man ihn so bald wie möglich an diese Besuche im Hundesalon gewöhnen.

Hautparasiten

Falls Sie Ihren Welpen bei einem verantwortungsbewußten Züchter erworben haben, sollte er von Hautparasiten wie Ohrmilben, Flöhen und Zecken frei sein. Doch alle diese Ungeziefer werden sehr leicht von Tier zu Tier übertragen, und ein Hund kann sich Flöhe und Zecken auch im Freien schnell auflesen. Wenn sich Ihr Welpe daher an bestimmten Körperstellen ausdauernd kratzt oder beißt oder wenn Sie eine Art Ausschlag, gerötete Haut oder kahle

Stellen im Haarkleid bemerken, müssen Sie davon ausgehen, daß er von Parasiten befallen ist, und ihn sofort zum Tierarzt bringen. Es ist wichtig, prompt zu handeln, damit etwaiges Ungeziefer so schnell wie möglich beseitigt werden kann. Auch wenn Sie keine Anzeichen dafür entdecken, daß Ihr Hund mit Hautparasiten infiziert ist, sollten Sie ihn bei der Fellpflege regelmäßig genau anschauen.

Flöhe

Flöhe sind die häufigsten Hundeparasiten. Sie ernähren sich vom Blut der Tiere, und ein starker Flohbefall kann einen Welpen entkräften und sogar Anämie hervorrufen; darüber hinaus werden durch Flöhe oft auch Bandwürmer übertragen. Normalerweise kratzt sich ein befallenes Tier, doch es ist möglich, daß bei einem sehr jungen Welpen keine äußerlichen Anzeichen zu bemerken sind. Wenn Sie den Hund bürsten, streichen Sie das Fell zurück und halten Sie nach kleinen, schwarzen Punkten − dem sogenannten «Flohdreck» − Ausschau. Er findet sich oft im dichten Fell, dort, wo die Wirbelsäule in den Schwanz übergeht, in der Halsregion und unter den Läufen in den «Achselhöhlen» des Welpen. Entdecken Sie Flohdreck oder auch die Flöhe selbst, so fragen Sie den Tierarzt, was zu tun ist. Denken Sie daran, daß auch die Umgebung flohfrei sein muß, sonst kommen sie wieder.
Verwenden Sie niemals die gewöhnlichen, im Handel erhältlichen Antiflohmittel. Eine zu kräftige Dosis starker Insektizide kann für einen Welpen giftig sein und richtet mehr Schaden an, als sie nutzt. Junge Welpen sollten auch keine Floh- oder Zeckenbänder tragen.

Zecken

In den meisten Gegenden sind Zecken kein bedeutendes Problem, da ein Hund sie gewöhnlich nur dann aufliest, wenn er in hohem Gras oder bewaldeten Gebieten herumläuft. Doch in manchen Regionen kommen sie häufig vor; da Zecken Krankheitsüberträger sind, ist es wichtig, sie möglichst schnell zu entfernen.
Zecken verbeißen sich meistens an feuchten, dunklen Stellen in die Haut des Welpen, zum Beispiel an der Innenseite der Ohren, in der Halsgegend, an der Wurzel der Rute und an der Unterseite der Läufe. Eine nicht vollgesaugte Zecke ist klein, flach, rötlich-braun und käferähnlich. Eine mit Blut vollgesaugte Zecke sieht wie eine braune Bohne aus.

64

Wenn Sie an Ihrem Welpen eine Zecke entdecken, so entfernen Sie diese mit einer Pinzette und desinfizieren Sie die betreffende Stelle; manche Leute empfehlen, die Stelle, an der die Zecke sitzt, zunächst mit Alkohol abzutupfen, weil sie dann angeblich weniger fest sitzt. Legen Sie die Zecke anschließend in Alkohol, Feuerzeugbenzin oder Nagellackentferner, um sie zu töten – Zecken sind sehr zäh. Sofern Ihr Hund dauernd eine oder mehrere Zecken hat, sprechen Sie mit dem Tierarzt über mögliche Maßnahmen zur Bekämpfung dieser Parasiten.

Ohrmilben

Ein Befall mit Ohrmilben verursacht heftigen Juckreiz und läßt sich daran erkennen, daß der Hund sich an den Ohren kratzt, den Kopf schüttelt oder ihn an Gegenständen reibt, oder auch an Ohrsekreten und an geröteten Ohrinnenseiten. Ohrmilben können, wenn nichts unternommen wird, schwere Entzündungen der Gehörgänge hervorrufen. Mit dem bloßen Auge können Ohrmilben nicht erkannt werden, doch wenn Sie weiße Flecken oder ein rötlich-braunes Sekret oder sonstige Rückstände in den Ohren Ihres Welpen vorfinden, sollten Sie davon ausgehen, daß es sich um Milben handelt. Ihr Tierarzt kann die Sekrete unter dem Mikroskop untersuchen, um in der Diagnose sicher zu sein.

Ohrmilben werden mit speziellen Tropfen behandelt. Leben in Ihrem Haushalt noch andere Tiere – Katzen oder Hunde – sollten Sie diese ebenfalls auf die äußerst ansteckenden Milben untersuchen lassen.

Füttern

Wie bereits erwähnt, sollten Sie Ihrem Welpen, nachdem Sie ihn übernommen haben, noch mindestens zwei Wochen lang das Futter geben, an das er gewöhnt ist. Eine plötzliche Veränderung der Ernährung ist die Hauptursache für Diarrhöe und andere Darmbeschwerden bei jungen Welpen.

Die Nahrung umstellen

Sollten Sie später die Ernährung aus irgendwelchen Gründen umstellen wollen, dann tun Sie es allmählich, um Probleme zu vermeiden. Mischen Sie bei einer Mahlzeit zunächst ein wenig von dem neuen Futter unter das gewohnte Fressen. Wenn der Verdauungsapparat des Hundes damit keine Schwierigkeiten hat, können Sie jeden Tag ein bißchen mehr von der neuen Nahrung beigeben. Doch gehen Sie langsam vor und beobachten Sie den Stuhl und den Appetit Ihres Welpen sorgfältig, um Störungen sofort feststellen zu können. An einem bestimmten Punkt müssen Sie vielleicht die Futtermischung für eine Weile konstant halten, bevor Sie ganz auf die neue Ernährungsweise übergehen können. Sollte der Welpe das neue Futter nicht akzeptieren – auch wenn Sie sehr langsam vorgegangen sind –, dann fangen Sie mit etwas anderem nochmals von vorne an. Mitunter ist nicht ersichtlich, warum ein Futtermittel oder ein in bestimmter Form verabreichtes Fressen einem Hund nicht zusagt. Doch genauso, wie jeder Welpe eine andere Persönlichkeit und ein anderes Temperament besitzt, haben eben manche Hunde unüberwindliche Abneigungen gegen ein bestimmtes Futter, oder sie sind auf bestimmte Bestandteile der Nahrung allergisch. Sollte dies der Fall sein, so müssen Sie ausfindig machen, welche Ernährung Ihrem Welpen am besten bekommt.

Notwendigkeiten der Ernährung

Als Welpenbesitzer müssen Sie nicht besonders viel von der richtigen Ernährung eines Junghundes verstehen, sofern Sie ihm ein wohlausgewogenes, reichhaltiges Fertigfutter geben (mehr über die verschiedenen Nahrungsmittel im nächsten Abschnitt). Doch vielleicht finden Sie es nützlich, ein paar grundlegende Dinge über die Ernährungsbedürfnisse Ihres heranwachsenden Welpen zu erfahren (siehe auch *Tabelle 11*).

Bevor ein Welpe etwa zur Hälfte ausgewachsen ist, benötigt er doppelt soviel Kalorien und Nährstoffe pro Pfund seines Körpergewichts wie ein erwachsener Hund der gleichen Rasse. Normalerweise wird empfohlen, diese Ration auf das 1,6-fache zu reduzieren, sobald der Welpe vierzig Prozent, und auf das 1,2-fache, wenn er achtzig Prozent seines späteren Erwachsenengewichts erreicht.*

Die tatsächliche Futtermenge hängt natürlich zum Teil von der Größe des Welpen ab. Kleinere Rassen benötigen zum Beispiel mehr Kalorien pro Pfund ihres Gewichts als die größeren. Allge-

* *Nutrient Requirements of Dogs* (Nährstoffbedarf bei Hunden), Auflage 1985, © 1985 National Academy of Sciences.

mein gilt, daß ein gesunder Junghund seine Nahrungsaufnahme selbst bestens regelt. Daher sollte man es ihm normalerweise erlauben, soviel aufs Mal zu fressen, wie er möchte – das heißt in etwa fünfzehn Minuten, dann sollte das Futter entfernt werden. Scheint ein Welpe noch hungrig zu sein, auch wenn er alles Futter gefressen hat, sollten Sie ihm mehr geben. Wahlweise können Sie auch die «freie» Fütterungsmethode anwenden: Lassen Sie dann während des ganzen Tages Trockenfutter stehen, das der Hund nach Belieben zu sich nehmen kann. Dieses Verfahren scheint besonders hilfreich zu sein, um Magenerweiterungen oder -torsionen («Blähungen») bei großen Rassen vorzubeugen, denn es verhindert, daß die Hunde bei den Mahlzeiten zu schnell zuviel Futter verschlingen. Wenn Sie wollen, können Sie bei ein oder zwei Mahlzeiten dem Trockenfutter auch feuchte Dosennahrung beimischen und außerdem das Trockenfutter immer stehen lassen. Doch diese Methode wird nur funktionieren, solange Sie dem Welpen nicht gestatten, füllende, aber gehaltlose Happen zu verzehren.

Sie können selbst beurteilen, ob Ihr Hund gedeiht. Er sollte stämmig sein und rundlich wirken, ein glänzendes Fell und viel Energie haben. Doch lassen Sie ihn nicht zu dick werden. Prüfen Sie ab und zu, ob Sie unter einer dünnen Fettschicht noch seine Rippen sehen und fühlen können. Ein zu schneller Gewichtszuwachs kann das Knochengerüst ganz erheblich strapazieren, bei von Natur aus schweren, großen Welpen insbesondere die Beine. Haben Sie Zweifel hinsichtlich der richtigen Nahrungsmenge, dann konsultieren Sie den Tierarzt.

Damit Welpen ihr Futter ordentlich verdauen können, sollte die gesamte tägliche Nahrungsmenge auf mehrere Mahlzeiten verteilt werden (es sei denn, Sie wenden die «freie» Methode an). Normalerweise werden Junghunde viermal täglich gefüttert, bis sie dreizehn oder vierzehn Wochen alt sind, dreimal täglich, bis sie sechs Monate alt sind und danach zweimal täglich, bis sie ausgewachsen sind. Dann genügt eine Mahlzeit pro Tag.

Doch um stark zu werden, benötigen Welpen mehr als nur Kalorien. Sie brauchen größtenteils die gleichen Ernährungsbestandteile wie andere Tiere. Der einzige Grundnahrungsstoff, von dem Hunde keine bestimmte Mindestmenge benötigen, sind die Kohlehydrate. Wenn sie auch eine wertvolle Kalorien- oder Energiequelle für Welpen darstellen, kann ein zu hoher Faseranteil doch die

Tabelle 11: Mangelerscheinungen bei Unausgewogenheiten in der Ernährung eines Welpen

Nährstoff	Mangelerscheinungen
Kalorien (Energie)	Langsames Wachstum; kein Wachstum; Anfälligkeit für bakterielle Infektionen und Parasitenbefall
Fett (wichtige Fettsäuren)	Spröde, trockene Haare; Hautausschläge; Infektionen
Proteine und Aminosäuren	Anorexia; schwere Beeinträchtigungen des Wachstums oder Gewichtsverlust; Muskelschwund; rauhes, glanzloses Fell
Mineralien	
Kalzium und Phosphor	Krämpfe; geringes Wachstum; Appetitlosigkeit; Rachitis
Kalium	Geringes Wachstum; Nervosität; Paralyse; Entwässerung; Schädigungen innerer Organe
Natrium und Chlor	Verzögertes Wachstum; Erschöpfung; geringe Wasseraufnahme; trockene Haut; Haarausfall
Magnesium	Anorexia; kaum Gewichtszunahme; Verwirrungszustände; Reizbarkeit; Krämpfe
Eisen und Kupfer	Anämie
Zink	Verzögerte Gewichtszunahme; Hautausschläge
Jod	Kropf; Deformationen an Haut und Knochengerüst; Benommenheit; Ängstlichkeit
Vitamine	
fettlösliche (Überdosis kann giftig wirken – Mangel tritt kaum auf):	
A	Knochen- und Nervenschädigungen; Augen- und Hautprobleme; Gewichtsverlust

Nährstoff	Mangelerscheinungen
D (muß in ausgewogenem Verhältnis zu Kalzium und Phosphor stehen)	Rachitis
E	Muskelschwäche; geschwächte Abwehrreaktionen; Verkümmerung der Netzhaut
wasserlösliche:	
B-Komplex	Anorexia; Wachstumsstopp; Gewichtsverlust; Anämie; Infektionsanfälligkeit

Quelle: *Nutrient Requirements of Dogs* (Nährstoffbedarf bei Hunden), *Auflage 1985,* © 1985 National Academy of Sciences.

Aufnahme anderer Nährstoffe verhindern. Vitamin C wird im Körper des Hundes erzeugt und braucht daher nicht im Futter enthalten zu sein.

Wasser

Wasser ist für alle Welpen wichtig. Es befördert die Nährstoffe durch den Körper und schwemmt Abbauprodukte hinaus. Das Tier muß jeden Tag eine ausreichende Menge Wasser trinken, um für die beim Urinieren, Atmen und Schwitzen verlorene Flüssigkeit einen Ausgleich zu schaffen. Wegen der Vielzahl variabler Faktoren − der Art des Futters, des Aktivitätspegels des Welpen, der Außentemperatur usw. − ist es nicht möglich, eine genaue Flüssigkeitsmenge anzugeben, die er täglich braucht, doch es hat sich herausgestellt, daß er, sofern er freien Zugang zum Wasser hat, gerade so viel trinkt, wie er braucht. Daher sollte ihm immer frisches Wasser zur Verfügung stehen, damit er nach Belieben trinken kann.

Es ist keinesfalls ratsam, einem Welpen Wasser vorzuenthalten, wie es manchmal für die Durchsetzung der Stubenreinheit empfohlen wird, denn er wird nicht weniger urinieren, sondern einfach sehr durstig werden; das kann dazu führen, daß er sich übertrinkt und erbricht, wenn er endlich wieder Wasser bekommt.

Futterarten

Bevor wir die drei hauptsächlichen Futterarten besprechen, die auf dem Markt erhältlich sind, muß etwas zur Qualität der Nahrung gesagt werden, die Sie Ihrem Welpen geben, und über ihre Bedeutung bei der Verhinderung von ernährungsbedingten Mangelerscheinungen. Vielfach begegnet man der falschen Vorstellung, alle Fertigfutterwaren für Haustiere seien im wesentlichen gleichwertig und nur verschieden verpackt. Das stimmt jedoch nicht. Zwar kann das Fertigfutter den empfohlenen *Futtermengen* entsprechen oder sie übersteigen, doch gibt es zur Zeit keinen Maßstab für die *Qualität* und *Verwertbarkeit* der Nährstoffe. Es ist durchaus möglich, daß in «hundertprozentig vollwertigem» Fertigfutter für Welpen wichtige Nährstoffe fehlen.

Kürzlich an der Universität von Georgia durchgeführte Untersuchungen prüften das Wachstum von Welpen, die mit unterschiedlichem Hundefutter ernährt wurden. Die Ergebnisse waren dramatisch: Welpen, die billiges Durchschnittsfutter zu fressen bekamen, nahmen weniger zu, wuchsen weniger und litten in einigen Fällen sogar bald an Hautkrankheiten, wie sie oft bei Zinkmangel auftreten. Die billige Ware enthielt nicht die ausgewogene, für einen heranwachsenden Hund erforderliche Kost, und die Zutaten waren minderwertig. In vielen Fällen schwankte sogar die Zusammensetzung des Futters von Dose zu Dose und zeugte von mangelnder Qualitätskontrolle. Es lohnt sich nicht, ein paar Mark zu sparen und dafür das Risiko einer unausgewogenen Ernährung des Welpen einzugehen. Bei allen wohlbekannten Hundefuttermarken werden jedoch sorgfältige Qualitätskontrollen durchgeführt; auch basiert der Nährstoffgehalt dieser Produkte auf ausgedehnten Forschungen und Fütterungsversuchen. In diesem Fall erhalten Sie das, wofür Sie bezahlen!

Im Handel erhältliches Welpenfutter von guter Qualität, das speziell für die Ernährungsbedürfnisse eines heranwachsenden Hundes zusammengestellt ist, gibt Ihrem Welpen den besten Start im Leben. Zwar ist es auch möglich, einen Welpen mit gutem Futter für ausgewachsene Hunde zu ernähren, doch müssen Sie ihm dann entweder sehr große Mengen verabreichen (dies resultiert in starkem Stuhlgang) oder das Futter mit einer kalorienreichen Fleischkost ergänzen. Daher ist es bei weitem einfacher, Futter zu geben, das speziell für Welpen gedacht ist.

Welpenfutter gibt es in drei Grundformen: trocken, halbfeucht und in Dosen. Jede Variante stellt eine vollwertige Ernährung dar, und jede hat ihre Vor- und Nachteile, wenn man sie ausschließlich verwendet.

Trockenfutter ist am billigsten. Es enthält kaum Feuchtigkeit und auch weniger Nährstoffe pro Pfund als die beiden anderen Varianten. Wenn Sie daher ausschließlich Trockenfutter verwenden, müssen Sie Ihrem Welpen eine recht große Nahrungsmenge geben, damit sein Kalorien- und Nährstoffbedarf gedeckt wird, und gleichzeitig muß stets Wasser zur Verfügung stehen. Trockenfutter ist besonders vorteilhaft für Welpen großwüchsiger Rassen, die sehr viel fressen müssen. Es ist die einzige Futterart, die man stehen lassen kann, damit der Hund nach Belieben davon nimmt; sie tut auch den Zähnen und dem Zahnfleisch gut.

Halbfeuchtes Futter ist etwas teurer als das trockene, und vielen Welpen schmeckt es besser. Obwohl es mehr Feuchtigkeit enthält als Trockenfutter, muß gleichzeitig immer frisches Wasser bereit stehen. Manche Junghunde reagieren offenbar allergisch auf die dem Futter beigemischten Stoffe, die es feucht halten. Halbfeuchtes Futter ist zwar nicht so gehaltvoll wie Dosennahrung, aber nahrhafter als Trockenfutter. Es muß nicht gekühlt werden und darf auch eine Weile für den Hund stehen gelassen werden, bevor es auszutrocknen beginnt.

Dosenfutter ist zwar am kostspieligsten, doch auch am nahrhaftesten (pro Pfund gerechnet) und mundet den meisten Welpen am besten. Man benötigt weniger als von den anderen beiden Futterarten, um den Bedarf eines Welpen zu decken; aus diesem Grund bevorzugt man es vor allem für kleinrassige Welpen, die zwar eine konzentrierte Nahrung benötigen, doch nicht so große Mengen fressen können. Dosenfutter verdirbt recht schnell, wenn die Büchse einmal geöffnet ist, und kann nur für ganz kurze Zeit ohne Kühlung aufgehoben werden.

Um die Vorteile verschiedener Futterarten miteinander zu verbinden, füttern viele Hundebesitzer ihre Tiere mit zwei oder mehr Sorten. Man kann trockenes und Dosenfutter mischen oder trockenes und halbfeuchtes oder täglich ein bis zwei Mahlzeiten pro Futterart verabreichen. Die Ausgewogenheit der Ernährung wird nicht aufs Spiel gesetzt, wenn man verschiedene Sorten miteinander mischt, vorausgesetzt, jedes Futter ist von guter Qualität und vollwertig. Vielleicht möchten Sie ein wenig experimentieren, um so herauszufinden, welche Art (oder Arten) von Futter Ihrem Welpen am besten bekommt (siehe *Tabelle 12).*

Nahrungszusätze

Vitamin- und Mineralzusätze sind sehr beliebt und werden sogar von manchen Züchtern empfohlen. Mit wenigen Ausnahmen, die nur ein Tierarzt bestimmen kann, sind sie jedoch überflüssig, sofern der Welpe mit einer wohlausgewogenen, handelsüblichen Kost versorgt wird. Eine Überfütterung mit Zusatzstoffen kann dem wachsenden Welpen sogar schaden und führt möglicherweise zu einem Ungleichgewicht der Nährstoffe. Ausgewogenheit ist jedoch wesentlich, damit es nicht zu toxischen Zuständen oder Knochenproblemen, besonders bei großwüchsigen Rassen, kommen kann.

Der Zeitpunkt für die Umstellung auf normales Hundefutter

Welpenfutter ist äußerst kalorienhaltig. Ab einem bestimmten Punkt, etwa dann, wenn Ihr Hund zur Hälfte ausgewachsen ist, wird das Welpenfutter daher zu reichhaltig sein und vielleicht Erbrechen oder Diarrhöe verursachen. Dies kann vom sechsten Monat an jederzeit eintreten und hängt von der Größe Ihres Hundes und von der Geschwindigkeit seines Wachstums ab. Beobachten Sie Ihren Welpen sorgfältig, und wenn er nach dem Fressen erbricht (und Sie sicher sein können, daß nicht etwa Würmer daran schuld sind), dann ist es an der Zeit, allmählich auf das Futter für ausgewachsene Hunde überzugehen. Tun Sie dies so, wie es im Abschnitt *Die Nahrung umstellen* (siehe Seite 192) beschrieben ist.

Auslauf und Spiel

Immer wieder betonen wir, wie wichtig es für alle Welpen ist, genügend Auslauf zu haben. Bewegung hält den Junghund nicht nur körperlich gesund, sondern bewahrt ihn auch vor Langeweile und Ruhelosigkeit − den Hauptursachen für schlechtes Betragen. Ein Welpe, der viel umherrennen oder spielen kann, ist nach den Bewegungsphasen zufrieden und ermüdet und wird dann gewöhnlich für eine Weile schlafen oder sich ausruhen.

Sehr junge Hunde verausgaben jeden Tag viel Energie, einfach indem sie wachsen und umherlaufen. Sie haben weiche Knochen,

Tabelle 12: Beispiele für den prozentualen Anteil von Zutaten
im Hundefertigfutter

	Trocken	Halbfeucht	Dose
Getreideprodukte	68,1	–	–
Fleisch- und Knochenmehl	19,0	–	–
Fleisch und Fleischabfallprodukte	–	32,8	65 – 80
Geflügel und Geflügelabfallprodukte	–	–	10 – 20
Sojaschrot	7,5	–	–
Sojabohnen- und Kleieflocken	–	32,3	–
Sojamehl	–	–	10 – 20
Lösliche Kohlehydrate	–	21,0	–
Tierisches Fett	4,5	1,0	–
Minerale	0,8	3,3	0,5
Vitamine	0,1	0,3	0,2
Emulgatoren, Lösungsmittel, anderes	–	9,3	–

Quelle: *Nutrient Requirements of Dogs* (Nährstoffbedarf bei Hunden),
Auflage 1985, © 1985 National Academy of Sciences.

und ihre Gelenke sind noch nicht voll ausgebildet; große, schwere Welpen sind besonders anfällig für Gelenk- und Knochenprobleme, wenn man ihnen erlaubt oder sie dazu ermutigt, zu heftig zu rennen oder zu springen, solange sie noch jung sind. Am besten wartet man, bis der Welpe etwa sechs Monate alt ist (bei schweren Rassen vielleicht auch länger), ehe man lebhafte Bewegungsübungen mit ihm durchführt. Denken Sie bitte auch daran, daß Welpen (wie auch ausgewachsene Hunde) unmittelbar nach dem Essen nicht angestrengt werden dürfen. Ansonsten bekommen sie Blähungen (Erweiterung und Torsion des Magens), ein ernster und unter Umständen sehr gefährlicher Zustand, der vor allem bei großen Hunden häufig ist. Kinder muß man vielleicht ermahnen, mit einem jungen Tier nicht allzu rauh umzugehen oder es nicht zu sehr zu ermüden. Man sollte es sich zur Regel machen, einen jungen Welpen das Ende seiner Spielzeit selbst bestimmen zu lassen. Wenn er müde ist, dann hören Sie auf. Wenn er älter ist, haben Sie immer noch Zeit genug, intensive Bewegungsübungen einzuführen.

Natürlich darf das Spazierengehen an der Leine einen großen Teil der täglichen Bewegung ausmachen. Sie können damit beginnen, sobald der Welpe unter vollem Impfschutz steht. Wie man einen

Hund daran gewöhnt, an der Leine zu gehen, wird in den *Kapiteln 8* (siehe Seite 122) und *11* (siehe Seite 179) beschrieben. Jeder Welpe, auch der kleinste, sollte mindestens zweimal täglich, nach Möglichkeit aber öfter spazierengeführt werden. Wie groß auch immer Ihr Privatgelände sein mag, Ihr Welpe wird sich bald langweilen, wenn es das einzige ist, was er Tag für Tag zu sehen bekommt. Welpen brauchen regelmäßig neue Erfahrungen – die Gelegenheit, Unbekanntes zu sehen, zu hören und zu riechen; andernfalls fühlen sie sich wie in einem Gefängnis. Darüber hinaus wird sich ein Hund, der in einem Hof oder Gehege eingeschlossen ist, nicht von selbst bewegen. Er muß ausgeführt oder durch Spiele mobil gemacht werden, damit er genug Bewegung hat.

Die Notwendigkeit zu Bewegung ist von Rasse zu Rasse recht unterschiedlich. Im allgemeinen verlangen Jagd- und Arbeitshunde sehr viel Auslauf – mindestens ein oder zwei Stunden intensiver Bewegung pro Tag. Auch Terrier sind sehr aktiv und brauchen (je nach Größe) viel Bewegung, um nicht «überdreht» zu werden. Die Größe bestimmt zum Teil das erforderliche Ausmaß an täglichem Auslauf. Ein winziges Zwergrassehündchen ist nach einem schnellen Spaziergang um den Häuserblock erschöpft, während ein riesiger Neufundländer viele Kilometer weit laufen kann, ohne zu ermüden. Um in Erfahrung zu bringen, wieviel Bewegung Ihr Welpe braucht, fragen Sie am besten einen Züchter, Zuchtverein oder Ihren Tierarzt; oder besorgen Sie sich eine Broschüre über die Rasse, der Ihr Welpe angehört.

Das Spiel kann Bestandteil des täglichen Bewegungsprogramms sein. Manche Junghunde sind sehr verspielt, und man muß sie gar nicht erst dazu auffordern, einem Ball oder Stock nachzulaufen und ihn zu holen oder mit Ihnen im Garten herumzutollen. Anderen wiederum scheint die Ruhe angeboren zu sein, und sie mögen vielleicht keine wilden Spiele. Sie selbst können am besten beurteilen, was Ihr Welpe gern hat, doch auf jeden Fall sollten Sie Ihn dazu ermutigen, so viel herumzutollen und zu spielen wie nur möglich. Denn dies ist nicht nur seiner Gesundheit zuträglich, sondern gibt Ihnen auch die Möglichkeit, ihm beim Spiel auf ganz entspannte Art die eine oder andere wichtige Lektion zu erteilen. Werfen und Holen ist ein besonders gut geeignetes Spiel für einen Welpen, der sich daran freut. Es lehrt ihn, den Gegenstand, den er gefaßt hat, loszulassen, wenn das Spiel weitergehen soll. Erlauben Sie es dem Welpen niemals, während des Spiels zu knurren oder in irgendeiner Weise aggressiv zu werden. Wenn das geschieht, dann beenden Sie das Spiel sofort, schimpfen Sie mit dem Welpen und führen Sie, falls nötig, die auf Seite 140 beschriebene Dominanzbesänftigung durch.

Notizen machen

Es ist immer nützlich, wenn Sie sich Ihre eigenen Notizen über das Wachstum des Welpen, die Impfungen usw. machen. Dies erweist sich vor allem dann als sehr hilfreich, wenn Sie umziehen, den Tierarzt wechseln oder zu einem späteren Zeitpunkt einfach etwas nachschauen möchten.

Es kann Spaß machen, über Ihren Hund ein ansprechendes Notizbuch zu führen oder eine kleine Kartei anzulegen. Besonders Kinder haben mitunter besondere Freude daran. Ihre Aufzeichnungen müssen durchaus keine Kunstwerke sein, doch sollten sie alles Wichtige enthalten und auf dem neuesten Stand sein. Auf den folgenden Seiten finden sich Vorschläge für Themenkreise, die Sie bei Ihren Notizen vielleicht berücksichtigt wissen wollen.

Beispiel für ein Welpen-Notizbuch

Herkunft und Geburt

Rasse: _____ Name: _____

Datum und Ort der Geburt: _____

Wo und von wem gekauft: _____

Männliches und weibliches Stammtier: _____

_____

Datum der Übernahme: _____

Äußere Beschreibung des Welpen

  Farbe: _____

  Merkmale: _____

  Größe: _____

  Gewicht: _____

  Sonstige auffällige Eigenschaften: _____

_____

Warum Sie diesen Welpen wählten: _____

Tierarzt

Name: _____

Adresse: _____

Telefon: _____

Bürozeiten: _____ Sprechstunden: _____

Notruf: _____

Tierärzte und Tierkliniken in der Nähe: _____

_____

Medizinische Notizen

Erster Besuch beim Tierarzt

Datum:_____ Alter des Welpen:_____

Bemerkungen und Vorschläge des Tierarztes: _____

_____

_____

_____

Verzeichnis der Impfungen

	1.	2.	3.	4.	weitere
Parvovirus					
Staupe (DHL)					
Parainfluenza (CPI)					
Hepatitis (DHL)					
Leptospirosen (DHL)					
Tollwut					
Herzwürmertest					

Stuhluntersuchung

Durchgeführt am:_____ Befund:_____

Entwurmungen

Durchgeführt am: _____

Nächster Termin: _____

Weitere medizinische Angaben, die hier notiert werden können:

Datum der Sterilisation/Kastration

Jährliche Auffrischungsimpfungen und Untersuchungen auf Herzwürmer

Andere ärztliche oder chirurgische Maßnahmen

Verabreichte Medikamente

Verzeichnis der Krankheiten und/oder Unfälle

Allergien

Parasitenkontrolle

Wachstum

Auf dieser Seite können Sie in regelmäßigen Abständen das Gewicht und die Größe Ihres Welpen festhalten.

_____

_____

_____

_____

_____

_____

Ernährung

Ursprüngliche Nahrung des Welpen

Art und Marke des Futters: _____

Verabreichte Menge: _____ Wie oft pro Tag: _____

Einführung anderer Nahrung

Art und Marke des Futters: _____

Verabreichte Menge: _____ Wie oft pro Tag: _____

Reaktion des Welpen: _____

*Datum der Reduktion
der Fütterungen*　　　　　　　　auf dreimal pro Tag: _____

auf zweimal pro Tag: _____

auf einmal pro Tag: _____

Bevorzugte Futterart: _____

Lieblingsnahrung: _____

Erziehung

Auf dieser Seite können Sie sich Ihre Erfahrungen bei der Erziehung Ihres Welpen notieren: zum Beispiel wann er das erste Mal auf seinen Namen hörte, seine ersten Lektionen in Gehorsam erhielt, an Welpenschulungen und an Schulungen für ausgewachsene Hunde teilnahm.

Allgemeine Pflege des heranwachsenden Welpen

Zusätzliche Seiten oder Abschnitte
Je nachdem wie umfassend Sie über Ihren Welpen Buch führen möchten,
können Sie sich auch noch zu den folgenden Themen Notizen machen:

Auslauf und Spiel: bevorzugte Spiele und Spielzeuge
Andere im Haushalt lebende Tiere und ihr Verhältnis zum Welpen
Pflege und Hundesalon
Erfahrungen mit Tierheimen/Tierpensionen
Reisen mit dem Welpen

und alle sonstigen Informationen berücksichtigen, die zur Vervollstän-
digung Ihres Welpenbuches beitragen. Vielleicht haben Sie auch den
Wunsch, Seiten frei zu lassen, um Photographien Ihres Welpen in verschiedenen Altersstufen und Lebenssituationen einzukleben.

5 Das Verhalten des Welpen

Um das Verhalten von Welpen im allgemeinen und die Triebkräfte Ihres jungen Tieres im besonderen besser zu erfassen, sollten Sie etwas über das artspezifische Verhalten von Hunden erfahren und darüber, wie es sich im Lauf der Zeit entwickelte. Wenn Sie mehr über die Veranlagung und den Instinkt Ihres Tieres wissen, wird Ihnen seine Erziehung leichter fallen, und Sie werden nicht dauernd mit ihm kämpfen müssen. Das ist ein Schlüssel zum Erfolg, und ein weiterer besteht in der Erkenntnis, daß jeder Hund seine eigene Persönlichkeit besitzt, die durch Erbanlagen und eigene, frühere Erfahrungen geprägt wurde. Sie sollten nicht damit rechnen, Ihren Welpen nach einem vorgefertigten Schema behandeln zu können, und würden sich und Ihrem Hund viele Schwierigkeiten bereiten, wenn Sie es dennoch versuchten. Ein anderer bedeutender Faktor ist schließlich noch die Einsicht, daß sich Ihr persönlicher Einfluß ganz entscheidend auf das spätere Verhalten Ihres Hundes auswirken wird.

Das Verhalten von Hunden

Wild lebende Hunde haben sich im Lauf der Zeit in Rudeln zusammengeschlossen und führen insofern ein soziales Leben, als sie sich bezüglich ihrer existentiellen Sicherheit und Gesellichkeit auf die Mitglieder der Meute verlassen. Sie gehen gemeinsam auf Jagd und teilen ihre Beute oft mit den anderen Rudelmitgliedern; im Bedarfsfall kümmern sie sich zusammen um die Aufzucht und den Schutz der Jungen; sie sorgen untereinander für Wärme und Gesellschaft. Ein wild lebender Hund entfernt sich nie sehr weit von seiner Meute und bleibt immer in «Rufweite», wenn er sich zeitweise von ihr trennen muß.
Wenn Sie sich darüber klar werden, daß Ihrem Welpen dieser Rudelinstinkt angeboren ist, können Sie sein Verhalten besser verstehen.

Soziales Verhalten

Ein Welpe verlangt und braucht viel Kontakt mit anderen Lebewesen – am besten mit Menschen und Tieren. Viele Verhaltensstörungen von Haushunden haben ihre Ursachen in Einsamkeit, Langeweile und der Angst, plötzlich völlig allein zu sein. Einige dieser Probleme und mögliche Abhilfen werden in den *ausführlichen Besprechungen* aufgegriffen. Sie sollten jedenfalls von Anfang an wissen, daß ein Welpe, der häufig bellt, sich destruktiv verhält, verbotenerweise an bestimmten Gegenständen kaut oder Ihr Heim verunreinigt, nicht absichtlich «böse», sondern vielleicht einsam, unglücklich oder verwirrt ist und noch nicht versteht, was Sie von ihm wollen.

Dominanz/Unterwerfung

In jedem Rudel gibt es einen Anführer und eine Dominanzhierarchie bis hinab zum unterwürfigsten Tier. Viele Probleme der Welpenaufzucht entstehen, weil der Besitzer eines Junghundes mit Dominanzverhalten (dies wurde bereits veranlagt, als der Welpe noch beim Wurf war) nicht sofort klarstellt, daß er das «Leittier» ist. Wird dies vom Menschen versäumt, versucht der Welpe natürlich, seinen Besitzer zu dominieren. Fordert Ihr Hund daher Ihre Autorität heraus oder verhält er sich aggressiv, sollten Sie sofort das Dominanzbesänftigungsverfahren (siehe Seite 140) anwenden. Tun Sie Ihrem Welpen niemals weh, und verängstigen Sie ihn auch nicht, doch handeln Sie immer rasch und bestimmt, sobald er sich aufsässig zeigt. In kurzer Zeit wird er Sie als Anführer akzeptieren und Ihre Autorität in der Regel nicht mehr in Frage stellen. Sollte er zu irgendeinem späteren Zeitpunkt versuchen, sich Ihnen zu widersetzen, brauchen Sie nur das Dominanz-Besänftigungsverfahren zu wiederholen.

Ist Ihr Welpe jedoch sehr unterwürfig – legt er sich sofort hin und dreht er sich auf den Rücken, sobald Sie näherkommen – müssen Sie besonders darauf achten, nicht zu streng und hart zu ihm zu sein. Sie jagen ihm sonst Angst ein, und er wird furchtsam und sucht sein Heil in Angstbeißen und/oder Angsturinieren.

Zwischen diesen beiden Extremen liegen natürlich viele Übergangsstufen: Sie müssen Ihre Maßnahmen auf das Temperament Ihres Hundes abstimmen.

Aggression

Bei Haushunden unterscheidet man drei Aggressionsarten:

- Die aktive Aggression, die sich gegen einen Menschen richtet, der einen Bereich betritt oder einen Gegenstand anfaßt, den der Hund als sein Eigentum betrachtet.
- Die reaktive Aggression, die sich ebenfalls gegen einen Menschen richtet und ihre Ursache in der Angst vor Berührung oder sogar Annäherung hat; sie ist oft das Ergebnis einer zu strengen Behandlung eines ängstlichen Welpen.
- Die Aggression gegen andere Haustiere (üblicherweise Hunde), im Haus oder draußen.

Sogar innerhalb eines Rudels kommt es zu Aggressionen untereinander, und zwar entweder, um die Vorherrschaft über ein Rudelmitglied zu erringen oder wiederherzustellen, oder aus Angst vor einem Rudelmitglied oder zur Verteidigung der Nahrung, des Schlafplatzes, der Jungen oder des Gefährten gegen ein anderes Tier des Rudels.

Bei Haushunden gibt es natürlich weitere Aggressionsfaktoren. In den *Kapiteln 8* und *9* wird besprochen, wie man mit aktiver Aggression und der Aggression unter Hunden umgehen kann. Aggression aus Angst kann nur dann vermieden werden, wenn Sie schon bei der Übernahme erkennen, daß Ihr Welpe verängstigt und furchtsam ist, und ihn behutsam sozialisieren, indem Sie ihn allmählich an ihm unbekannte Menschen und Situationen gewöhnen. Hat er aggressive Angstreaktionen ererbt, müssen Sie besonders gut aufpassen und Ihre Sozialisierungsbemühungen dauernd fortsetzen – vielleicht sogar während seines ganzen Lebens – und gutes, aggressionsfreies Verhalten immerzu bestärken. Achten Sie stets auf Situationen, die Ihr kleiner Hund bedrohlich findet und auf die er deshalb aggressiv reagieren könnte. Auch bewußte oder unbewußte Aggressionen des Besitzers tragen mitunter dazu bei, aus einem Welpen einen aggressiven Hund zu machen (siehe weiter unten).

Territorialität

Innerhalb eines Rudels hat normalerweise jede Hundefamilie ihren «privaten» Bereich, den Bau oder die Höhle, wo die Jungen aufgezogen werden und die Familie ruht. Erwachsene Rudelmitglieder respektieren dieses Territorium anderer Familien. Das gesamte Rudel beansprucht wiederum ein größeres Revier, das von den

Rüden ständig durch Urinspuren markiert und patrouilliert wird, um sicherzustellen, daß kein fremdes, nicht zum Rudel gehöriges Tier eindringt. Einige Hunderassen (besonders Terrier) sind von Natur aus territorialer veranlagt als andere; in diesem Fall sollten Sie darauf achten, das territoriale Verhalten Ihres Welpen nicht zu begünstigen. Übersteigerte Territorialität kann zu Aggressionen gegen Menschen wie auch gegen andere Hunde führen, ferner zu übermäßigem Bellen, Streunen und zu Urinmarkierungen durch unkastrierte Rüden. Lassen Sie es Ihrem Welpen niemals durchgehen, wenn er einen Gegenstand oder Ort für sich beanspruchen will.

Weitere Verhaltensweisen
Mit den oben beschriebenen Instinkten müssen Sie bei der Aufzucht Ihres Welpen umgehen lernen. Das Sexualverhalten spielt zunächst noch keine Rolle; auch können die meisten der sich aus dem sexuellen Drang ergebenden, störenden Verhaltensweisen eines Haushundes durch rechtzeitiges Kastrieren oder Sterilisieren beseitigt werden.
Tabelle 13 listet einige problematische Verhaltensmerkmale und Lösungsmöglichkeiten auf.

Der Umgang mit einem Welpen

Wenn Sie an Ihrem Welpen bestimmte angeborene Verhaltensmerkmale erkennen, sollten Sie daran arbeiten und ihre positiven Aspekte fördern. Da ein Junghund seine Gewohnheiten schon recht früh ausbildet, können Sie von Anfang an dafür sorgen, daß es gute sein werden. Probleme entstehen nur dann, wenn Sie unerwünschte Verhaltensweisen durchgehen lassen. Sie werden später lange damit zu tun haben, sie wieder auszumerzen.
Wenn Sie ein wenig vorausdenken, wird Ihnen außerdem auffallen, daß sich «süße» Eigenheiten Ihres jetzt noch kleinen Welpen bei einem großen Hund zu regelrechten Ärgernissen auswachsen können. Das heißt natürlich nicht, daß Sie Ihr Tierchen ständig korrigieren und wegen jeder Kleinigkeit auf es losgehen müssen, sondern daß Sie mit gesundem Menschenverstand, Festigkeit und etwas Vorausschau zu Werke gehen sollen.
Seien Sie jedoch mit einem Welpen niemals grob oder allzu streng, denn wenn Sie ihm Schmerz zufügen oder Angst einjagen, werden

Tabelle 13: Verhaltensmerkmale des Junghundes, die Probleme verursachen können, ihre Ausdrucksform und mögliche Lösungen

Verhalten	Probleme	Ausdrucksformen	Lösungsmöglichkeiten
Umgänglichkeit	Langeweile, Einsamkeit	Destruktives Kauverhalten, Scharren; Davonlaufen, Streunen	Ein weiteres Haustier*; mehr Auslauf, Spiel, Abwechslung
	Angst bei Trennung vom Menschen	Bellen, Winseln, Unsauberkeit, destruktives Verhalten	Gewöhnung an Abwesenheit des Menschen und an Tierheime*
Territorialität	«Wachhund»-Verhalten	Häufiges Bellen, Knurren, Aggression	Desensibilisieren; Vermeidung von «negativer Bestärkung»*
		häufige Ausscheidung («Markieren»)	Sterilisation, Kastration
Dominanz	Aggression gegenüber anderen Hunden	Knurren, Kämpfen	Desensibilisieren; Vermeidung von «negativer Bestärkung»
	Aggression gegenüber Menschen	Knurren, Beißen	Dominanzbesänftigung**; aggressive Spiele vermeiden
Furcht	Scheu vor fremden Tieren, Menschen, Situationen	Knurren, Beißen, Kriechen, «Markieren», Zittern, Phobien	Frühe Sozialisation*; keine grobe Behandlung

* Siehe *ausführliche Besprechungen*.   ** Siehe Seite 140.

Sie ihn damit nur zu Mißtrauen erziehen. Junge Hunde kauen nun einmal an allen möglichen Dingen herum, sie hinterlassen Pfützen, kläffen, springen an Leuten und Gegenständen hoch usw.; das ist ganz natürlich. Soll ein Welpe lernen, daß ein solches Verhalten nicht akzeptabel ist, müssen Sie es ihm beibringen. Er kann nicht wissen, was Sie von ihm erwarten, wenn Sie es ihm nicht immer wieder geduldig zeigen und ihn loben, wenn er sich richtig verhält. Über Belohnung und Strafe später mehr.

Lernen Sie es, sich die natürliche Neugier und Freundlichkeit Ihres kleinen Hundes zunutze zu machen. Wenn Sie ihm beispielsweise schon sehr früh beibringen zu kommen, wenn er gerufen wird, dann arbeiten Sie *mit* seinem naturgegebenen Eifer, Ihre Nähe zu suchen. Warten Sie damit jedoch, bis er älter und selbständiger ist, kann diese Angelegenheit zu einem unliebsamen Kräftemessen werden. Im zweiten Teil dieses Buches werden verschiedene Möglichkeiten besprochen, bei der Erziehung eines Welpen im Einklang mit seinen natürlichen Entwicklungsphasen vorzugehen. Es ist nur logisch, daß Sie viel gewonnen haben, wenn es Ihnen gelingt, die Veranlagung Ihres kleinen Hundes für die Heranbildung guter Gewohnheiten einzusetzen.

Achten Sie andererseits jedoch sorgfältig darauf, Ihrem Welpen nicht «in die Falle zu gehen» und dann von ihm erzogen zu werden. Er wird zum Beispiel sehr schnell herausfinden, daß Sie eilig zu ihm kommen und ihm Aufmerksamkeit schenken, wenn er mitleiderregend winselt, oder daß Sie ihm einen Leckerbissen reichen, wenn er mit dem Schwanz wedelt und Sie flehentlich anschaut. Wenn Ihr Welpe sich erst einmal auf diese Weise durchzusetzen gelernt hat, wird er schon bald erwarten, daß Sie seinen Wünschen ständig nachgeben und sein eifriger Diener werden.

Einer der wichtigsten Faktoren für den erfreulichen Umgang mit einem Hund ist die *Sozialisation*. Diesen Begriff verwenden wir in diesem Buch immer wieder, um den Prozeß der Gewöhnung des Welpen an seine Umwelt zu bezeichnen – an Menschen, Gegenstände, Situationen und Orte. Wenn ein Junghund schon frühzeitig einem breiten Spektrum von Empfindungen und Eindrükken ausgesetzt wird und lernt, sie zu akzeptieren und angemessen darauf zu reagieren, dann ist er auf nahezu alles vorbereitet, was ihm im Lauf seines Lebens begegnen kann, und dann weiß er sich in jeder Situation und an jedem Ort richtig zu benehmen. Begehen Sie bitte nicht den Fehler, zum Beispiel anzunehmen, Ihr Hund müsse nie an einer Leine gehen, weil Sie ja weit draußen auf dem Land wohnen, oder er müsse nie in einer Tierpension untergebracht werden, weil irgend jemand Ihrer zehnköpfigen Familie sich sicher um ihn kümmern kann. Die Umstände ändern sich; auch kommt es zu Notfällen und Ausnahmesituationen. Jeder Welpe sollte bestimmte grundlegende Verhaltensweisen lernen, damit er möglichst vielen Situationen gewachsen ist und sich wohl fühlt. Wenn Sie ihn frühzeitig all die Erfahrungen machen lassen, von denen in diesem Buch die Rede ist (und darüber hinaus solche, die in Ihrem Haushalt anstehen könnten), haben Sie es später kaum mit einem aufsässigen und ungehorsamen Hund zu tun; auch werden ihn völlig neuartige Erlebnisse nicht verstören.

Wie Ihr Temperament das Verhalten Ihres Welpen beeinflussen kann

Bei der Behandlung von Verhaltensproblemen bei Haustieren sind wir auf eine interessante Tatsache gestoßen: Die Persönlichkeit und das Temperament des Besitzers prägen oft unbeabsichtigt das Verhalten eines Hundes. In manchen Fällen ist der Einfluß direkt und in anderen erhält der Welpe eine eher unterschwellige Botschaft.
Aus Platzgründen können wir hier nicht alle Varianten der Interaktion zwischen Herr und Hund oder die ganze Bandbreite möglicher Gemütsverfassungen von Hundebesitzern abhandeln; doch es werden zwei Menschentypen und ihre Wirkung auf das Verhalten von Welpen skizziert. Diese Beispiele können Ihnen helfen, die Bedeutung der Signale zu erkennen, die Sie Ihrem Welpen direkt und indirekt übermitteln.

Aggressive Besitzer
Aggressive Menschen haben meist auch Hunde mit Aggressionsproblemen. Sie bevorzugen Rüden und denken sehr oft nicht daran, die Tiere kastrieren zu lassen und die Schwierigkeiten auf diese Weise zu beheben. Ihre Hunde zeigen sich aggressiv gegen Menschen, aber auch gegen andere Hunde (vor allem gegen Rüden). Wenn Sie erkennen, daß Sie – oder ein anderes Familienmitglied – eine feindselige Ader haben oder unterdrückten Ärger mit sich herumtragen, müssen Sie besonders gut darauf achten, dies nicht

auf Ihren Welpen zu übertragen. Falls Sie Ihren Hund zu aggressiven Spielen (etwa Tauziehen) ermutigen oder ihn loben, wenn er andere Tiere oder fremde Menschen anknurrt oder bedroht, oder wenn Sie ihn auf Katzen oder wild lebende Tiere «scharf» machen, dann geben Sie ihm deutlich zu verstehen, daß Sie seine Aggressionen wünschen. Diese Mitteilung kann jedoch auch versteckt erfolgen, ohne konkrete Ermutigung, indem Sie nämlich aggressive Verhaltensweisen Ihres Welpen stillschweigend billigen oder sie einfach nicht beachten. Wenn Sie Ihrem Tier irgendwelche Aggressivitäten durchgehen lassen, ohne sofort korrigierend einzugreifen – mit der Dominanz-Besänftigung oder durch verbale Befehle –, übermitteln Sie ihm Ihr Einverständnis mit seinem Benehmen. Sie sollten sich dann weder wundern noch ärgern, wenn aus Ihrem Welpen ein aggressiver Hund wird.

Nachsichtige Besitzer
Nachsichtige Besitzer sind solche, die im Umgang mit ihren Welpen keine klaren Regeln aufstellen oder diese nicht konsequent befolgen. Solche Leute haben gern viele Haustiere und befassen sich ausgiebig mit ihnen. Das Problem besteht darin, daß ihre Tiere gewöhnlich eine Reihe von Verhaltensstörungen entwickeln – Widerspenstigkeit, Unreinheit im Haus und sogar Aggression. Neigen Sie oder Ihre Familie zu undiszipliniertem Verhalten, dann dürfen Sie nicht damit rechnen, Ihr Welpe werde trotzdem lernen, sich gut zu benehmen, einfach weil Sie ihn mögen: In diesem Fall können Sie sich auf Schwierigkeiten mit dem erwachsenen Hund gefaßt machen. Sofern Sie einen nachlässigen Zug bei sich erkennen, dann sollten Sie wirklich gegen die Neigung ankämpfen, Ihrem Welpen das Regiment zu überlassen. Er kann – wie bereits gesagt – nicht wissen, wie er sich zu benehmen hat, wenn Sie es ihm nicht zeigen. Angemessene Disziplin und das Wissen um seine Grenzen geben dem Welpen ein Gefühl der Sicherheit und *wirklicher* Liebe. Sie tun ihm nichts Gutes, wenn Sie ihn aufziehen, ohne ihm zu verdeutlichen, welche Verhaltensweisen akzeptabel sind. Er kann dann zu einem lästigen, unangenehmen Köter werden. Wenn Ihr Welpe außerdem dominant ist, kann er leicht zu einem aggressiven Hund werden, falls Sie nicht die Rolle des Anführers übernehmen.
Denken Sie darüber nach, was für eine Art von Hund aus Ihrem Welpen werden soll; versuchen Sie dann, ehrlich mit sich selbst zu

sein und zu erkennen, wo Sie dazu neigen, sein Verhalten ungünstig zu beeinflussen. Wenn Sie das fertigbringen und einen vernünftigen Umgang mit dem Welpen pflegen, dann sind Sie auf dem besten Weg, künftigen Verhaltensproblemen vorzubeugen.

Disziplin: Belohnung und Strafe

Klarheit, Flexibilität, Wohlwollen, Festigkeit, Konsequenz, Wiederholung alter Lektionen und gesunder Menschenverstand – dies sind die Schlüssel zur erfolgreichen Erziehung eines Welpen. Lernt er schon früh, daß Sie sein Anführer sind, wird er Ihnen Freude machen, Ihre Zuneigung gewinnen und Ihren Anweisungen gehorchen wollen. Lernt er hingegen, Sie zu fürchten oder Ihnen zu mißtrauen, oder spürt er Ihre Inkonsequenz, so wird er Sie nach Möglichkeit ignorieren und/oder seinen eigenen Willen durchsetzen. Bleiben Sie immer am Ball, wenn Sie Ihrem Welpen einen Befehl gegeben haben. Sagen Sie einmal, was Sie wollen, und wenn er nicht folgt, dann setzen Sie sich durch.

In der Beziehung zwischen Ihnen und Ihrem Tier sollte klar sein, daß Sie der Besitzer sind und er gehorchen muß. Wenn Sie sich so ein Hündchen anschaffen, ist es klein, hilflos, in bezug auf sein körperliches Wohlbefinden von Ihnen abhängig und noch völlig formbar. Gerade in dieser Zeit sollten Sie ihm beibringen, wie es sich zu benehmen hat. Wenn Sie damit warten, bis der Welpe stärker, unabhängiger und frecher geworden ist, werden Sie mehr Schwierigkeiten haben. Beginnen Sie jedoch mit der Erziehung, solange er klein ist, und erteilen Sie Ihre Anweisungen bestimmt, konsequent und deutlich, dann müssen Sie wohl kaum jemals Zuflucht zu harten Erziehungsmaßnahmen nehmen, und meistens ist das Ergebnis frühzeitiger Bemühungen ein wohlerzogener erwachsener Hund, der Ihnen wenig oder gar keinen Ärger macht.

Bestärkung und Vertiefung
Selbst recht brave Welpen oder ältere Hunde können eine bereits gelernte Lektion wieder vergessen; vielleicht kommt es ihnen aber auch in den Sinn, Sie ein wenig auf die Probe zu stellen und ausfindig zu machen, ob es Ihnen mit Ihren Anweisungen ernst ist. Freche, von Natur aus forsche Welpen tun dies öfters; und ungefähr im Alter von sechs oder sieben Monaten durchlaufen die

meisten Welpen eine rebellische «Teenagerphase». Dann neigen sie mit etwa einem Jahr wieder dazu, sich erneut gegen Ihre Autorität aufzulehnen.

Derartige Rückfallmomente, wie geringfügig sie auch sein mögen, sollten Sie genauestens beachten, die zutage tretenden Unarten mittels geeigneter Maßnahmen sofort im Keim ersticken und die früheren Lektionen wiederholen und vertiefen.

Auch ist es sinnvoll, korrektes Verhalten Ihres Welpen positiv zu bestärken. Loben Sie ihn daher immer, wenn er sich in irgendeiner Situation gut benimmt. Geben Sie ihm regelmäßig und häufig zu verstehen, daß Sie mit ihm zufrieden sind und er ein «braver Hund» ist. Ihr Lob ist für Ihren Welpen die schönste Belohnung und die stärkste treibende Kraft für sein Wohlverhalten (siehe auch Seite 202).

Das Aufzeigen von Alternativen

Ein wirksames Mittel, um das Verhalten Ihres Welpen in günstige Bahnen zu lenken, besteht im Aufzeigen von Alternativen. Verhelfen Sie ihm zu einer annehmbaren Alternative für sein unerwünschtes Tun, dann versteht er sofort, was Sie von ihm wollen. Wenn er daher verbotenerweise an einem bestimmten Gegenstand herumbeißt, geben Sie ihm ein Spielzeug zum Kauen. Wenn er Anstalten macht, sein Geschäft an einer ungeeigneten Stelle zu verrichten, bringen Sie ihn sofort zum nächstgelegenen geeigneten Ort. Mit anderen Worten: lenken Sie das Verhalten des Welpen in die richtigen Bahnen. Tun Sie dies jedesmal, wenn sich Ihr Hund nicht korrekt benimmt, und er lernt bald, worum es geht.

Sie sollten ihm eine Alternative übrigens nicht in dem Moment zeigen, in dem Sie ihn für sein ungehöriges Benehmen schelten. Falls Sie genau dann «nein» sagen, wenn Sie dem Welpen eine andere Möglichkeit vor Augen führen, erhält er das Gefühl, daß die Alternative genausowenig akzeptabel ist wie sein ursprüngliches Verhalten. Die Wahl des geeigneten Zeitpunktes scheint zwar auf der Hand zu liegen, doch man vergißt sich in solchen Situationen allzu leicht.

Belohnungen

Einem sehr anhänglichen Welpen, der Ihnen unbedingt gefallen möchte, genügt vielleicht Ihr Lob als einzige Belohnung für gutes Verhalten. Neigt Ihr Hund andererseits eher zu Unabhängigkeit, läßt er sich leicht ablenken und ist er sehr aktiv, so müssen Sie ihm, zumindest in den Anfangsphasen der Erziehung, wohl auch mit Leckerbissen Ihr Einverständnis kundtun. Verbinden Sie mit dem Keks einen freundlichen Klaps oder ein Streicheln und ein «braver Hund»: Ihr Welpe weiß dann, daß Ihre Zuneigung und Ihr Lob ebenso verdient wurden wie der schmackhafte Bissen. Versteht er im Lauf der Zeit Ihre Wünsche und Befehle besser, können Sie die Leckereien als Anreiz allmählich reduzieren und es bei Ihrer liebevollen Zuwendung bewenden lassen. Jedenfalls sollten Sie die delikaten Happen als Belohnung für gutes Benehmen abbauen, bevor sie für den Welpen unabdingbar dazugehören. Wenn Sie es so weit kommen lassen, wird Ihr Hund bald an Übergewicht leiden. Darüber hinaus sollte er niemals das Gefühl erhalten, bereits für normales und richtiges Benehmen einen Leckerbissen verdient zu haben. Natürlich können Sie ihm gelegentlich etwas Gutes gönnen: Wenn er besonders brav oder lieb war, etwas Neues gelernt hat oder manchmal einfach aus Zuneigung – doch übertreiben Sie es nicht.

In diesem Zusammenhang kann die Frage aufkommen, ob man einen Welpen verziehen kann: ja und nein. Sie können ihn nicht allein durch Ihre Liebe, Ihre Zuneigung oder Ihr Lob verziehen; doch wenn Sie all seinen Launen und Einfällen nachgeben, seien sie nun gut oder schlecht, dann besteht diese Gefahr. Ein Welpe, der tun darf, was er will, und dauernd gelobt, gestreichelt, mit Leckerbissen gefüttert und bestätigt wird, entwickelt sich zu einem verzogenen Hund, dessen Gesellschaft nicht sehr erfreulich ist. Zügeln Sie daher Ihr Lob und den Ausdruck Ihrer Zuneigung ein wenig, und belohnen Sie Ihr Tier nur für sein gutes Verhalten und nicht für sein bloßes Dasein.

Strafe

Harte Strafen – wie bereits erwähnt – führen bei einem Welpen nicht zum gewünschten Erfolg. Trotzdem wird es Momente geben, in denen Sie ihm klarmachen müssen, daß er sich daneben benommen hat, und dann wird ein strenger Blick wahrscheinlich nicht ausreichen.

Einige junge Hunde sind so empfänglich für die Stimmungen ihres Herrn und derart auf ihn eingestellt, daß bloße Mißfallensäußerungen schon eine angemessene Strafe sind. In solchen Fällen genügt oft ein «böser Hund», einige Scheltworte und ein enttäuschtes Kopfschütteln.

Bei lebhaften Welpen bedarf es im allgemeinen einer deutlicheren Sprache. Mit einem eigensinnigen oder überaktiven Junghund müssen Sie unter Umständen sehr bestimmt und nachdrücklich umgehen: Doch damit ist *verbaler* Nachdruck, nicht körperliche Gewalt oder Einschüchterung gemeint. Lassen Sie keinesfalls Ihrem Zorn freien Lauf, ganz gleich, welche Missetat Ihr Welpe auf dem Gewissen hat. Atmen Sie lieber einige Male tief durch, und zählen Sie bis zehn, selbst wenn Ihr Hündchen soeben die kostbare Vase Ihrer Großmutter zerbrochen oder die Knospe Ihrer preisgekrönten Rose abgebissen hat.

Rufen Sie einen Welpen nie zu sich, um mit ihm zu schimpfen, denn daraus lernt er nur, nicht mehr zu kommen, wenn er gerufen wird. Gehen Sie statt dessen zu ihm, bringen Sie ihn zum «Tatort» und schimpfen Sie erst dort. Dann versteht er, warum er Schelte bekommt, und wird an sein Vergehen erinnert. Die alte Theorie, wonach ein Welpe nicht für eine Missetat, die schon einige Zeit zurückliegt, gescholten werden soll, ist einfach nicht stichhaltig. Sie würden es auch nicht versäumen, ihn zu loben, wenn er in Ihrer Abwesenheit brav war (zum Beispiel indem Sie ihn zu der Zeitung führen, auf der er sein Geschäft verrichtet hat, und ihm sagen, daß er ein «guter Hund» ist). Angemessenes Schimpfen in einem ähnlichen zeitlichen Rahmen ist genauso wirkungsvoll. Wenn ein Welpe während Ihrer Abwesenheit etwas zerbissen hat, ist es nicht zu spät, ihn dafür bei Ihrer Rückkehr zu schelten. Doch Sie sollten ihn zum Ort des Geschehens führen und dort mit ihm schimpfen, damit er weiß, worum es geht. Lassen Sie ihm andererseits sein Fehlverhalten durchgehen, wird er natürlich annehmen, es sei ganz in Ordnung gewesen.

Am wirksamsten sind Strafen, die der Welpe selbst herbeiführt. Wenn er zum Beispiel an etwas herumkaut und plötzlich einen üblen Geschmack im Maul hat, lernt er eine wertvolle Lektion und wird zukünftig wohl kaum noch in Versuchung kommen, an diesem oder einem ähnlichen Gegenstand zu nagen. Derartige Erziehungsmittel können Sie immer wieder anwenden. Lassen Sie den Welpen die Erfahrung machen, daß bestimmte Verhaltensweisen zu unangenehmen Resultaten führen. Dazu folgen später noch weitere Erläuterungen.

Gehorsamkeitstraining

Ein frühzeitiges Gehorsamkeitstraining ist bei allen Welpen unbedingt zu befürworten und sollte, ob nun in einem Institut oder – sofern Ihr Hund noch nicht alle Impfungen absolviert hat (fragen Sie den Tierarzt) – zu Hause, spätestens in der zehnten Alterswoche beginnen. Bei entsprechenden Schulungen außer Haus können Sie selbst lernen, wie ein Welpe richtig erzogen wird und wie man ihm durch klare Anweisungen und konsequentes Handeln verständlich macht, was man von ihm will.

Wenn Ihr Hund begreifen lernt, was Sie ihm sagen wollen, können Sie dieses Wissen in allen möglichen Situationen und an jedem beliebigen Ort einsetzen. Es ist nicht nötig, daß Ihr Welpe oder auch älterer Hund über Ihre Wünsche im unklaren ist und daß Sie zu Strafen greifen müssen, um sich bei ihm durchzusetzen. Darüber mehr in den *Kapiteln 8* und *11*.

Zweiter Teil

Von Monat zu Monat

Vorbemerkungen

Die nun folgenden Tabellen und Beschreibungen zur Welpenentwicklung gehen von einem *Durchschnitt* aus.

Doch Sie dürfen nicht vergessen, daß jeder einzelne Welpe physisch, emotional und verhaltensmäßig ein wenig anders veranlagt ist; auch seine Größe und Rassenzugehörigkeit beeinflussen die Schnelligkeit seines Reifungsprozesses. Ein winziges Hündchen erreicht beispielsweise etwa im Alter von sechs Monaten die Geschlechtsreife und kann mit ungefähr einem Jahr als «erwachsen» bezeichnet werden. Vertreter von sich nur langsam entwickelnden Rassen (wie der Bearded Collie oder der riesige Irische Wolfshund) erlangen die Geschlechtsreife erst mit etwa anderthalb Jahren und brauchen zwei bis drei Jahre, bis sie «erwachsen» sind.

Deshalb sollten Sie bei der Anwendung der folgenden Informationen die natürliche Wachstumsgeschwindigkeit Ihres Welpen berücksichtigen und sich stets daran erinnern, daß die beschriebenen Entwicklungsschritte und Phasen nicht unbedingt exakt zu den angegebenen Zeiten eintreten müssen. Sie erfolgen jedoch gewöhnlich in der angegebenen Reihenfolge. Auch die jeweiligen Sozialisations- und Erziehungsmaßnahmen sollten in dem angedeuteten zeitlichen Rahmen vorgenommen werden.

6 Geburt bis sechs Wochen: Vom hilflosen Säugling zum Kleinkind

In diesem Kapitel behandeln wir die ersten anderthalb Monate im Leben eines Welpen. Meistens ist er noch bei seiner Mutter und in der Obhut des Züchters. In dieser wichtigen Zeit entwickelt er sich von einem völlig hilflosen und total abhängigen Wesen zu einem tapsigen, kleinen Junghund, der schon fast so weit ist, daß er sich in die Welt hinauswagen kann.

Obwohl Sie während der ersten Wochen nur wenig oder gar nichts mit dem Wohlbefinden des Welpen zu tun haben, sind Sie vielleicht daran interessiert, etwas über die Phasen zu erfahren, die er durchläuft, und darüber, welche Aufgaben ein guter Züchter wahrnehmen muß. Wie bereits im Abschnitt *Die Bezugsquelle auswählen,* Seite 29, betont wurde, kommt es vor allem darauf an, einem kleinen Hund gute Startbedingungen zu geben. Sofern Sie einen Züchter ausfindig gemacht haben, der in Ihrer Nähe wohnt, können Sie die Hundefamilie vielleicht hin und wieder besuchen und selbst beobachten, wie sich die Welpen entwickeln.

Vater- und Muttertier

Der wichtigste Faktor für die Geburt eines gesunden Wurfs ist die Gesundheit der Eltern. Ein verantwortungsbewußter Züchter wird nicht nur dafür sorgen, daß eine Hündin in ausgezeichneter physischer und emotionaler Verfassung ist, bevor sie gedeckt wird, sondern auch ihre vollständige körperliche und verhaltensmäßige Entwicklung abwarten (in der Regel erst ab der zweiten Läufigkeit). Vor der Begattung sollten das Vater- und Muttertier geimpft, entwurmt und eingehend auf mögliche genetische Defekte untersucht worden sein. Falls die Rasse zu Hüftdysplasie neigt, wird vielleicht sogar das Becken geröntgt.

Auch die Gemütsverfassung der Eltern ist von Bedeutung: Beide Tiere sollten munter, offen und charakterlich ausgeglichen sein. Aus diesem Grund ist es für künftige Hundebesitzer ratsam, die

Tabelle 14: Übersicht über die Hauptpunkte – Geburt bis sechs Wochen: Vom hilflosen Säugling zum Kleinkind

	Entwicklung des Welpen		Erfordernisse der Aufzucht	
	Physisch	Sozial, verhaltensmäßig	Gesundheit und Sicherheitsbedürfnisse des Welpen	Arbeiten mit Bereitschaft des Welpen
Geburt bis zwei Wochen	Vollständig abhängig von der Mutter. Kriecht. Saugt. Benötigt Stimulation der Mutter zum Urinieren und für Stuhlgang.	Schläft meistens.	Mutter und Geschwister für Wärme; richtige Lufttemperatur; sauberer, trockener Schlafplatz. Muttertier gesund halten und gut ernähren. Sicherstellen, daß jedes Junge genug saugen kann; nötigenfalls Nahrungszusätze verabreichen.	
	Kann hören. Augen öffnen sich.			Kontakt mit Menschen wichtig.
Zwei bis drei Wochen	Milchzähne werden sichtbar. Kann stehen. Scheidet selbständig aus. Kann Flüssigkeit auflecken.	Beginnt, mit Geschwistern zu spielen.	Beginn der Entwöhnung; zusätzliche Flüssigkeit geben.	

* Siehe *ausführliche Besprechungen.* ** Siehe *Kapitel 4.*

	Entwicklung des Welpen		Erfordernisse der Aufzucht	
	Physisch	**Sozial, verhaltensmäßig**	**Gesundheit und Sicherheitsbedürfnisse des Welpen**	**Arbeiten mit Bereitschaft des Welpen**
Drei bis vier Wochen	Beginnt, die Umgebung zu erkunden. Kann weiche Nahrung zu sich nehmen. Beginnt zu laufen.	Nimmt Kontakt mit Geschwistern auf; beißt, scharrt, bellt; ist sich der Umgebung sehr bewußt.	Feste Nahrung einführen.	Geräuschen und Hindernissen aussetzen; sorgen Sie für äußere Reize. Benötigt noch immer die Sicherheit von Mutter und Geschwistern.
Vier bis fünf Wochen	Läuft ein wenig.	Spielt mit Geschwistern; jagt, springt. Reagiert auf Geräusche. Ist sich der Menschen bewußt.	4 Mahlzeiten pro Tag; saugt in der Nacht. Für kurze Zeiten von der Mutter trennen.	Setzen Sie die akustische und optische Stimulation fort. Benötigt Zeit zum Spielen. Kontakt mit Menschen fortsetzen. Mit Stufen vertraut machen.
Fünf bis sechs Wochen		Zeigt Neugier und Furchtlosigkeit.	Beginn der Impfungen**.	Beginn der Sozialisierung*.

* Siehe ausführliche Besprechungen.   ** Siehe *Kapitel 4*.

Hundeeltern vor der definitiven Auswahl eines Welpen kennenzulernen.

Vor allem solange es trächtig ist oder säugt, sollte das Muttertier vollwertig ernährt werden, denn in dieser Zeit ist sein Energiebedarf äußerst hoch. Um für ihre Welpen genug Milch produzieren zu können, benötigt die Hündin dann oft das Dreifache ihrer normalen Futtermenge, und die meisten Züchter verteilen die ihr zugedachte Tagesration auf mehrere Mahlzeiten pro Tag.

Die ersten drei Wochen

Die ersten drei Wochen sind im Leben eines Welpen eine kritische Phase. In dieser Zeit ist er für die Befriedigung seines Nahrungs- und Wärmebedürfnisses vollständig von der Mutter und den Geschwistern abhängig. Wenn er nicht gerade mit Saugen beschäftigt ist, schläft er praktisch dauernd. Dies ist wichtig, damit sein noch wenig ausgebildetes Nerven- und Muskelsystem sich kräftigen kann. Vielleicht krabbelt er ab und zu ein wenig umher, doch kehrt er bald wieder zu seiner Mutter zurück.

Im allgemeinen sollten die Welpen in den ersten beiden Wochen so wenig wie möglich gestört werden. Viele Muttertiere bringen deutlich zum Ausdruck, daß sie und der Wurf in Ruhe gelassen werden wollen. Andere sind gerne in Gesellschaft und haben nichts dagegen, wenn gelegentlich ein guter Bekannter oder ein Familienmitglied einen Welpen aufnimmt und streichelt. Falls die Hündin dadurch nicht nervös wird, reagieren die meisten Welpen etwa nach Ablauf der ersten Woche auf sanftes Streicheln und Kraulen. Fremden sollte es jedoch nicht gestattet werden, die Welpen zu berühren oder herumzutragen. Der Züchter muß in dieser Zeit vor allem dafür sorgen, daß der Wurf trocken, sauber und warm gehalten wird. Obwohl die Hündin ihre Jungen ableckt, um sie zum Ausscheiden von Urin und Kot zu stimulieren und sie zu reinigen, muß die Streu in der Hundebox unter Umständen häufig erneuert werden. Gewöhnlich sorgt die Körpertemperatur von Hundemutter und -kindern für genügend Wärme, doch muß man auf eine gleichmäßige Temperatur achten, damit die Kleinen nicht frieren, und nötigenfalls heizen.

Wenn die Welpen zehn bis siebzehn Tage alt sind, öffnen sich die Augen und Ohren, und dann sollten sie allmählich mit akustischen und optischen Eindrücken vertraut gemacht werden. Leise Musik und ruhiges Sprechen kann den Auftakt zur Interaktion mit dem Menschen bilden; auch ist es von Vorteil, wenn sie verschiedene Gesichter und Formen kennenlernen.

Im Alter von drei Wochen kann ein Welpe normalerweise allein stehen und sogar schon einige wacklige Schritte tun. Die Milchzähne brechen allmählich durch, und der kleine Hund beginnt, auch ohne die Stimulation der Hündin auszuscheiden. Er entdeckt seine Geschwister und fängt an, mit ihnen und der Mutter zu spielen. Er sollte nun täglich berührt und sanft gestreichelt werden, damit er sich an den Umgang mit Menschen gewöhnt; auch ist es gut, regelmäßig mit ihm zu sprechen.

Drei bis sechs Wochen

Im Alter von etwa drei bis vier Wochen lernt der Welpe, Flüssigkeiten aufzulecken, und man kann ihm breiartige Nahrung geben; doch die vollständige Entwöhnung sollte erst im Alter von etwa sieben Wochen erfolgen.

Möglicherweise zeigen sich jetzt auch die ersten Anzeichen unabhängigen Verhaltens, und er entfernt sich ein wenig von seiner Mutter und den Geschwistern. Trotzdem benötigt er noch die Sicherheit, die ihm die Hundefamilie bietet, und er darf nur für kurze Zeitspannen von ihr getrennt werden. Im Lauf der vierten bis fünften Woche nimmt er die Menschen und ihr Kommen und Gehen deutlich wahr, und es ist nun an der Zeit, ernstlich mit seiner Sozialisation zu beginnen.

Sozialisation: Der für die Aufzucht eines glücklichen, umgänglichen, erfreulichen Welpen entscheidendste Prozeß

Sozialisation heißt der Vorgang, durch den ein Welpe mit allen Aspekten des Zusammenlebens mit Menschen vertraut gemacht wird. Dabei lernt er frühzeitig die verschiedenen Sinneseindrücke, die ein häusliches Leben mit sich bringt, kennen, damit er sich später in einer Vielzahl von Beziehungen und Situationen zurechtfinden und angemessen verhalten kann. Sozialisation ist also äußerst wichtig: Verantwortungsbewußte Züchter haben diese

Tatsache im Lauf der letzten Jahre immer deutlicher erkannt und sich entsprechend darum bemüht.

Obwohl die Notwendigkeit eines solchen Gewöhnungsprozesses auf der Hand liegt, sind derartige Überlegungen für viele Hundebesitzer offenbar abwegig. Nur zu oft glauben sie, um einen zufriedenen, umgänglichen Hund aufzuziehen, genüge es, ihn in einen großen Zwinger zu setzen, regelmäßig zu füttern und hin und wieder zu streicheln; und dann wundern sich solche Leute noch und sind verärgert, wenn ihr Tier nicht weiß, wie es sich im Auto benehmen soll, wenn es Mühe hat, Fremde zu akzeptieren, oder in der Öffentlichkeit Angst bekommt.

Zwar kann selbst ein ausgewachsener Hund noch sozialisiert und an neue Erfahrungen und Menschen gewöhnt werden, doch natürlich wird diese Aufgabe dann viel schwieriger sein und weniger erfolgreich verlaufen; auch müssen die Lektionen während der gesamten Lebenszeit des Hundes immer wieder durchgenommen werden. So wurden Windhunde, die nicht mehr aktiv an Hunderennen teilnahmen und drei bis vier Jahre lang in Käfigen untergebracht gewesen waren, zum Kauf freigegeben. Ihre «Rehabilitation» (Sozialisation) – die Gewöhnung an ein Leben in einem menschlichen Heim – nahm vor und nach ihrer «Adoption» sehr viel Zeit in Anspruch, und sie konnten sich nur sehr langsam auf dieses neuartige Leben außerhalb ihrer Käfige einstellen. Dank ihrer gutmütigen Wesensart wurden viele dieser ehemaligen Rennhunde zu angenehmen Haustieren; doch dazu war professionelle Hilfe nötig, und die Besitzer mußten äußerst geduldig, opferwillig und ausdauernd sein, bis das Ziel endlich erreicht war.

Sozialisation durch den Züchter

Ähnliches kann passieren, wenn sehr junge Welpen in Käfigen gehalten werden und nur wenig oder überhaupt keinen Kontakt zu Menschen haben. Sie werden dann äußerst scheu. Im besten Fall reagieren sie gar nicht oder gleichgültig auf Menschen, und im ungünstigsten Fall werden sie ängstlich, nervös, sehr territorial und neigen zu Angstbeißen.

Es ist also sehr wichtig, einen Welpen an Berührung zu gewöhnen, und zwar sobald er für kurze Zeit von der Mutter weggenommen werden kann, das heißt frühestens mit etwa zwei bis drei Wochen. Doch die bedeutsamste Phase für die Gewöhnung an Menschen beginnt im Alter von ungefähr vier bis fünf Wochen. Sobald ein

kleiner Hund ein bißchen umherlaufen kann und die Entwöhnungs-
zeit begonnen hat, muß er immer wieder von seiner Mutter und den
Geschwistern weggenommen und für eine Weile mit einem oder
mehreren Menschen zusammengebracht werden. Jetzt entwickelt
sich sein Geruchs-, Hör-, Seh- und Tastsinn, und er braucht ein
weites Spektrum an Eindrücken. Man sollte ihn sanft am ganzen
Körper streicheln und liebkosen. Auch muß er aufgenommen und
wieder auf den Boden gesetzt werden, damit er selbst auf sitzende
Menschen zugehen, sie beschnüffeln und erkunden kann. Wenn
er auch noch nicht mit vielen Menschen gleichzeitig zusammensein darf, sollte er nach Möglichkeit mindestens einmal am Tag
von Menschen unterschiedlichen Alters und Geschlechts berührt
werden.

In den folgenden Wochen wird die Sozialisation fortgesetzt und
ausgedehnt. Der Welpe sollte nun für immer längere Zeiträume
vom Wurf entfernt werden und – unter ständiger Aufsicht – die
Umgebung erforschen dürfen. Sofern er in einem Haushalt aufwächst, wird er nun mit den üblichen Szenen, Geräuschen und Ge-
rüchen vertraut gemacht. Selbst wenn ein Züchter seine Hunde in
einem Zwinger hält, ist es möglich, die Welpen vielen Geräuschen
(Radiolärm, Türenschlagen, Schritten usw.) auszusetzen und sie
beispielsweise verschiedene Bodenbeschaffenheiten spüren zu
lassen.

Ab der Zeit, in der die Sozialisation beginnt, spielt auch die Interaktion mit den Geschwistern für die Entwicklung eines Welpen
eine entscheidende Rolle, denn zwischen der fünften und siebten
oder achten Lebenswoche lernt er vieles von ihnen. Dabei geht es
vor allem um Aktion und Reaktion. Wenn er beißt, wird er selbst
auch gebissen. So erfährt er, wie weit er mit anderen Lebewesen
gehen darf, wieviel Schmerz er zufügen kann und wann er aufhören muß. Auch lernt er wichtige Lektionen über Dominanzverhalten und Unterwerfung, wie die entsprechenden Signale aussehen
und wie darauf zu reagieren ist. Daher sollte er in dieser kritischen
Phase (etwa zwei bis drei Wochen vor seiner «Adoption») unbedingt mit seinen Geschwistern zusammensein. Wird er zu früh vom
Wurf weggenommen, müssen seine künftigen Besitzer ihm diese
wichtigen Lektionen selbst erteilen. Daher ist es immer ratsam,
einen Welpen erst im Alter von sieben oder acht Wochen zu übernehmen. (Siehe *Aggressionen im Keim ersticken,* Seite 139.) Zwar
ist es auch dann nicht möglich – sofern Sie ihm jetzt das erste Mal

begegnen – , genau in Erfahrung zu bringen, wie gut er sozialisiert wurde, doch läßt sich eine Menge darüber sagen, ob er an den Kontakt mit Menschen gewöhnt ist (siehe *Kapitel 3*).

Sozialisation durch den Besitzer

Sobald ein Welpe genug Zeit gehabt hat, sich an das Leben ohne seine Geschwister zu gewöhnen, und die neuen Bande mit seinem Besitzer geknüpft sind, ist es an der Zeit, sich ernsthaft mit seiner Sozialisation zu befassen.

Vieles vollzieht sich, ohne daß Sie viel darüber nachdenken oder es planen müssen: So haben natürlich die Familienmitglieder mit dem Welpen Umgang, streicheln ihn und spielen mit ihm, und er lernt auch bald die anderen Tiere im Haus kennen. Eine Vielzahl neuer Sinneswahrnehmungen kommt auf ihn zu: Er hört das Radio, den Fernsehapparat und die Stereoanlage spielen und Türen schlagen; er riecht die Gerüche in der Küche, Parfüm, Seife, Waschmittel, Bohnerwachs und Druckerschwärze; er setzt sich auf Teppiche, Kissen, Kacheln und Linoleum, oder er rutscht darauf aus; er leckt an Gesichtern und an schmutzigen Schuhen; er beißt an Kauknochen oder an Ihren Fingern herum; vielleicht spürt er zum ersten Mal Kälte, und überhaupt ist er so vielen neuen Eindrücken ausgesetzt, daß er regelrecht übersättigt ist.

In den meisten Haushalten ergeben sich solche Dinge wie von selbst, und bald kennt Ihr Tierchen all diese Alltagssituationen, und es ist an der Zeit, seinen Erfahrungsbereich auszudehnen.

Es sollte Menschen begegnen, die nicht zur Familie gehören, auch wenn es etwas riskant ist, ihn in die Öffentlichkeit mitzunehmen, weil die Impfungen noch nicht abgeschlossen sind. Doch wenn Freunde zu Besuch kommen, sollte Ihr Welpe zumindest für eine Weile dabei sein. Vergessen Sie auch nicht, Ihren neuen Hausgenossen jedem vorzustellen, der an Ihrer Türe läutet. Wohnen Sie in einer etwas abgelegenen Gegend und haben Sie nur wenig Besuch, so laden Sie Menschen zu sich ein, damit Ihr Welpe sie kennen- und akzeptieren lernen kann: je mehr, umso besser.

Eine Warnung ist hier jedoch angebracht: Frühe Erfahrungen können sich auch negativ auswirken. Lassen Sie es zum Beispiel nicht zu, daß Ihr Hund verängstigt wird, weil zu viele Personen gleichzeitig mit überlauten Stimmen auf ihn einreden, schweren Schrittes umhergehen oder ihn hart anfassen. Einen kleinen Welpen mit Menschen vertraut zu machen, heißt nicht, ihn zu terrorisieren oder irgendwie «abzuhärten». Dergleichen würde nur zu seiner Verängstigung führen. Benutzen Sie Ihren gesunden Menschenverstand, und bringen Sie das Hündchen weg (oder komplimentieren Sie die Menschen hinaus), wenn es zu müde, zu erregt oder verängstigt ist.

In dieser Zeit sollte es auch an die Fellpflege und ans Umhertragen gewöhnt werden. Beginnen Sie gleich bei seiner Übernahme damit, es zu bürsten und/oder (je nach Fellbeschaffenheit) zu kämmen, und betasten Sie es dabei gründlich von Kopf bis Fuß. Wenn Sie nicht darauf bestehen, besonders empfindliche Körperstellen regelmäßig und behutsam zu berühren und zu pflegen, können sich leicht Berührungsängste festsetzen. Solche heiklen Zonen sind zum Beispiel die Pfoten und die Ballen, die Ohren (die Ohrmuscheln und der Bereich um die Öffnung der Ohren), die Augengegend, das Maul und die Zähne, der Bauch und die Afterregion. Wenn Ihr Welpe Ihnen schon früh zu vertrauen lernt, wird es Ihnen ohne weiteres und problemlos möglich sein, im Bedarfsfall jeden Teil seines Körpers zu untersuchen und zu behandeln. Achten Sie darauf, ihn nicht zu zwicken oder zu verletzten, denn dies wäre eine negative Lektion für ihn.

Des weiteren sollte Ihr Welpe sofort mit Halsband und Leine vertraut gemacht werden (siehe *Gewöhnen Sie Ihren Welpen an Halsband und Leine,* Seite 145). Auch ist es nie zu früh, ihm richtiges Benehmen im Auto beizubringen (siehe *Automanieren,* Seite 149), auch wenn Sie ihn nur ins Sprechzimmer des Tierarztes befördern – den einzigen Ort, der keine Gefahr für seine Gesundheit darstellt – oder Sie nur einmal um den Häuserblock fahren. Neben der Verarbeitung von Sinneseindrücken sollte Ihr Hündchen einige wichtige Lektionen lernen: Vor allem müssen Sie ihm beibringen, auf seinen Namen zu hören (siehe *Welpengehorsam,* Seite 127), wo er sein Geschäft verrichten soll, nichts zu zerkauen und zu zerbeißen, sondern nur an seinen Kauspielzeugen zu nagen, nicht aggressiv zu sein usw. Solche grundlegenden Dinge sollten Sie ihm auf positive Weise einzuprägen versuchen, sobald Sie ihn zu sich nehmen.

Weitere Sozialisationsmaßnahmen

Wenn Ihr Welpe älter wird und mehr von der Welt zu sehen bekommt, müssen alle alten Lektionen ständig vertieft werden (siehe *Positive Bestärkung,* Seite 202). Ernsthaftes Gehorsamkeitstraining (siehe *Kapitel 11*) sollte so früh wie möglich beginnen, ebenso, falls nötig, die Besuche im Hundesalon. Ihr Welpe sollte lernen, mitunter auswärts zu sein, unbekannten Menschen und Tieren zu begegnen, und immer wieder neue Erfahrungen machen können. Sobald er alle Impfungen hinter sich hat, nehmen Sie ihn so viel wie möglich auf Spaziergänge auf dem Land oder auch in die Stadt mit; besuchen Sie mit ihm Einkaufszentren (wenn Hunde zugelassen sind) oder Marktplätze; gehen Sie auch an Orte, wo sich viele Menschen aufhalten oder wo er andere Hunde trifft. Geben Sie nicht der Versuchung nach, ihn zu Hause zu lassen und ihn im Haus, im Garten oder im Zwinger einzusperren, auch wenn Ihnen das bequem erscheint. Je früher sich Ihr Welpe in neuen Situationen zurechtzufinden lernt, mit neuen Erfahrungen umgehen kann und sich gut zu benehmen weiß, umso besser ist es für Sie beide, wenn Sie einmal dazu gezwungen sind, Ihren Hund an stark frequentierte Orte mitzunehmen (denn dies wird sich mit Sicherheit ergeben).

Situationen, die Ihr Hund früher oder später unausweichlich zu bewältigen hat, sollten Sie ihm so bald wie möglich nahebringen. Muß er zum Beispiel mit Ihnen reisen oder Ausstellungen besuchen, so beginnen Sie zunächst, kurze Ausflüge mit ihm zu machen.

Genau wie bei der Kindererziehung hilft Ihnen der gesunde Menschenverstand am besten dabei, Ihren Welpen vernünftig großzuziehen. Wenn Sie ihn an seine Umwelt gewöhnen und ihm helfen, sich schon früh richtig zu benehmen, wird aus ihm ein gesitteter und unproblematischer Hund werden, der sich in allen möglichen Situationen zurechtfindet, sich ruhig und korrekt verhält und später weitgehend vor Ängsten und Verhaltensproblemen geschützt ist.

Ab seiner fünften Lebenswoche kann ein Welpe immer öfter für gelegentliches, kurzes Spiel oder Erkundungsgänge vom Wurf entfernt werden. Seine Muskeln und seine Motorik haben sich bis dahin schon recht gut entwickelt, und es ist an der Zeit, ihn mit kleinen Hindernissen zu konfrontieren und ihm beizubringen, wie er Treppen bewältigen kann. Doch noch muß er dauernd überwacht werden, denn in diesem Alter ist er wahrscheinlich eher neugierig als vernünftig. Auch muß er vor plötzlichen Temperaturschwankungen und vor Zugluft bewahrt werden. Sobald er ermüdet, bringt man ihn zum Schlafplatz zurück.

Inzwischen kann der kleine Hund auch weiche Nahrung zu sich nehmen; doch sollte er nach jeder Mahlzeit bei seiner Mutter sein. Auch in der Nacht muß er bei ihr bleiben, denn er saugt noch mindestens einmal im Verlauf der Nacht. Allmählich versiegt die Milch der Mutter, die bei der endgültigen Entwöhnung eine große Rolle spielt, denn sie stößt die Welpen weg, wenn sie keine Milch mehr hat.

Etwa zu dieser Zeit beginnt der Tierarzt mit den Impfungen (siehe *Kapitel 4*).

7 Sechs bis acht Wochen: Wachsen und Reifen

Diese Zeit ist von größter Bedeutung für die soziale und verhaltensmäßige Entwicklung des Junghundes. Wenn er sich nun auch körperlich nicht mehr so schnell und drastisch verändert wie zuvor, muß er doch noch wesentlich reifen, bevor er die Welt auf eigene Faust erkunden kann.

Damit er sich zu einem charakterlich ausgewogenen Haushund entwickeln kann, braucht er in dieser Übergangsphase sowohl die Interaktion mit seinen Geschwistern wie auch ständigen Kontakt mit Menschen und dauernde Sozialisation. Im sicheren Schutz der Hundefamilie entwickelt er sich zu einer kleinen Persönlichkeit, gewinnt Selbstvertrauen und bekommt ein Gefühl für seine Grenzen. Eine zu frühe Übernahme beraubt den Welpen der Erfahrungen des geschwisterlichen Gebens und Nehmens; damit wird ihm ein wichtiger Entwicklungsschritt vorenthalten und möglicherweise der Grundstein für künftige Verhaltensstörungen gelegt (dies wird später noch eingehend erläutert).

Sechste Woche

Im Alter von etwa sechs Wochen sind die Muskelbewegungen eines Welpen bereits recht harmonisch aufeinander abgestimmt. Er kann sehen und hören und steht schon sicher auf seinen Beinchen. Fast vollständig von der Mutter entwöhnt, beginnt er sich ziemlich unabhängig zu fühlen und ist nun in der Lage, seine Umwelt eingehend zu erforschen.

Menschliche Betreuer müssen sich darüber im Klaren sein, daß die körperlichen Möglichkeiten eines Welpen schnell zunehmen, und ihn vor Schaden bewahren. Vielleicht ist er inzwischen schon stark gewachsen, und die ursprüngliche Umfriedung oder der Zwinger genügen ihm nicht mehr. Sein Bewegungsspielraum sollte nach Möglichkeit erweitert werden, damit er Gelegenheit hat, sich vermehrt umzutun und herumzurennen, auch wenn die Umgebung

Tabelle 15: Übersicht über die Hauptpunkte – Sechs bis acht Wochen: Starkes Wachstum

| | Entwicklung des Welpen | | Erfordernisse der Aufzucht | |
	Physisch	Sozial, verhaltens-mäßig	Gesundheit und Sicherheitsbedürfnisse des Welpen	Arbeiten mit Bereitschaft des Welpen
Sechs bis sieben Wochen	Voll bewegungsfähig. Gehör und Sehsinn voll entwickelt.	Erforscht die Umgebung. Befaßt sich mit sexuellem Spiel. Erprobt seine Grenzen in spielerischen Kämpfen mit den Geschwistern.	Vor Schaden bewahren. Vermeiden Sie rutschige Oberflächen.	Frei laufen lassen, aber beaufsichtigen. Sozialisierung fortsetzen*. Stimulation durch die Umgebung sehr wichtig – Erkundungen. Kontakt mit Menschen sehr wichtig; Spiel.
Sieben bis acht Wochen	Milchzähne vollständig (28).	Wird vorsichtiger, weniger sorglos, doch immer noch sehr neugierig. Ausscheidung findet abseits vom Schlaf-platz statt.	Vor körperlichem Schaden bewahren. Lebensraum einrichten*. Entwöhnung abge-schlossen; 4 Mahlzeiten pro Tag**.	Falls noch beim Wurf, sollte er die meiste Zeit nicht bei der Mutter sein. Neues Zuhause; die Grundlagen für unbedingte Stubenreinheit legen*.

* Siehe *ausführliche Besprechungen*.   ** Siehe *Kapitel 4.*

noch «welpensicher» sein muß. In dieser Phase ist es sehr wichtig, daß der Boden nicht glatt oder rutschig ist. Die Knochen eines kleinen Hundes sind sehr weich und können leicht verletzt werden oder sogar brechen, wenn er bei seinem Herumtollen ausrutscht und gegen einen festen Gegenstand prallt; strapazierfähige Teppichfliesen, die mit Zeitungspapier abgedeckt sind, können ihn beispielsweise vor unvorhergesehenen Unfällen bewahren.

Ein Welpe liebt unbekannte Gegenstände und klettert gerne darauf herum: Eine stabile Pappschachtel, Stofftiere oder auch große Gummibälle können ihn stundenlang bestens unterhalten. Bedenken Sie jedoch, daß seine spitzen, kleinen Zähne nun fast vollständig ausgebildet sind und daß jeder Gegenstand, der in seine Reichweite gelangt, welpensicher sein muß, damit das Hündchen keine kleinen Stücke abbeißen und verschlucken kann, wenn es unbeaufsichtigt ist.

Jeder Welpe benötigt Zeiten, in denen er vom Wurf getrennt und mit einem oder mehreren Menschen allein ist. Man sollte sich mindestens einmal am Tag mit ihm ganz persönlich beschäftigen, denn für ihn bedeutet das kurze Spiel oder Herumtollen mit einem Menschen, dem er meistens bereitwillig folgt, eine ausgezeichnete Lernerfahrung. Er darf nun auch selbständig von einem Zimmer ins andere wandern und auf Erkundung gehen, doch muß man ihn überwachen und darf ihn in keinem Zimmer, das nicht vollständig welpensicher gemacht wurde, allein lassen (siehe *Der richtige Platz für den Welpen,* Seite 38).

Die Zeit ist nun auch günstig, den Welpen mit bestimmten Einrichtungsgegenständen und Wohnbereichen vertraut zu machen. Man kann ihn hochheben und ihm Dinge zeigen, die sich auf Augenhöhe eines Menschen befinden (zum Beispiel Spiegel und Fenster) oder ihm beibringen, wie er mit Türen und Treppen zurechtkommt usw. Wenn er noch keinen normalen Haushalt kennengelernt hat, müssen Sie diesen Teil der Sozialisation nachholen, sobald Sie ihn zu sich nehmen.

Ob nun ein Züchter Gelegenheit hat, einen Welpen an einen regelrechten Haushalt zu gewöhnen oder nicht, so muß der kleine Hund doch unbedingt Umgang mit möglichst vielen Menschen haben und regelmäßig mit ihm gesprochen werden. Im Abschnitt *Das Verhalten beurteilen,* Seite 49, wurde bereits dargestellt, wie man feststellen kann, ob dieser wichtige Aspekt der Sozialisation beachtet wurde.

In diesem Alter spielt ein Welpe dauernd mit seinen Geschwistern und lernt in wechselvollen spielerischen Kämpfen die Grenzen aggressiven Verhaltens kennen. Er erfährt, wie weit er gehen kann, ohne die Quittung dafür zu bekommen: wie fest er zuschnappen darf, ohne seinerseits gebissen zu werden, und wie grob er beim Spiel vorgehen kann, ehe ein anderes Hündchen sich umdreht und auch ihm wehtut. Aus diesem Grund raten wir dringend davon ab, Welpen zu früh zu übernehmen, denn ohne diese wertvollen Lektionen fehlen ihm neben dem Gespür für seine Grenzen auch alle Erfahrungen, durch die er die Bedeutung der Signale für Dominanz und Unterwerfung verstehen lernt (siehe *Sozialisation,* Seite 103, und *Aggressionen im Keim ersticken,* Seite 139). Dann müssen Sie Ihrem Welpen diese Lektionen erteilen.

Siebte Woche

In diesem Alter ist ein Welpe fast soweit, daß er seine Hundefamilie verlassen kann. Sein soziales Verhalten entwickelt sich weiterhin, und er braucht immer mehr Gelegenheiten, um Erfahrungen zu sammeln und Beziehungen mit Menschen zu knüpfen. Die Entwöhnung sollte so gut wie abgeschlossen sein; die Milchzähne sind voll ausgebildet, und der Kleine bekommt feste Nahrung. Er sollte nun dauernd − mit Ausnahme der Nacht − vom Muttertier getrennt sein, aber Umgang mit seinen Geschwistern haben.
Nun fängt ein Welpe auch meistens damit an, in einem Bereich auszuscheiden, der etwas von seinem Schlafplatz entfernt liegt − sofern ihm genügend Raum zur Verfügung steht. Wird er in einem Haushalt aufgezogen, so kann der Züchter nun das Fundament für eine tadellose Stubenreinheit legen.

Tadellose Stubenreinheit

Weil sehr viele Hundebesitzer nicht wissen, wie sie ihren Welpen stubenrein machen können, halten Sie dieses Unterfangen für zeitaufwendig, ärgerlich und schwierig. Auf diesem Gebiet sind wohl auch die geringsten Erfolge und die meisten Rückfälle zu verzeichnen, vor allem bei kleinen Hunden.
Oft resignieren Besitzer einfach und leben entweder mit dem Pro-

blem (und dem Schmutz) oder lassen es zu, daß ihr Tier sie erzieht. Es kann dazu kommen, daß ein wohlerzogener Hundeeigentümer seine ganze Arbeits- und Freizeit nach den Toilettenbedürfnissen seines Welpen ausrichtet und in ständiger Sorge lebt, nicht «rechtzeitig» zu Hause zu sein.

Andere erwarten von ihrem Hund, ein berechtigtes Bedürfnis zu ignorieren und lange Zeitspannen zuzubringen, ohne sich Erleichterung zu verschaffen, und setzen dies auf alle möglichen Arten durch: Beispielsweise enthalten sie ihrem Welpen das Wasser vor oder schließen ihn in einen kleinen Käfig ein, in der irrigen Annahme, er werde seinen Schlafplatz nie beschmutzen. Doch man sollte sich überlegen, wie man sich selbst fühlen würde, wenn jemand den ganzen Tag lang die Toilette verschlossen hielte. Solche Methoden sind nicht nur grausam, sondern können auch abnormes, neurotisches Verhalten verursachen, und außerdem nützen sie nichts. Wenn ein Welpe wirklich ein dringendes Bedürfnis hat, wird er sein Geschäft verrichten, egal wo er sich befindet.

Wenn Sie versuchen, die Ausscheidungsbedürfnisse eines Hundes in einen Zeitplan zu zwängen, der für Sie angenehm ist, führt dies nur zu Schuldgefühlen, entweder bei Ihnen oder bei Ihrem Tier oder bei beiden. Dieser Versuch ist auch völlig unnötig, wenn Sie die unten geschilderte Methode anwenden und eine entsprechende Einrichtung in Ihrem Heim schaffen: Sie können dann zum Beispiel abends gelegentlich länger wegbleiben, ohne Sorge haben zu müssen, ob sich Ihr Hund wohlfühlt, und gleichzeitig hat er die Möglichkeit, sich bei Bedarf Erleichterung zu verschaffen.

Eine solche Einrichtung wird Ihnen und Ihrem Hund gute Dienste leisten, sei es bei einer Krankheit oder anderen unvorhergesehenen Umständen, die verhindern, daß Ihr Tier ins Freie kommt (etwa wenn Sie nach heftigem Schneefall die Tür nicht öffnen können, bevor der Zugang freigeschaufelt ist). Es muß einen Platz geben, an den Ihr Hund in solchen Fällen gehen kann. Auch wenn er krank ist und Durchfall hat, oder wenn er im Alter seinen Harn- oder Stuhldrang nicht mehr kontrollieren kann, muß er sein Geschäft in Ihrer Abwesenheit verrichten können, ohne sich schuldig zu fühlen oder nervös zu werden.

Ein guter Anfang
Auch wenn die Schließmuskeln eines Welpen nicht voll entwickelt sind, bevor er mindestens zehn Wochen alt ist, und Sie vor diesem

Zeitpunkt von ihm keine Kontrolle über die Ausscheidungsvorgänge erwarten dürfen, können Sie ihn auf die Stubenreinheit vorbereiten.

Im Abschnitt *Der richtige Platz für den Welpen,* Seite 38, sprachen wir davon, daß es sinnvoll ist, den gesamten Aufenthaltsbereich eines Welpen mit Zeitungen abzudecken. Dies hat zwei Gründe: Zum einen wird der Boden Ihrer Wohnung geschützt und zum anderen, was wichtiger ist, wird Ihr Hund daran gewöhnt, sein Geschäft auf Papier zu verrichten. Ein Welpe kann eine Vorliebe für eine bestimmte Bodenbeschaffenheit entwickeln, wenn er sich Erleichterung verschafft. Sofern er sich gar nicht erst daran gewöhnen kann, bei dieser Gelegenheit Holz, Teppich oder Fliesen unter seinen Pfötchen zu spüren, wird er solche Bodenbeläge auch nicht mit dem Urinieren oder Stuhlgang in Verbindung bringen, sondern dabei ganz auf Zeitungspapier eingestellt sein.

Wenn Sie einen eigenen Garten haben oder Ihr Welpe auf freies Gelände gehen kann, ohne mit anderen Hunden oder ihren Ausscheidungen in Berührung zu kommen, können Sie ihn von Anfang an auch hinausführen. Doch bevor er in der Lage ist, seine Ausscheidung zu kontrollieren, dürfen Sie nicht von ihm erwarten, schon zu begreifen, daß er sein Geschäft im Freien verrichten soll. Es schadet jedoch nichts, wenn Sie ihn loben, falls er es tut.

Viele Menschen machen viel Aufhebens von der Bedeutung des Futters für die Stubenreinheit. Wenn ein Welpe wegen einer plötzlichen Umstellung der Ernährung oder wegen einer Krankheit an ständigem Durchfall leidet, ist es natürlich sinnlos, ihn zum Warten veranlassen zu wollen. Doch wenn der Boden mit Zeitungen bedeckt ist, kann der Welpe keine schlechten Gewohnheiten annehmen, bis seine Verdauungsprobleme behoben sind. Ansonsten hat die Ernährung an sich wenig mit der Stubenreinheit zu tun.

Der zweite Schritt

Nach ein oder zwei Wochen werden Sie wahrscheinlich bemerken, daß Ihr Welpe dazu neigt, einen bestimmten Platz in seinem Aufenthaltsbereich zur Ausscheidung aufzusuchen. Zunächst kann dies noch eine ziemlich große Fläche sein. Entfernen Sie das Zeitungspapier von dem Teil, den er nicht für seine Verrichtungen benutzt. In diesem papierlosen Bereich sollten sich die Nahrung, das Wasser und der Schlafplatz befinden. Ihr Welpe wird in fast allen Fällen sein Geschäftchen auch weiterhin in dem mit Papier ausgelegten Teil erledigen. Tut er es jedoch nicht, sind Sie zu schnell vorgegangen. Legen Sie das Zeitungspapier dann wieder aus. Ertappen Sie ihn «auf frischer Tat», heben Sie ihn sofort auf, setzen Sie ihn auf das Zeitungspapier und loben Sie ihn, wenn er dann sein Geschäft verrichtet. Nehmen Sie allmählich immer mehr Zeitung weg, bis nur noch ein kleiner, abgedeckter Platz übrig ist: Die Größe des abgedeckten Bereichs hängt zum Teil von der Größe des Welpen ab. Gehen Sie aber nicht zu schnell vor: Zwei oder drei Wochen sind ein durchaus akzeptabler Zeitraum.

Wenn Sie in einer Wohnung leben und keinen eigenen Garten haben, können Sie Ihren Welpen erst dann ins Freie führen, wenn der Tierarzt Ihnen sagt, daß nun kein Gesundheitsrisiko mehr für Ihren Hund besteht, falls er mit den Ausscheidungen anderer Hunde in Kontakt kommt. Wenn Ihnen jedoch ein Privatgrundstück zur Verfügung steht, sollten Sie ihn zur gleichen Zeit, in der Sie ihm beibringen, das Papier zu benutzen, auch beibringen, sich im Freien zu erleichtern. Führen Sie ihn hinaus, bleiben Sie bei ihm, und loben Sie ihn ausgiebig, wenn er es tut.

Sicher werden Sie Wert darauf legen, daß Ihr Hund sein Geschäft grundsätzlich im Freien verrichtet; doch für ihn kommt es darauf an zu begreifen, daß er es drinnen *und* draußen tun darf, nicht an der einen *oder* der anderen Stelle, und Sie müssen in Ihrem Heim ein mit Papier ausgelegtes Plätzchen schaffen, das Ihr Hund in Notfällen benutzen kann: die «akzeptable Alternative», von der wir bereits gesprochen haben. Das weit verbreitete Gerücht, wonach es für einen Welpen verwirrend sein soll, für seine Verrichtungen gleichzeitig an verschiedene Bodenbeschaffenheiten gewöhnt zu werden, ist einfach nicht stichhaltig, doch Sie sollten frühzeitig damit beginnen. Wenn Sie warten, bis der Hund älter ist und bereits Gewohnheiten entwickelt hat, und ihn dann plötzlich mit dem Papier konfrontieren (oder ihn plötzlich ins Freie bringen), kann er tatsächlich für eine Weile verwirrt sein.

Sobald der Welpe seine Muskeln besser beherrschen und sich konzentrieren kann, können Sie ihm beibringen, wo er sein Geschäft verrichten soll. Während der kurzen Zeitspanne, in der er seine Ausscheidung beherrschen lernt, müssen Sie und Ihre Familie aufmerksam sein und sich darum bemühen, seine Bedürfnisse zu erahnen. Wenn der Welpe sich nicht in seinem gewohnten Aufenthaltsbereich befindet, sondern zum Beispiel mit Ihnen spielt und plötzlich beginnt zu schnüffeln, sich im Kreis zu drehen und auf

116

dem Wohnzimmerteppich niederhockt, nehmen Sie ihn sofort auf und bringen Sie ihn entweder zu dem mit Papier ausgelegten Platz oder ins Freie – je nachdem welcher Weg kürzer ist. Dann loben Sie ihn ausgiebig, wenn er sein Geschäft an der rechten Stelle verrichtet. Haben Sie nicht aufgepaßt und es passiert ein Mißgeschick, dann bringen Sie ihn (doch rufen Sie ihn nicht) zum Tatort, und schimpfen Sie dort mit ihm. Seien Sie zu diesem Zeitpunkt jedoch nicht übermäßig hart; auch sollte die «erlaubte Stelle» für den Hund in keinem Zusammenhang mit der Bestrafung stehen.

Stoßen Sie einen Welpen *niemals* mit der Schnauze in Kot oder Urin, genauso wenig, wie Sie die Nase eines Babys in eine beschmutzte Windel drücken würden. Dies ist nicht nur grausam und gemein, sondern es dient auch keinem sinnvollen Zweck und kann allenfalls dazu führen, daß er sich versteckt, um sein Geschäft zu verrichten! Denken Sie daran, daß der Welpe noch immer lernt und eine strenge Strafe ihn nur verwirren und nervös machen wird – und das kann wiederum unkontrollierte Ausscheidung bewirken. Geduldige, konsequente und wiederholte Lektionen sowie reichliches Lob sind die besten Mittel, um einen Welpen zur Stubenreinheit zu erziehen. Um Zwischenfälle zu vermeiden, sollten Sie ihn in Ihrer Abwesenheit in dem Bereich einschließen, wo sich das Zeitungspapier befindet. Am besten tun Sie dies immer dann, wenn Sie ihn nicht überwachen können, sogar wenn Sie nur telefonieren.

Eine akzeptable Alternative

Während Sie Ihrem Welpen beibringen, das Papier und/oder das Freie für seine Ausscheidung aufzusuchen, sollten Sie auch eine sogenannte «akzeptable Alternative» einführen. Dies ist ein mit Papier ausgelegtes Fleckchen oder auch ein Gefäß, das der Welpe benutzen kann, falls er von einem Bedürfnis überrascht wird, wenn Sie nicht zu Hause oder aus irgendeinem Grund nicht in der Lage sind, ihn ins Freie zu lassen.

Suchen Sie eine Stelle aus, die Ihnen nicht im Weg, aber für den Welpen immer zugänglich ist. Eine Terrasse, ein Keller, eine angebaute Garage oder auch ein Gäste-WC sind für diesen Zweck geeignet; doch der Ort muß im Aufenthaltsbereich Ihres Welpen sein. Wenn Sie diese Stelle später einmal verlegen wollen (zum Beispiel, wenn Ihr Welpe sich frei im Haus bewegen darf), dann tun Sie dies allmählich, und achten Sie darauf, daß der Welpe weiß, wo sich diese Stelle nun befindet. Denken Sie daran, daß er sich an den *Ort* gewöhnen muß, nicht an das Papier oder das Gefäß.

Decken Sie einen der Größe Ihres Welpen angemessenen Bereich mit Zeitungspapier ab, oder streichen Sie ein flaches Gefäß (oder eine Schachtel) mit mehreren Schichten wasserfester Farbe an, und legen Sie es mit Papier aus. Wenn Sie einen großen Hund haben, müssen Sie vielleicht eine lackierte Sperrholz- oder Metallschüssel oder sonst ein geeignetes Behältnis anschaffen oder basteln. Eine ausrangierte flache Blechwanne kann zum Beispiel gute Dienste leisten. Zeigen Sie dem Welpen, wo sich der Behälter befindet, und lassen Sie ihn immer am gleichen Ort stehen. (Dies ist wichtig, denn Sie können es einmal vergessen, ihn aufzustellen, wenn Sie das Haus verlassen.) In einer kleinen Wohnung kann die Sache problematisch werden, doch diese Einrichtung ist für das Wohlbefinden Ihres Welpen so bedeutsam, daß Sie unbedingt nach einer Lösung suchen sollten. Unter beengten Wohnverhältnissen könnten Sie das Papier oder die Schüssel zum Beispiel immer wegräumen, wenn Sie nach Hause kommen, und wieder bereitstellen, wenn Sie weggehen, denn auf kleinem Raum vergessen Sie diese Handgriffe vermutlich nicht so schnell.

Wenn ein Rüde alt genug ist, das Bein zu heben, müssen Sie irgendeine senkrechte Fläche präparieren oder eine Art Pfosten für ihn aufstellen. Ein von der Rinde befreites, lackiertes Holzscheit oder ein gewöhnliches lackiertes Stück Dachlatte kann von unten in der Mitte des Behälters angenagelt werden. Wahlweise können Sie auch ein Stück dicken, wasserfesten Karton oder ein Stück Sperrholz an der Wand neben der Schüssel anbringen. Wenn Sie sich für diese Möglichkeit entscheiden, sollten Sie jedenfalls darauf achten, daß zwischen der Schüssel und der Wandfläche kein Zwischenraum ist.

So eine «akzeptable Alternative» wird nur in wenigen Haushalten benutzt, doch sie bietet ein gewisses Maß an Sicherheit und eine wertvolle Beruhigung für Sie und Ihr Tier.

Erfolg?

Sind Sie bei der Erziehung zur Stubenreinheit von Anfang an sorgfältig und konsequent zu Werke gegangen, sollte es Ihr Welpe im Alter von etwa zwölf oder dreizehn Wochen gelernt haben, entweder das Papier in seinem Aufenthaltsbereich, die Alternativstelle oder das Freie für sein Geschäftchen zu benutzen. Mitunter kommt es noch zu Mißgeschicken, vor allem wenn das Hündchen sehr aufgeregt ist. Kümmert sich ein Kind nach der Schule um den Welpen, so muß es immer wieder daran erinnert werden, ihn hinauszulassen, sobald es zur Türe hereinkommt – nicht erst, nachdem es seinen Mantel abgelegt, einen Freund angerufen oder sich einen Imbiß zubereitet hat. Der Welpe ist aufgeregt, wenn das Kind nach Hause kommt und kann vielleicht nicht lange warten, bevor ein Mißgeschick passiert. Alle Familienmitglieder sollten lernen, darauf zu achten, wenn der Hund Anstalten macht, sich für sein Geschäftchen an einer ungeeigneten Stelle niederzulassen, und ihn auch *immer* loben, wenn er es an der richtigen Stelle tut.

Weitere Schritte
Ist Ihr Welpe stubenrein und benimmt er sich auch sonst recht gut, lassen Sie ihn in Ihrer Abwesenheit vielleicht frei im Haus oder in der Wohnung herumlaufen. Darf er sich nicht völlig frei bewegen, so sollten Sie ihm mindestens Zugang zu mehreren Zimmern verschaffen. Sofern er gelernt hat, in Notfällen die «akzeptable Alternative» zu benutzen, können Sie nun das Zeitungspapier aus seinem ursprünglichen Aufenthaltsbereich entfernen und trotzdem sicher sein, daß ihm im Bedarfsfall ein geeigneter Ort zur Verfügung steht.

Spaziergänge
Auch wenn Sie einen schönen, weitläufigen Garten besitzen, ist es für einen Welpen wichtig, täglich spazierengeführt zu werden, sobald er alle Impfungen hinter sich hat. Sie sollten bei jedem Wetter mit ihm ins Freie gehen (siehe *Sozialisation,* Seite 103, und *An der Leine gehen,* Seite 181).

Rückfälle
Es kommt sehr häufig vor, daß Rüden, wenn sie geschlechtsreif werden und lernen, zum Urinieren das Bein zu heben, scheinbar alles vergessen, was ihnen jemals über Stubenreinheit beigebracht wurde. Dies geschieht normalerweise im Alter von etwa acht oder neun Monaten und kann der Anfang des geschlechtsspezifischen Markierungsverhaltens sein.

Durch eine Kastration (siehe *Kastration,* Seite 204), wird das Markierungsverhalten der Rüden in der Regel behoben, doch vor diesem Eingriff müssen Sie die Bewegungsfreiheit des Welpen eventuell wieder einschränken – besonders in der Nacht oder wenn Sie außer Haus sind – und die Erziehungsmaßnahmen zur Stubenreinheit energisch wiederholen. Hebt er auf Spaziergängen andauernd das Bein, können Sie dieses Verhalten unterbinden, indem Sie darauf bestehen, daß er zügig neben Ihnen herläuft, und ihm nur gelegentlich gestatten, zum Urinieren stehenzubleiben. Ein unkastrierter Rüde setzt geschlechtsspezifische Urinmarkierungen, sobald ein anderer Rüde in der Nähe ist oder sich im Umkreis von einigen Kilometern eine läufige Hündin befindet; wenn Sie umziehen, markiert der Rüde in der Regel auch ein neues Haus oder eine neue Wohnung.

Hündinnen markieren zwar weniger häufig als Rüden, doch tun sie es auch – vor allem, wenn sie läufig, nicht sterilisiert und andere Hunde in der Umgebung sind. Die Einschränkung der Bewegungsfreiheit und die Wiederholung der Lektionen sollten sie daran erinnern, daß dieses Verhalten nicht geduldet wird. Es ist wichtig, solche Unarten bei Rüden wie bei Hündinnen im Ansatz zu beheben.

Auch große Angst oder Aufregung (zum Beispiel die plötzliche Abwesenheit einer vom Tier geliebten Person, Veränderungen in der gewohnten Umgebung oder heftige Gemütsbewegungen des Besitzers wegen Krankheit, Todesfällen oder sonstigen Vorkommnissen) können bewirken, daß ein an sich wohlerzogener älterer Welpe oder ein ausgewachsener Hund das Haus oder die Wohnung wieder verunreinigen. Diesen Problemen können Sie vorbeugen, indem Sie Ihren Welpen frühzeitig daran gewöhnen, die Abwesenheit von Menschen, die er gern hat, zu ertragen (siehe *Kapitel 9*). In Streßsituationen ist es vielleicht das Beste, ihn vorübergehend – bis sich die Lage ein wenig beruhigt hat – in einer Tierpension unterzubringen.

Verliert der Hund die Kontrolle über seine Ausscheidung oder ändern sich seine üblichen Ausscheidungsgewohnheiten, sollten Sie die Ursachen dafür ausfindig machen und sofort den Tierarzt konsultieren. Doch sofern Sie in Ihrem Heim einen Platz für die Bedürfnisse des Tieres vorbereitet haben, braucht es nicht zu Verunreinigungen zu kommen.

War ein Welpe oder erwachsener Hund für längere Zeit in einer

Tierklinik oder in einem Käfig untergebracht, kann es sein, daß er bei seiner Rückkehr alles über die Stubenreinheit «vergessen» hat. Auch in einem solchen Fall rufen die Wiederholung der Lektionen und die Einschränkung der Bewegungsfreiheit Ihrem Hund normalerweise das ordentliche Verhalten ins Gedächtnis zurück.

Gegen Ende der siebten Lebenswoche eines Welpen werden Sie ihn möglicherweise zu sich und damit von Mutter und Geschwistern wegnehmen. Besitzen Sie kein anderes Haustier und wissen Sie bereits, daß er viel allein sein wird, dann sollten Sie die Möglichkeit überdenken, sich einen weiteren Welpen zuzulegen (siehe *Ein weiteres Haustier zur Gesellschaft,* Seite 235). Dies ist eine ausgezeichnete Methode, um Verhaltensstörungen bei einem Hund zu verhindern oder minimal zu halten, die − aufgrund von Langeweile oder Einsamkeit − dann entstehen können, wenn er regelmäßig über längere Zeiträume ohne menschliche Gesellschaft ist.

Bevor Sie einen Welpen auswählen und mit nach Hause nehmen, sollten Sie unbedingt den ersten Teil dieses Buches lesen.

8 Acht Wochen bis drei Monate: Zeit des Lernens

In dieser Zeit finden große, tiefgreifende Veränderungen und bedeutende Entwicklungsschritte im Leben Ihres Welpen statt, und Sie und Ihr Welpe lernen einander genauer kennen und verstehen.

Während des dritten Lebensmonats Ihres Welpen legen Sie den Grundstein für eine vertrauensvolle, glückliche und für Sie und Ihren Hund erfreuliche Beziehung. Sie zeigen ihm in einer Reihe neuer Situationen, was Sie von ihm erwarten, und bringen ihm das angemessene Verhalten bei. Viele der in diesem Monat anfallenden Lektionen müssen später oft wiederholt und vertieft werden, aber wenn Sie von Anfang an mit der Lernwilligkeit Ihres Welpen und mit seiner Bereitschaft, Ihnen zu gefallen, arbeiten, legen Sie ein solides Fundament, auf dem Sie weiter aufbauen können.

Sie werden nun das individuelle Temperament und die Persönlichkeit Ihres Welpen gründlich kennenlernen − ob er eigenwillig ist oder fügsam, gutmütig oder etwas wild, schüchtern oder unternehmungslustig −, und Sie werden erfahren, was ihn zu einem so liebenswerten Wesen macht. Ob es Ihr erster oder Ihr zehnter Welpe ist: Diese Wochen sind für Sie eine Zeit der Entdeckungen und der Freude.

Für das Tier ist es eine aufregende und mitunter auch eine verwirrende Zeit. Es begegnet einer ganz neuen Welt mit bestimmten Menschen und ihren Lebensumständen und muß verschiedenartige neue Erfahrungen verdauen. Ihr Welpe ist begierig zu lernen, wie er sich Ihren Wünschen gemäß benehmen soll, und Sie müssen ihm zeigen, was Sie von ihm in seiner neuen Rolle als Ihr Lebensgefährte erwarten.

Die erste Woche: Den rechten Anfang machen

Am besten statten Sie gleich auf dem Heimweg vom Züchter beim Tierarzt einen Besuch ab, damit Ihr Welpe gründlich untersucht wird. Solange er nicht beim Arzt war, müssen Sie ihn von allen anderen Haustieren fernhalten.

Wenn Sie zu Hause angekommen sind, bringen Sie den Welpen an den für ihn vorgesehenen Platz (siehe *Der richtige Platz für einen Welpen,* Seite 38). Aufregung und Nervosität können ihn durstig machen; sorgen Sie deshalb dafür, daß frisches Wasser bereitsteht. Sie können auch etwas Trockenfutter in einen Napf geben, aber versuchen Sie nicht, den Welpen sofort zum Fressen zu veranlassen; sein Magen kann durch die ungewohnte Fahrt, die Aufregung und die neuen Eindrücke etwas in Unordnung geraten sein. Es kann sogar zu Durchfall kommen; doch dies ist natürlich und kein Anlaß zur Beunruhigung, sofern er nicht länger als zwölf Stunden anhält. Rufen Sie den Tierarzt an, wenn Sie Zweifel haben.

Streicheln Sie den Welpen, sprechen Sie beruhigend mit ihm und lassen Sie ihn dann allein, damit er sich etwas orientieren kann. Auch wenn es Ihnen schwer fällt, sollten Sie den Welpen für eine Weile in Ruhe lassen, bis er Gelegenheit gehabt hat, sich in seiner neuen Umgebung ein wenig zurechtzufinden. Vielleicht ist er auch erschöpft und schläft ein. Lassen Sie ihn dann schlafen, solange er will.

Im Abschnitt *Das Einleben,* Seite 53, wird geschildert, wie Sie den Welpen in seinem neuen Heim empfangen sollten und wie er seine erste Nacht ohne Mutter und Geschwister verbringt, doch darf hier wiederholt werden, daß er langsam und auf freundliche Weise mit den Familienmitgliedern und anderen Haustieren bekanntgemacht werden soll. Schelten oder maßregeln Sie einen Welpen während der ersten paar Tage nicht und versuchen Sie auch nicht, ihm irgendwelche Lektionen beizubringen. Ihr Welpe sollte sich sicher fühlen, und er hat genügend neue Erfahrungen zu bewältigen, wenn er die ersten Tage in Ihrem Heim verbringt. In dieser Zeit sind behutsame Spiele und ruhiger, rücksichtsvoller Umgang mit ihm die besten Erziehungsmethoden.

Ein acht Wochen altes Hündchen braucht jeden Tag noch immer viel Schlaf und sollte ruhen dürfen, wann immer es müde zu sein scheint.

Sie und Ihre Familie haben sich vermutlich darauf geeinigt, wie die Pflegeverantwortung aufgeteilt wird (siehe *Kapitel 2*). Jetzt ist der Welpe eine Realität, und es ist an der Zeit, den Plan in die Tat umzusetzen. Am ersten und vielleicht auch noch am zweiten Tag

Tabelle 16: Übersicht über die Hauptpunkte – Acht Wochen bis drei Monate: Zeit des Lernens

| | *Entwicklung des Welpen* | | *Erfordernisse der Aufzucht* | |
	Physisch	Sozial, verhaltens-mäßig	Gesundheit und Sicherheitsbedürfnisse des Welpen	Arbeiten mit Bereitschaft des Welpen
Acht bis neun Wochen	Endgültiges Gebiß kommt zum Vorschein.	Erforschendes Verhalten dauert an, verfeinert. Kauen, Beißen, ins Maul nehmen. Ängstlich, vorsichtig.	Erster Besuch beim Tierarzt. Lebensraum einrichten*. 4 Mahlzeiten pro Tag**. Kauspielzeuge. Vor grober Behandlung beschützen (z. B. vor Kindern).	Routine*. Welpe muß Gehorsam lernen: verbale Befehle*. Unangebrachtes Kauen, Beißen usw. korrigieren*. Keine Angst einjagen durch laute Geräusche und grobe Behandlung.
Neun bis zehn Wochen	Verfeinerte Motorik. Zeitweilige Konzentration.	Entwicklung von dominierendem oder unterwürfigem Verhalten anderen Tieren gegenüber***. Versteht und berücksichtigt allmählich die Wünsche des Besitzers.	Beginn sanfter Fellpflege**. Untersuchung, Stuhlprobe; Impfungen dauern an**. Nicht an andere Hunde und deren Exkremente heranlassen, bis die Impfungen abgeschlossen sind oder der Tierarzt es erlaubt**.	Aggressionen im Keim ersticken*. Allmählich an Halsband und Leine gewöhnen. Beibringen, wie er sich im Auto benehmen soll.

* Siehe ausführliche Besprechungen.   ** Siehe *Kapitel 4*.   *** Siehe *Kapitel 5*.

	Entwicklung des Welpen		Erfordernisse der Aufzucht	
	Physisch	Sozial, verhaltens- mäßig	Gesundheit und Sicherheitsbedürfnisse des Welpen	Arbeiten mit Bereitschaft des Welpen
Zehn bis elf Wochen		Zeigt deutlich dominie- rendes oder unterwür- figes Verhalten bei an- deren Tieren***.		Benötigt viel menschliche Gesellschaft und Auf- merksamkeit. Braucht Zeit «für sich selbst», ohne andere Haus- tiere oder Geschwister.
Elf Wochen bis drei Monate	Mehr Kontrolle über Ausscheidung.	Kommt, wenn er gerufen wird.		Entschlossen eine tadellose Stubenreinheit einführen*.

* Siehe ausführliche Besprechungen. ** Siehe *Kapitel 4.* *** Siehe *Kapitel 5.*

sollte jedoch ein Erwachsener oder ein vernünftiges älteres Kind dafür sorgen, daß alle Betreuungsaufgaben wahrgenommen werden. Es ist oft von Vorteil, wenn jedes Familienmitglied jede der anfallenden Arbeiten mindestens einmal erledigt; dann versteht jeder von Grund auf, worum es bei den einzelnen Aufgaben geht, und es ist sichergestellt, daß keine wichtigen Aspekte übersehen wurden. Es ist nun auch angebracht, über das Prinzip der Routine zu sprechen, soweit es auf die Welpenpflege anwendbar ist.

Wie wichtig ist Routine?

Es ist schon nach sieben Uhr abends und Eva ist beunruhigt. Sie hat vor kurzem eine neue Stelle angetreten und sitzt immer noch im Büro. Es wird noch mindestens eine Stunde dauern, bevor sie nach Hause gehen, ihren Hund ausführen und ihm zu fressen geben kann. Sie weiß, daß ihr ein Jahr alter Boston Terrier wahrscheinlich eine Pfütze in der Wohnung gemacht und vermutlich auch Angst und Hunger hat. Getreu den Anweisungen des Züchters, eine strikte Routine einzuführen, hat sie ihren Hund bisher immer bis spätestens sieben Uhr abends ausgeführt und gefüttert. Wenn ihre neue Arbeit sie nun weiterhin an den meisten Abenden länger im Büro festhält (und es sieht ganz danach aus), wird sie einen Hundesitter brauchen, der ihren Terrier jeden Abend spazierenführt und füttert, und das wird teuer werden.

Ursel schlief am Sonntagmorgen immer gern länger, doch das kann sie nun nicht mehr. Jeden Tag, Sonntag eingeschlossen, beginnt ihr Golden Retriever pünktlich um sieben Uhr zu winseln, dann zu scharren und schließlich ihr Gesicht abzulecken. Als sie den kleinen Welpen bekam, hatte Ursel gelesen, daß es für einen Hund wichtig ist, an eine regelmäßige Routine gewöhnt zu werden. Daher führte sie ihren Hund jeden Morgen um sieben spazieren und gab ihm dann auch sein Frühstück. Sie hatte angenommen, daß es der Hund, wenn er erst einmal größer war, mit seinen Ansprüchen nicht mehr so genau nehmen würde, doch sie hatte sich getäuscht. Seufzend quält sie sich aus dem Bett und bereut es, sich den Hund je angeschafft zu haben.

Eva und Ursel haben sich und ihre Hunde zu Sklaven einer starren Routine gemacht und Zustände herbeigeführt, die ärgerlich und nervtötend sind. Was noch schlimmer ist: Diese Unbeweglichkeit bringt die Tiere möglicherweise in beängstigende Situationen, wenn es – was unvermeidlich ist – zu Abweichungen von der Routine kommt.

In diesem Bereich der Welpenerziehung gehen die Meinungen auseinander. Viele Züchter und Tierärzte befürchten, daß Hundehalter ihre Verantwortung zu leicht nehmen, und empfehlen feste Zeitpläne, wenn es um die Fütterung, den Auslauf und die sonstige Betreuung geht. Sie betonen, daß sich die Besitzer leichter an die Erledigung regelmäßig wiederkehrender Aufgaben erinnern und daß ein Welpe wissen sollte, wann er mit seinem Futter oder einem Spaziergang rechnen kann. Ein frischgebackener Hundehalter kann aber mitunter so ängstlich darauf bedacht sein, einen festen Zeitplan einzuführen, daß er sein Leben deswegen völlig umkrempelt.

Wir sind der Ansicht, daß zwar *konsequentem Handeln* bei der Aufzucht eines Welpen größte Bedeutung zukommt, daß aber *starre Zwanghaftigkeit* zu vermeiden ist. Sicher müssen kleine Hunde regelmäßig gefüttert und versorgt werden, doch ist ein Tier einmal acht oder neun Wochen alt, kann jeder Zeitplan etwas lockerer gehandhabt werden. Flexibilität in vernünftigem Rahmen, wenn sich etwa die Fütterungszeiten um zehn oder fünfzehn Minuten verschieben, ist noch nicht mit Sorglosigkeit oder Vernachlässigung gleichzusetzen.

Ein älterer Welpe sollte darauf eingestellt sein, daß er sein Futter bekommt und spazierengeführt wird, wenn sein Besitzer aufsteht oder nach Hause kommt, wobei es hinsichtlich des genauen Zeitpunkts durchaus einen gewissen Spielraum geben kann. Der Besitzer hat natürlich dafür zu sorgen, daß jemand den Hund füttert, wenn er einmal spät nach Hause kommt, doch sollte eine Verzögerung von etwa einer Stunde weder ihn noch den Hund in Panik versetzen. Unter diesem Aspekt hat unsere Methode der Erziehung zur Stubenreinheit viele Vorteile.

Hätten sie ihre Welpen nicht dazu gebracht zu erwarten, alles müsse genau zum festgesetzten Zeitpunkt eintreten, hätte Eva in Ruhe ihre Arbeit beenden können, und Ursel hätte weiterhin am Sonntag etwas länger schlafen dürfen. Die Hunde hätten am Morgen oder Abend geduldig auf ihr Futter gewartet, bis ihr Frauchen zur Stelle gewesen wäre, und kleine Abweichungen vom Zeitplan hätten die Beteiligten kaum in Aufregung versetzt.

Zunächst braucht Ihr kleiner Hund weiterhin das Futter, an das er bisher gewöhnt war, und zwar viermal pro Tag, falls Sie nicht die freie Fütterungsmethode anwenden. Es ist wichtig, daß die Zeit der Fütterung entspannt und ruhig verlaufen kann, und Sie sollten mit dem Hund unmittelbar nach den Mahlzeiten keine anstrengenden Wanderungen oder heftigen Spiele unternehmen, denn sonst wird er vielleicht erbrechen. Ein Welpe macht gewöhnlich nach dem Fressen (und nach seinem Geschäft) gleich ein Schläfchen. In *Kapitel 4* werden alle Aspekte des Fütterns und der Nahrung eingehend behandelt.

Gegen Ende der ersten Woche sollte sich Ihr Welpe ganz zu Hause fühlen und aufmerksam und bereit sein, vermehrt zu lernen, was Sie von ihm erwarten.

Gute Gewohnheiten beginnen früh

Sobald Ihr neuer Hausgenosse seine anfängliche Verwirrung überstanden hat, ist es an der Zeit, ihm einige einfache Lektionen beizubringen. Einige Welpen sind schon nach ein paar Tagen soweit, bei anderen dauert es etwas länger. An seinen Reaktionen werden Sie erkennen, ob Ihr Hund aufnahmefähig ist: Wenn er sofort zu Ihnen läuft, sobald Sie in seiner Nähe auftauchen, oder Ihnen eifrig folgt, während Sie Ihre Arbeiten erledigen, ist er nur allzu bereit, einige einfache verbale Kommandos zu lernen.

Welpengehorsam: Verbale Befehle

Es klingelte, als Richard eben zur Arbeit gehen wollte. Während er in der offenen Tür stand, um den Empfang einer Sendung zu quittieren, ging auf der Straße eine Gruppe von Kindern vorbei. Sein vier Jahre alter Cairn Terrier hatte Kinder sehr gerne, und ehe Richard es verhindern konnte, war das Tier zur Tür hinausgeschossen und hinter den Kindern hergesaust. Richard rannte ebenfalls hinaus und rief laut nach dem Hund, der sich nur kurz umsah und weiter den Kindern folgte. Richard befürchtete, sein Terrier könnte auf die Straße laufen und von einem Auto überfahren werden, und er versuchte, ihn einzuholen, und rief ständig seinen Namen. Als der Hund ihn sah, lief er nur noch schneller. Glücklicherweise bemerkte eines der Kinder, was los war, und bekam den Hund zu fassen. Als Richard keuchend mit dem Hund auf dem Arm zurückkam, wunderte er sich, warum der Terrier nicht gekommen war, als er ihn rief.

Es ist wichtig, dem Hund – um seiner eigenen Sicherheit willen – umgehend seinen Namen sowie einige verbale Kommandos beizubringen und den Grundstein für das spätere Gehorsamkeitstraining zu legen. Ihr kleiner Welpe möchte Ihnen gerne Freude bereiten und von Ihnen gelobt werden. Noch ist er sehr von Ihnen abhängig; Sie sind der Mittelpunkt seiner Welt, und es ist nicht schwierig, seine Aufmerksamkeit auf sich zu lenken. Wenn er nur ein wenig älter ist, wird er schon viel unabhängiger und gewöhnlich nicht mehr so leicht zu erziehen sein.

Anfänglich werden die Lektionen im Haus oder in der Wohnung stattfinden. Sie müssen knapp gehalten werden, denn die Aufmerksamkeitsspannen des jungen Hundes sind noch sehr kurz, und sollten zunächst wohl nicht länger als fünf Minuten dauern. Mit zunehmendem Alter des Tieres wächst auch seine Konzentrationsfähigkeit, und Sie können entsprechend mehr Zeit ansetzen. Erteilen Sie ihm nach Möglichkeit tagtäglich zwei oder drei Lektionen. Halten Sie den «Unterricht» nicht ab, wenn der Hund hungrig ist; wenn Sie ihm aber unmittelbar nach dem Fressen etwas beizubringen versuchen, wird er vermutlich einschlafen. Es ist vorteilhaft, anfänglich mit dem Welpen allein zu arbeiten, damit er nicht abgelenkt wird, und die erste Lektion sollte in entspannter und lockerer Atmosphäre stattfinden. Wenn Sie das Vertrauen des Welpen nicht verlieren möchten, seien Sie nie grob oder böse mit ihm. Nutzen Sie sein Bedürfnis, Ihnen zu gefallen, und zeigen Sie ihm geduldig und in Ruhe, was Sie von ihm wollen.

Später, wenn Ihr Welpe alle Impfungen absolviert hat und gefahrlos mit andern Hunden zusammenkommen kann, empfehlen wir dringend das Gehorsamkeitstraining für Welpen.

Den Namen lernen

Überlegen Sie sich sobald wie möglich einen Namen für Ihren Welpen, und sprechen Sie ihn dann mit diesem Namen an. Im allgemeinen fällt es dem Hund leichter, ein Wort zu begreifen, das aus nur einer Silbe besteht (und für Sie ist es auch zweckmäßiger). Selbst wenn Sie einen langen Namen aussuchen, werden Sie wahrscheinlich bald eine Abkürzung verwenden.

Ihr Welpe wird schnell lernen herbeizusausen, sobald irgend jemand den Raum betritt, und jedes Familienmitglied sollte darauf achten, ihn möglichst oft mit Namen anzusprechen. Reden Sie häufig mit ihm, ganz gleich was Sie und Ihr Welpe tun, und benutzen Sie immer seinen Namen. Üben Sie mit ihm, indem Sie ihn beim Namen rufen, wenn er in einer anderen Ecke des Zimmers ist, und loben Sie ihn, wenn er zu Ihnen kommt. Nach Ablauf etwa einer Woche sollte Ihr Hund seinen Namen begriffen haben.

Komm!

Sobald Ihr Welpe seinen Namen kennt, können Sie damit beginnen, ihm einige einfache verbale Kommandos beizubringen. Wenn Sie auf dem Boden sitzen, wird Ihr Hündchen fast immer angelaufen kommen. Machen Sie sich dieses natürliche Verhalten zunutze, um ihm beizubringen, auf Befehl zu kommen. Setzen Sie sich hin, klatschen Sie in die Hände, um seine Aufmerksamkeit auf sich zu lenken, rufen Sie seinen Namen und sagen Sie «Komm», und er wird angesaust kommen. Loben Sie ihn ausgiebig. In dieser Phase der Erziehung dürfen Sie ihm auch einen Leckerbissen geben, doch vergessen Sie nicht, ihn auch zu loben, damit Sie später den feinen Happen auch wieder weglassen können. Es spielt keine Rolle, daß Ihr kleiner Hund auch ohne den Befehl zu Ihnen gekommen wäre. Sie lehren ihn, auf Sie zu hören und zu reagieren, auch wenn er das noch nicht versteht.

Stehen Sie auf, gehen Sie im Zimmer herum und rufen Sie Ihren Welpen. Mitunter ist es vielleicht nötig, in die Hände zu klatschen, um seine Aufmerksamkeit auf sich zu lenken, vor allem dann, wenn er mit seinem Kauknochen beschäftigt ist oder mit einer anderen Person spielt. Klatschen Sie also, und rufen Sie ihn beim Namen. Wenn er sofort reagiert, müssen Sie ihn selbstverständlich loben. Reagiert er nicht sofort, so gehen Sie zu ihm hin und bringen Sie ihn an die Stelle, an der Sie sich soeben befunden haben. Sie können ihm nötigenfalls einen Leckerbissen anbieten, um ihn zu sich zu locken, oder sanft an der Leine ziehen, die an seinem Halsband befestigt ist. Doch geben Sie in diesem Moment nur nicht auf, sonst lernt der Kleine eine Lektion, die besagt, daß er Sie einfach ignorieren kann, wenn ihm danach ist. Bleiben Sie am Ball und setzen Sie Ihren Befehl auf die eine oder andere Weise durch, damit der Welpe nicht auf die Idee kommt, daß es nur ums

Fangenspielen geht (wie es in der Geschichte mit Richard und seinem Terrier der Fall war).

Nein!

Dieses äußerst wichtige verbale Kommando kann natürlich nicht mittels Lektionen gelehrt werden. Sie müssen einfach warten, bis der Welpe etwas tut, was Sie nicht erlauben. Ein entschiedener Ton in der Stimme ist wesentlich, um ihm Ihr Mißfallen zu verdeutlichen, wenn Sie «nein» sagen. Nach Wunsch können Sie auch andere Worte hinzufügen, beispielsweise «beißen, nein» oder «springen, nein» oder dergleichen, solange das «nein» intensiv genug und für den Welpen leicht zu erkennen ist. Schreien oder brüllen Sie jedoch nie, denn sonst erschrecken und verwirren Sie ihn. Anfänglich müssen Sie vielleicht in demselben Augenblick, in dem Sie «nein» sagen, kräftig in die Hände klatschen, um den Hund auf sich aufmerksam zu machen. Wenn er dann innehält und zu Ihnen gelaufen kommt, loben Sie ihn. Nimmt er jedoch das unerwünschte Tun gleich wieder auf, müssen Sie nochmals «nein» sagen und vielleicht etwas unternehmen, um die Fortsetzung des schlechten Benehmens zu unterbinden. Wie bereits geschildert, können Sie dem Welpen auch eine akzeptable Alternative anbieten – etwa einen Kauknochen anstelle eines Teppichzipfels. Achten Sie jedoch sorgfältig darauf, daß er das von Ihnen ausgesprochene «nein» nicht mit der erlaubten Alternative in Zusammenhang bringt, sonst wird er sehr verwirrt sein. Sagen Sie «nein», und wenn der Welpe mit dem unerwünschten Verhalten aufhört und zu Ihnen läuft, spielen Sie kurz mit ihm, und zeigen Sie ihm dann die Alternative.

Weitere verbale Befehle

Hat der Welpe einmal gelernt, zu Ihnen zu kommen, wenn Sie seinen Namen rufen, ist er auch für einige weitere verbale Befehle bereit. Nachdem der Welpe zu Ihnen gekommen ist und sein Lob erhalten hat, wird er vermutlich schwanzwedelnd dastehen und Sie ansehen, als wollte er sagen: «Und was ist jetzt?» Statt sofort mit einem Spiel oder etwas anderem zu beginnen, legen Sie nun Ihre Hand auf seinen Rücken, und streichen Sie vom Kopf bis zum Schwanz an seiner Wirbelsäule entlang, dann an der Rute vorbei zu seinen Hinterbeinen; drücken Sie leicht auf die Gelenke der Hinterbeine, während Sie sagen: «Sitz!» Der Druck Ihrer Hand wird den Welpen wahrscheinlich dazu veranlassen, sich hinzusetzen; in diesem Moment sollten Sie ihn reichlich loben. Eine andere erfolgversprechende Methode besteht darin, einen kleinen Leckerbissen zwischen Zeigefinger und Daumen zu nehmen und ihn dem Hund direkt vor die Schnauze zu halten; dann heben Sie die Hand langsam über seine Nase hoch, während Sie «sitz» sagen. Folgt das Tier Ihrer Hand mit den Augen, wird sich sein Kopf heben und nach hinten bewegen, und dann setzt es sich meistens hin. Hat der Welpe dies getan, so geben Sie ihm den Leckerbissen, und loben Sie ihn ausgiebig. Versuchen Sie nach einigen Lektionen, einfach «sitz» zu sagen, ohne den Welpen zu berühren oder ihm einen guten Happen anzubieten. Hat er schließlich verstanden, worum es geht, dann sagen Sie ihm, daß er der klügste Hund der Welt ist; andernfalls wiederholen Sie die Lektion noch einige Male.

Um einem Welpen das Hinlegen beizubringen, sollten Sie sich auf seiner rechten Seite niederknien und in dieselbe Richtung schauen wie er. Fassen Sie mit der linken Hand über den Rücken des Tieres hinweg seine linke und mit der rechten Hand gleichzeitig die rechte Pfote. Heben Sie beide Pfoten leicht nach vorne an, während Sie «lieg» sagen, und der Welpe wird sich hinlegen. All dies sollte sehr entspannt und ohne Kraftanwendung getan werden. Loben Sie ihn überschwenglich; nach wenigen Lektionen hat er wahrscheinlich begriffen, worum es geht.

Wenn Sie einen Welpen länger als ein paar Minuten so liegen lassen, wird er vermutlich einschlafen. Dies ist die Gelegenheit, ihm den Befehl «Platz» beizubringen. Nehmen Sie ein Buch oder eine Zeitschrift zur Hand und setzen Sie sich für eine halbe Stunde neben den schlafenden Welpen. Wacht er auf, bevor die Zeit um ist, sagen Sie «Platz», und legen Sie ihn nötigenfalls wieder hin. Nach Ablauf der halben Stunde stehen Sie auf, und der Welpe wird wahrscheinlich erwachen; dann können Sie ihn wieder ausgiebig loben.

Gehorsamkeitstraining für Welpen

Das Gehorsamkeitstraining für Welpen erfreut sich zunehmender Beliebtheit, und entsprechende Kurse finden in vielen Städten statt. Ihr Tierarzt, ein Hundezüchter oder andere Besitzer können Ihnen helfen, eine geeignete Einrichtung ausfindig zu machen.

Wir halten es für ratsam, den Welpen zum Gehorsamkeitstraining zu bringen, sobald er alt genug ist, mit anderen Hunden in Kontakt zu treten. Es ist sehr wichtig, daß er lernt, auf Sie zu hören und Ihnen zu gehorchen, selbst wenn andere Hunde und andere Menschen in der Nähe sind, durch die er abgelenkt wird.

Wenn Sie kein erfahrener Hundehalter sind, ist das Gehorsamkeitstraining auch für Sie sehr hilfreich, denn Sie erfahren, wie Sie Ihren Hund am wirkungsvollsten erziehen können. Auch wenn Ihr Welpe Ihnen Freude bereiten und folgsam sein möchte, ist dies nicht möglich, wenn Sie nicht wissen, wie Sie ihm eindeutig klarmachen können, was Sie von ihm erwarten.

Auch für ein Kind ist das Gehorsamkeitstraining mitunter eine sehr nützliche Erfahrung (siehe *Aggressionen im Keim ersticken,* Seite 139), besonders wenn es selbst zu Aggressionen neigt, denn es kann dort lernen, einen Welpen unter Kontrolle zu halten, ohne ärgerlich oder gewaltsam zu werden.

Nach Möglichkeit sollten Sie vorab eine Veranstaltung des Gehorsamkeitstrainings besuchen und den Ausbilder beobachten. Unglücklicherweise gibt es immer noch einige professionelle Trainer, die viel zu grob mit den Tieren umgehen und allzu oft zu Strafen greifen, sie letztlich also nur terrorisieren. Sie kennen Ihren Welpen selbst am besten und können beurteilen, wie er auf Erziehungsmaßnahmen reagiert. Wenn der Ausbilder Ihnen zu brutal erscheint, melden Sie Ihren Hund dort nicht an. Sollten Sie es bereits getan haben, annullieren Sie die Anmeldung und verlangen Sie Ihr Geld zurück. Lassen Sie es nicht zu, daß das natürliche Verlangen Ihres Welpen, Ihnen zu gefallen, und sein gutmütiges Wesen durch rücksichtslose Behandlung verdorben werden. Wenn es nicht anders geht, erziehen Sie Ihren Welpen besser zu Hause.

Ruhe bewahren

Auch wenn Ihr kleiner Hund nun in mancher Hinsicht schon ziemlich erwachsen wirkt, kann er viele Situationen nicht richtig einschätzen. Läßt man ihn aus seinem Aufenthaltsbereich hinaus und frei im Haus oder Garten herumlaufen, muß man daran denken, daß er stets beaufsichtigt werden muß. Leben kleine Kinder in der Familie, ist es sinnvoll, ihnen nur dann zu erlauben, den Welpen frei herumlaufen zu lassen, wenn ein Erwachsener oder ein verständiges älteres Kind dabei ist. Kleine Kinder werden allzu leicht abgelenkt und vergessen dann, auf das Tier aufzupassen.

Auch ein scheinbar tolpatschiger Welpe kann sich gelegentlich erstaunlich schnell bewegen, und er braucht nur eine Minute, um auf die Straße hinauszulaufen, an einer elektrischen Leitung zu knabbern oder eine Treppe hinunterzufallen.

Alle Welpen durchleben in ihrer achten oder neunten Alterswoche eine Art Furchtperiode. Es handelt sich offenbar um eine Zeit, in der sie die Geräusche und sonstigen Eindrücke der Umwelt intensiv wahrnehmen; bei einigen ist die Ängstlichkeit deutlicher zu beobachten als bei anderen. Wenn Sie bemerken, daß Ihr Hund plötzlich vor neuen Gegenständen und unbekannten Menschen Angst zu haben scheint, sich duckt, zurückweicht oder bei unerwartetem Lärm oder plötzlichen Bewegungen zusammenschrickt, dann nehmen Sie darauf Rücksicht und konfrontieren Sie ihn nicht mit neuen Erfahrungen. Lassen Sie es nicht zu, daß ein ängstlicher Welpe traumatische Erlebnisse durchmacht, indem er grober Behandlung, lauten Geräuschen oder strengen Strafen ausgesetzt wird. Möglicherweise beängstigende Ereignisse wie zum Beispiel das erste Schneiden der Krallen oder die erste Fellpflege im Hundesalon sollten für ein oder zwei Wochen verschoben werden, bis der Welpe dieser Phase entwachsen ist. Kinder sollten daran erinnert werden, daß der Hund eben noch ein «Baby» ist und später, wenn er größer ist und sie besser kennt, genug Zeit sein wird, mit ihm wilde Spiele zu spielen.

Das heißt jedoch nicht, daß man nun auf jegliche Erziehung verzichten sollte. Sanfte, geduldige Ausbildung verängstigt den Welpen nicht und ist immer die beste Methode, die Entstehung ärgerlicher Gewohnheiten im Ansatz zu verhindern. Bei Ihrem acht oder neun Wochen alten Hund zeigt sich nun naturgemäß eine neue Leidenschaft, nämlich das Beißen und Kauen, denn die zweiten Zähne des Welpen beginnen durchzubrechen, und der Drang zu kauen und zu beißen wird überwältigend.

Ungebührliches Beißen und Kauen

Der sechsjährige Peter und sein Freund sind in ein stilles, aber spannendes Spiel mit Plastiksauriern und Höhlenmenschen vertieft. Plötzlich hört Peters Mutter einen Schrei. Sie stürzt aus der Küche und sieht, wie Peter den neun Monate alten Sheltie-Welpen verfolgt. «Er hat meinen Saurier genommen», ruft der Junge und versucht, den Hund zu fangen. Die Mutter beteiligt sich an der Jagd, doch als sie schließlich den Sheltie unter einem Bett erwischen, ist die Plastikfigur bereits zerbrochen. Peter weint und sagt, daß er den «dummen Hund» nicht ausstehen kann: «Immer macht er alles kaputt!» Die Mutter ist verständlicherweise ebenfalls in Aufregung, denn die Ruhe des Nachmittags wurde gestört; derartige Szenen haben sich außerdem schon zu oft abgespielt, als daß sie einfach darüber hinweggehen könnte. Sie hat den Verdacht, daß der Hund das Ganze nur für ein Spiel hält, und sie weiß nicht, was sie unternehmen soll.

Diese Szene ist nur ein Beispiel für die verschiedenen Varianten unzulässigen Kauens, Beißens und Nagens, die bei kleinen Hunden häufig vorkommen. Dazu gehört auch das Verschlucken von künstlichen, unverdaulichen Gegenständen.

Wenn Sie spielende Welpen beobachten, werden Sie bemerken, daß sie ständig Kauen, Knabbern und sich gegenseitig häufig in offenbar freundlicher Art beißen. Da das Beißen und das Ins-Maul-Nehmen von irgendwelchen Dingen zu den ganz natürlichen Verhaltensweisen eines Welpen gehören und da Ihr Hund sieben Monate lang fast ununterbrochen zahnt, ist es sehr wichtig, ihm sofort beizubringen, was er beißen und ins Maul nehmen darf und was nicht.

Beißen und an Menschen knabbern

Wenn Ihr Welpe bei Ihnen zu Hause ankommt, wird sein Mäulchen wahrscheinlich überall sein: Er versucht an Fingern, Zehen, Nasen, Knöcheln und Fersen zu knabbern. Sie sollten ihm dies nicht durchgehen lassen. Auch wenn es anfänglich «süß» sein mag, wird es schon bald zu einer lästigen Gewohnheit, die der Hund nicht einfach von selbst wieder ablegt: Es wird immer schlimmer und tut auch weh, wenn er größer wird. Sobald Ihr kleiner Welpe anfängt zu beißen, umschließen Sie seine Schnauze fest mit einer Hand und sagen Sie «nein», *oder* hindern Sie ihn sofort daran, und schieben Sie ihm etwas ins Maul, auf dem er kauen darf. Machen Sie nicht den Fehler, zu demselben Zeitpunkt «nein» zu sagen, zu dem Sie dem Welpen etwas zum Knabbern Geeignetes geben, denn sonst übermitteln Sie eine widersprüchliche Botschaft. Also: Entweder fassen Sie seine Schnauze und sagen «nein», *oder* Sie hindern ihn am weiteren Beißen und geben ihm etwas Geeignetes zum Kauen. Kauknochen aus Leder sind günstig, *doch nur, wenn Sie dabei sind,* denn ein Welpe kann an kleinen Stücken ersticken, die er mitunter abbeißt, oder er kann sich, wenn er mit einem dünnen, langen Kauknochen im Maul herumrennt, diesen durch einen unglücklichen Zufall in die Kehle stoßen und sterben.

Wenn der Welpe größer wird, sollte er dicke Knochen zum Kauen bekommen. Sie bieten mehr Sicherheit, wenn er allein ist, denn er kann sich daran nicht aufspießen. Welpen mit sehr starken Kiefern und Zähnen beißen häufig sehr viele Stückchen ab und verschlucken sie. Normalerweise wird dieses Material verdaut oder erbrochen, aber es ist schon vorgekommen, daß sich dicke Lederstücke im Verdauungstrakt festgesetzt haben. Seien Sie deshalb vorsichtig, beobachten Sie Ihren Welpen, und wenn er zu viele Lederstückchen verschlucken sollte, geben Sie ihm einen Kauknochen, der größer und glatter ist und den er nicht so leicht zerbeißen kann, oder überlassen Sie ihm den Knochen nur, wenn Sie dabei sind. Doch er sollte immer etwas zum Kauen haben. Wenn er älter wird und seine Zähne nicht mehr so spitz und scharf sind, kann man ihm auch einen Kunststoffknochen geben.

Wenn Sie wirklich konsequent sind und einen Welpen immer davon abhalten, Sie oder andere zu beißen oder an Ihnen zu knabbern, indem Sie ihn an der Schnauze packen und ausschimpfen oder indem Sie ihm einen zum Kauen geeigneten Gegenstand geben, sollten Sie keine Mühe damit haben, ihm beizubringen, keine Menschen zu beißen.

Manchmal beginnt ein Hund wieder damit, an Leuten zu knabbern, wenn er älter ist, und das kann durchaus weh tun. Dieses Verhalten ist bei einem älteren Hund eher ein Zeichen von Zuneigung und kann sogar sexuellen Ursprungs sein. Einige Hundehalter bezeichnen dies als «Liebesbisse» und dulden es. Doch es sollte eigentlich nicht erlaubt werden, denn es kann weh tun, besonders wenn der Hund groß ist, und außerdem kann es sein, daß Ihre Freunde kein Verständnis dafür haben und es auch nicht angenehm finden. Halten Sie den Hund also sofort davon ab, nehmen Sie ihn an der Schnauze, und sagen Sie: «Nein». Lassen Sie ihn gleichzeitig auch spüren, daß Sie ihm für den Augenblick Ihre Zuneigung und Billigung entziehen, indem Sie sich sofort von ihm abwenden. Nach einigen Minuten können Sie sich wieder mit dem Welpen beschäftigen, doch wenn er wieder zu beißen anfängt, wiederholen Sie das Ganze, und wenden Sie sich erneut ab.

Gegenstände zerbeißen

Einige Hunde entwickeln die Gewohnheit, an Haushaltsgegenständen oder der Kleidung von Menschen herumzubeißen, oder sie schnappen sich einen Artikel, den Sie gerade benutzen wollen, rennen dann fort und meinen, es handle sich um ein Spiel (wie oben geschildert). Kaut ein Welpe auf irgendwelchen Dingen herum, wenn er allein ist, kann dies ein Anzeichen für Langeweile und destruktives Verhalten sein (siehe *Kapitel 14*). Vielleicht hat er auch Probleme mit den durchbrechenden neuen Zähnen. Was auch immer der Grund ist: Diese Gewohnheit sollte so bald wie möglich ausgemerzt werden, bevor sie sich festsetzt, denn sie kann nicht nur für den Welpen, sondern auch für die ganze Familie gefährlich werden: Zerbeißt er beispielsweise ein Stromkabel, kann sogar ein Brand entstehen. Macht der Hund daher Anstalten, an irgend etwas Unerlaubtem (das heißt an etwas anderem als an seinem Kauknochen) herumzubeißen, sollten Sie die oben geschilderten Maßnahmen ergreifen: Hindern Sie den Welpen sofort an seinem Tun, umfassen Sie seine Schnauze und schimpfen Sie mit ihm. Noch besser ist es, wenn Sie ihn von dem fraglichen Gegenstand fortbringen und ihm dann ein geeignetes Kauspielzeug geben. Geben Sie ihm aber keinen Kauknochen, solange er sich noch in der Nähe der verbotenen Sache befindet, denn Welpen wechseln oft von einem Gegenstand zum anderen, wenn sie einmal am Kauen sind.

Kaut der Welpe nur in Ihrer Abwesenheit, liegt es nahe, nach Möglichkeit zunächst einmal alles aus seiner Reichweite zu schaffen, worauf er herumbeißt, und durch ein geeignetes Kauspielzeug zu ersetzen, das nur für die Zeiten Ihrer Abwesenheit bestimmt ist. Es hilft immer, einen Welpen durch reichliche Bewegung oder Spiele zu ermüden, bevor Sie das Haus verlassen (siehe *Langeweile und destruktives Verhalten*, Seite 214). Falls diese Maßnahmen nicht zum Erfolg führen, müssen Sie vielleicht den Gegenstand oder die Gegenstände, an denen der Welpe so gerne kaut, mit einem übelschmeckenden Mittel behandeln. Ein leicht bitterer Geschmack schreckt die meisten kleinen, empfindsamen Hunde ab, doch bei größeren Rassen ist unter Umständen eine stärkere Substanz erforderlich. In der Regel tut eine auf Chininbasis hergestellte Lösung gute Dienste; solche Tinkturen sind in Zoohandlungen erhältlich. Wenn keines dieser Abschreckungsmittel wirkt, dann durchstöbern Sie Ihren Gewürzvorrat und experimentieren Sie ein wenig, bis Sie etwas Ungiftiges gefunden haben, das Ihrem Hund zuwider ist. Wir haben festgestellt, daß die wirkungsvollste Strafe eine solche ist, die das Tier selbst herbeiführt, in diesem Fall dadurch, daß es an einem übelschmeckenden Gegenstand herumbeißt oder kaut. Wenn Sie nach Hause kommen und feststellen, daß Ihr Welpe nichts Verbotenes gekaut oder zerbissen hat, überschütten Sie ihn mit Lob.

Wenn ein kleiner Hund einen Gegenstand schnappt und damit fortläuft, ist es wichtig, bei ihm nicht die Idee aufkommen zu lassen, daß er ein spannendes, neues Spiel entdeckt hat. Peter sollte lernen, daß er seinem Sheltie nicht nachlaufen soll, denn genau das will der Hund erreichen. Statt dessen sollte die Mutter dem Tier folgen, es festhalten, das Spielzeug wegnehmen und ernsthaft schimpfen. Wirkt dies nicht, kann man in einem nächsten Schritt einen Plastikgegenstand oder ein Spielzeug, das mit einem intensiven Abschreckungsmittel behandelt ist, so aufstellen, daß es der kleine Hund wahrscheinlich bemerkt und schnappt. Die Kinder sollten von dieser Maßnahme Kenntnis haben, aber Sie sollten dieses Verfahren nicht anwenden, wenn ein sehr kleines Kind im Haus ist, das das präparierte Spielzeug selbst in den Mund stecken könnte.

Das Verschlucken von unverdaulichen Gegenständen oder Substanzen

Das tatsächliche Verschlucken von Unverdaulichem wie beispielsweise Erde, Steinchen oder Stoffetzen sowie das Kotfressen sind viel schwieriger zu verhindern, und die Gründe dafür sind oft kaum festzustellen. Manchmal sind diese Verhaltensstörungen auf ernste Streßsituationen oder auf Langeweile zurückzuführen; möglicherweise gibt es auch noch andere Gründe dafür, etwa eine Mangelerscheinung in der Ernährung, die der Welpe auf diese Weise zu beheben sucht. Jedenfalls kann diese Unart schwerwiegende physische Probleme herbeiführen, so zum Beispiel Darmverschluß oder Zahnschäden, wenn ein Welpe auf Steine beißt. Kotfressen ist für die Gesundheit weniger gefährlich, doch ist es sehr unerfreulich und führt in der Regel zu schwerem Befall mit Darmparasiten.

Der erste Schritt bei der Behandlung solchen Fehlverhaltens besteht in einer gründlichen Untersuchung des Welpen durch den Tierarzt, durch die festgestellt werden kann, ob ein physisch relevanter Grund vorliegt. Zuweilen hilft ein Zusatz zur gewohnten Kost, doch sind auf jeden Fall die Anweisungen des Tierarztes zu befolgen.

138

Ist kein physischer Grund festzustellen, so sind diese Gewohnheiten als reine Verhaltensstörungen zu behandeln. Die erfolgversprechendste Methode, einem Welpen das Verschlucken von Unverdaulichem abzugewöhnen, ist eine vorbereitete Situation, wie oben beschrieben. Verschluckt der Hund Unverdauliches oder frißt er Kot, so sind normale Abschreckungsmittel üblicherweise nicht stark genug, und es müssen besonders widerwärtig schmeckende Substanzen benutzt werden.

Je älter und stärker Ihr Welpe in den nächsten Wochen wird, desto weniger Schlaf benötigt er und desto unternehmungslustiger zeigt er sich. Sie wundern sich vielleicht über die scheinbar über Nacht eingetretene Vervollkommnung seiner motorischen Geschicklichkeit und über seine Fähigkeit, Dinge zu tun, die ihm noch einige Tage zuvor nicht möglich waren. Überprüfen Sie daher den Aufenthaltsbereich Ihres Welpen nun unter diesem Gesichtspunkt und sorgen Sie dafür, daß er keine Gegenstände erreichen kann, die er nicht erreichen soll, daß er nicht auf Möbel klettern kann, die ihm vorher unzugänglich waren, oder aus seinem ihm zugedachten Bezirk entkommen kann.

Wenn Sie Ihren Welpen bisher noch nicht an sanfte Fellpflege gewöhnt haben, ist es nun an der Zeit, dies zu tun. Die meisten Hunde genießen diese Prozedur, und je früher sie an regelmäßige Fellpflege und genaue Tastuntersuchungen gewöhnt werden, umso besser. Die für die Pflege des Haarkleids vorgesehenen Zeiten sind eine ausgezeichnete Gelegenheit, ruhig mit Ihrem Hund zu sprechen, und ermöglichen es Ihnen auch, die Bande zwischen ihm und Ihnen fester zu knüpfen (siehe *Kapitel 4*). Etwa im Alter von neun oder zehn Wochen kann es sein, daß sich Ihr Welpe gegenüber einem Familienmitglied oder einem anderen Haustier dominant zu verhalten beginnt. Vielleicht fällt es ihm sogar ein, Ihre Autorität herauszufordern. Dann ist es an der Zeit, die Aggression im Keim zu ersticken (siehe auch *Aggressionen unter Hunden,* Seite 159).

Aggressionen im Keim ersticken

Ernst ist ein strammer Zwölfjähriger, der sich gerne körperlich betätigt. Seit die Familie ihren Boxer hat, spielt Ernst mit dem Hund eine Art Tauziehen. Beiden scheint das Spiel großen Spaß zu machen, und der Junge belohnt den Hund nach einem gelungenen Spiel immer mit ausgiebigem Streicheln und Herumbalgen. Obwohl sich die Mutter von Ernst Sorgen macht, weil sie den Hund beim Spiel öfters hat knurren hören, sagen der Junge und sein Vater, das sei ganz in Ordnung, ganz «natürlich» und gehöre nun mal zum Spiel dazu. Doch schließlich wurde Ernst schlimm in die Hand gebissen, als er versuchte, dem Boxer das Seil aus dem Maul zu nehmen.

Der zweijährige Robert krabbelt zu dem Hund der Familie, einem West Highland White Terrier, und schaut zu, wie das Tier an einem Knochen nagt. Der Kleine sitzt neben dem Hund auf dem Boden und fängt an, ihn am Kopf zu streicheln. Das Tier knurrt und weicht zurück, wobei es den Knochen mitnimmt. Robert folgt ihm und streichelt es wieder. Plötzlich knurrt der Terrier wieder und zwickt das Kind in die Nase. Die Mutter stürzt herbei, als das Kind aufschreit, reißt es hoch, ruft «böser Hund» und versetzt ihm einen Fußtritt. Der Hund weicht zurück und knurrt noch lauter; ohne Zweifel muß er aus dem Haushalt entfernt werden.

Dies sind zwei Beispiele für aggressives Verhalten, das leicht zu vermeiden gewesen wäre. Im ersten Fall wurden die von Natur aus aggressiven Instinkte des Boxers ständig durch wilde, kämpferische Spiele bestärkt. Der Terrier im zweiten Beispiel hatte offenbar nicht gelernt, daß gewisse Menschen das Recht haben, sich ihm zu nähern, egal was er gerade tut, und ihm auch Gegenstände wegnehmen dürfen; ihm wurde auch nie beigebracht, daß überterritoriales Verhalten oder das eifersüchtige Bewachen von Dingen nicht zulässig sind.

Dominanzbesänftigung: Wie man einem Welpen beibringt, sich nicht aggressiv zu verhalten

Es ist nie zu früh, einem Welpen beizubringen, daß aggressives Verhalten gegen Menschen nicht geduldet wird. Einige Hunde sind von Natur aus aggressiver oder dominanter veranlagt als andere, und sie müssen sofort lernen, daß sie damit nicht durchkommen. Es ist niemals «in Ordnung», daß ein Tier sein Futter oder irgendeinen Gegenstand gegen einen Menschen verteidigt, es sei denn, es handle sich um einen Kriminellen, der in das Haus eindringt oder die Familie des Hundes bedroht.

Den größten Fehler begeht ein Hundehalter, der einem Tier aggressives Verhalten durchgehen läßt. Wie klein ein Welpe auch sein mag: Wenn er knurrt, sich einen Gegenstand schnappt und damit vor Ihnen davonläuft oder versucht, aggressiv zuzubeißen, *handeln Sie sofort.*

Sie sollten in ähnlicher Weise reagieren, als hätte ein Kind einen Wutanfall. Knien Sie sich auf den Boden und benutzen Sie beide Hände, um den Welpen fest niederzudrücken, und bleiben Sie über ihm. Achten Sie darauf, daß die Schnauze des Tieres von Ihnen abgewendet ist, und kommen Sie mit Ihrem Gesicht dem Maul des Welpen nicht nahe, damit Sie nicht gebissen werden können. Sie können Ihre Aktion bekräftigen, indem Sie «Nein» oder «Aus» rufen, doch wichtig ist vor allem, daß Sie den Hund ruhig niederhalten, während Sie in bestimmtem Ton solange mit ihm reden, bis er aufhört, zu knurren und sich zu wehren, und ruhig und entspannt ist. Dann können Sie das Tier loslassen und sofort die Handlung wiederholen, die ursprünglich das aggressive Benehmen ausgelöst hat. Reagiert der Welpe wieder aggressiv, halten Sie ihn wieder fest, bis er begriffen hat, worum es geht. Dieses Verfahren bezeichnen wir als Dominanzbesänftigung. Und in der Tat lassen Sie das Tier dadurch wissen, daß Sie es dominieren. Es ist jedoch auch eine *Warnung* auszusprechen: Schärfen Sie es allen Kindern in Ihrem Haushalt ein, daß sie *nicht* versuchen dürfen, dieses Verfahren auf eigene Faust anzuwenden. Diese Methode sollte ausschließlich Erwachsenen oder vernünftigen, älteren Kindern vorbehalten sein. Wagt sich ein kleineres Kind daran, kann es schlimm gebissen werden. Außerdem könnte ein zu grob vorgehendes Kind den Welpen verletzen und/oder das Verfahren anwenden, auch wenn es gar nicht gerechtfertigt ist.

Antworten Sie nie mit Schlägen auf aggressives Verhalten Ihres Welpen. Dadurch würden Sie Ihren Hund nur noch mehr in Aufruhr versetzen und noch stärkere Aggressionen auslösen. Dies trifft vor allem zu, wenn Sie es mit einem Hund zu tun haben, der – beispielsweise ein Terrier – schon von Natur aus zu aggressivem Verhalten tendiert.

Dieses Verfahren zur Dominanzbesänftigung sollte jedesmal wiederholt werden, wenn sich ein Welpe gegen Menschen aggressiv benimmt, nicht nur wenn Sie selbst betroffen sind. Kindern sollte natürlich klargemacht werden, daß sie einem Hund sein Futter nicht wegnehmen dürfen, doch wenn ein Dreikäsehoch oder ein

141

noch kleines Kind es tut, muß der Hund es zulassen. Kein Tier sollte das Gefühl haben, es sei in Ordnung, irgend etwas – auch nicht einen Napf voll Futter – für sich zu beanspruchen, indem es sich gegen Familienmitglieder oder Freunde aggressiv verhält.

Vermeiden Sie es, aggressives Territorialverhalten zu fördern

Wie im Abschnitt *Der richtige Platz für den Welpen,* Seite 38, dargestellt, sollte ein Hund nicht auf die Meinung verfallen dürfen, irgendein Platz oder ein Gegenstand gehöre ihm allein. Leider ist es sehr leicht, diese Art territorialen Verhaltens zu unterstützen, indem Sie dem Welpen einen festen Schlafplatz oder einen Korb oder dergleichen zuweisen und ihn in der Meinung lassen, er dürfe nun «seinen» Platz gegen andere Haustiere oder Menschen verteidigen. In gleicher Weise können Spielzeuge und Gegenstände zu einem «Besitz» werden, den der Hund mittels aggressiver Aktionen schützen zu müssen glaubt. Sie würden ein derartiges Verhalten auch nicht bei einem Kind tolerieren und sollten es bei einem Tier noch viel weniger dulden. Stellen Sie sich nur einmal vor, Ihr Sohn würde Sie anknurren oder beißen, wenn Sie sein Zimmer beträten oder «seinen» Stuhl benutzten!

Es ist besonders wichtig, vor allem dann die Ermutigung dieser Art von Territorialverhalten zu vermeiden, wenn es sich um Rassen handelt, die (wie beispielsweise die Terrier) von Natur aus territorial veranlagt sind. Das Problem kann sich leicht noch verschlimmern, wenn Menschen beim ersten leisen Knurren oder anderen Ansätzen zu aggressivem Benehmen vor dem Hund zurückweichen. Aus diesem Grund empfehlen wir, ihm eine tragbare Schlafgelegenheit zu besorgen und austauschbare Spielzeuge, Knochen und Näpfe zu verwenden, die auch ständig von Menschen berührt und bewegt werden. Entdecken Sie die ersten Anzeichen dafür, daß ein Welpe meint, er dürfe «seinen» Besitz entweder durch Knurren oder Beißen verteidigen oder mit einem Gegenstand fortlaufen und sich verstecken, sollten Sie sofort in der geschilderten Art einschreiten; darüber hinaus ist es angebracht, alle Dinge, die der kleine Hund besonders eifersüchtig hütet, oft in die Hand zu nehmen und an anderen Orten abzustellen.

Vermeiden Sie es, Aggressionen durch Spiele zu fördern

Im ersten oben geschilderten Beispiel ist tatsächlich eine Variante dessen dargestellt, was wir «negative Bestärkung» nennen (siehe

142

Kapitel 15). In diesem Fall haben Ernst und seine Eltern den Boxer zu aggresivem Verhalten ermutigt. Dadurch, daß er mit dem Hund in kämpferischer Weise spielte und ihn zu offenkundiger Aggression aufstachelte, duldete Ernst nicht nur das bedenkliche Verhalten des Boxers, sondern er bestärkte es sogar – das nahezu bösartige Wetteifern mit einem Menschen und das drohende Knurren. Solche Spiele können bei jedem Hund unter gewissen Umständen gefährlich werden, doch ist dies vor allem bei einem Welpen der Fall, der von Anfang an entsprechende aggressive Neigungen an den Tag legt. Es sollte nicht allzu überraschend sein, wenn ein Hund, der im täglichen Spiel aggressiv und auf Wettbewerb eingestellt ist und dessen Verhalten noch gefördert wird, nicht plötzlich auf sanftmütiges Benehmen umschalten kann, wenn das Spiel vorbei ist, sondern sich weiterhin angriffslustig und bedrohlich verhält.

Es gibt viele andere aktive, energische Spiele, die lebhafte Jungen mit gleichermaßen temperamentvollen Welpen spielen können und die Aggressionen weder ermutigen noch aufstacheln. Das Werfen und Holen von Gegenständen ist ein besonders gutes Spiel, das einem möglicherweise aggressiven Hund beigebracht werden sollte. Sowohl der Welpe wie auch der Junge haben dabei sehr viel Bewegung und der Welpe lernt frühzeitig, daß das Spiel nur andauert, wenn er seine Beute (einen Stock, einen Ball usw.) wieder hergibt.

Die Eltern eines Kindes, das zu Aggressionen neigt, müssen darauf achten, daß es diesen Verhaltenszug nicht auf den Welpen überträgt. Stellen Sie fest, daß das Kind aggressiv ist oder gelegentlich zu aggressiven Handlungen neigt, so müssen Sie den Umgang des Kindes mit dem Welpen überwachen und das Verhalten des Kindes in friedliche Bahnen lenken. Es kann sehr nützlich sein, ein aggressives Kind ins Gehorsamkeitstraining mitzunehmen und ihm möglicherweise zu erlauben, den Ausbilder zu spielen, der den anderen Familienmitgliedern dann die Befehle und Übungen des Gehorsamkeitstrainings beibringt. Dadurch lernt das Kind, angemessene Methoden der Kontrolle über den Welpen anzuwenden, statt ärgerlich zu reagieren und zu unangemessenen Aktionen Zuflucht zu nehmen, wenn der Hund etwas tut, was dem Kind mißfällt.

Legt ein Welpe im Spiel aggressives Verhalten an den Tag – weigert er sich beispielsweise, ein Spielzeug herzugeben und knurrt er wenn er dazu aufgefordert wird – sollte sofort etwas unternommen werden. Aus den genannten Gründen muß es ein Erwachsener sein, der bei einem Welpen die Dominanzbesänftigung vornimmt, denn wenn ein zu aggressives oder zorniges Kind dieses Verfahren anwenden darf, ist es möglicherweise zu grob, so daß der Hund eine negative Lektion lernt. Ein aggressiver Erwachsener kann natürlich ebenso eine negative Wirkung ausüben, doch ist dies schwerer zu erkennen und unter Kontrolle zu halten.

Vermeiden Sie Aggressionen, indem Sie den Welpen nicht zu früh übernehmen

In diesem Kapitel war bereits die Rede davon, daß es eine Reihe von Gründen gibt, warum es ungünstig ist, einen Hund vor seiner siebten oder achten Alterswoche vom Wurf zu trennen. Es ist hier zu wiederholen, daß ein Welpe, der keine Gelegenheit hatte, die beiden letzten Wochen der Sozialisation mit dem Wurf zu erleben, wichtige Lektionen hinsichtlich der sozialen Interaktion versäumt und sich oft zu einem aggressiven Tier entwickelt.

Wenn die Welpen eines Wurfs während der letzten beiden Wochen ihres Zusammenlebens größer und stärker werden, beschäftigen sie sich auch mit kräftigeren Spielen und spielerischen Kämpfen untereinander. In diesem Kräftemessen mit seinen Geschwistern lernt ein junger Hund, wie weit er gehen kann, und er erfährt, daß er mit entsprechenden Reaktionen zu rechnen hat, falls er zu aggressiv ist oder ein anderes Tier verletzt. Wird einem Welpen zu früh die Möglichkeit zur Interaktion mit seinen Artgenossen genommen, fehlt ihm diese wichtige Lektion, und seine Besitzer müssen die Rolle seiner Geschwister übernehmen. Der Welpe übt dann mit Ihnen das aggressive Verhalten, und Sie müssen ihm dann beibringen, nicht aggressiv zu sein.

Einer der Gründe für Aggressionen ist darin zu sehen, daß ein Welpe zu früh in einen Haushalt geholt wird; doch wenn man darüber Bescheid weiß, ist dies leicht zu vermeiden.

Die große, weite Welt

Irgendwann im Lauf dieses Monats sollte Ihr Welpe zur Impfung zum Tierarzt gebracht werden. Der genaue Zeitpunkt hängt vom Terminplan Ihres Veterinärs ab und davon, wann der Züchter mit den Impfungen begonnen hat. Falls es noch nicht geschehen ist, wird Ihr Tierarzt nun sicher eine Stuhlprobe auf Würmer untersuchen wollen.

Wie bereits in *Kapitel 4* betont, ist es sehr wichtig, den Welpen vor dem Kontakt mit anderen Hunden und ihren Ausscheidungen zu schützen, bis er gegen ansteckende Krankheiten vollständig geimpft ist oder bis Ihr Veterinär der Ansicht ist, daß keine Ansteckungsgefahr mehr besteht. In der Regel heißt dies, daß Ihr Welpe nicht an Orten spazierengehen sollte, die von anderen Hunden aufgesucht werden. Es ist allerdings nicht zu früh, Ihren Welpen auf Reisen vorzubereiten.

Gewöhnen Sie Ihren Welpen an Halsband und Leine

Es gibt ein Bild von einem kleinen Hund, der steif auf dem Boden sitzt und sich heftig gegen Halsband und Leine sträubt. Dieser störrische Kleine wurde vermutlich erst mit diesen Utensilien vertraut gemacht, als der Tag kam, an dem er das erste Mal ins Freie geführt werden sollte. Das plötzliche, beengende Gefühl am Halsband erschreckte ihn; er wußte nicht, was von ihm erwartet wurde, und daher setzte er sich einfach auf den Boden und weigerte sich weiterzugehen – eine völlig normale Reaktion. Nun zieht aber der Besitzer normalerweise heftig an der Leine, und die ganze Angelegenheit wird zu einem Tauziehen und zu einem Machtkampf. So weit muß es nicht kommen, wenn Sie Ihren Welpen allmählich daran gewöhnen, ein Halsband zu tragen und Sie in der Ruhe und Sicherheit Ihres Heims oder Gartens an der Leine zu begleiten. Ist es dann an der Zeit, in der Öffentlichkeit spazierenzugehen, wird die Erfahrung für Ihren Hund nicht beängstigend oder fremdartig sein, denn er weiß bereits, wie er sich benehmen muß (siehe *An der Leine gehen,* Seite 181). Er sollte sich sobald wie möglich an das Gefühl gewöhnen, ein Halsband zu tragen. Sobald er sich in Ihrem Haushalt gut eingelebt hat und zurechtfindet, messen Sie seinen Hals mit einem Maßband oder mit einem Stück weicher Schnur, das hinter den Ohren locker um den Hals gehalten wird. Benutzen Sie dieses Maß als Orientierungshilfe und kaufen Sie ein Halsband, der nächstgrößeren erhältlichen Weite – die Längenunterschiede der Halsbänder betragen in der Regel etwa fünf Zentimeter. Sie sollten ein Halsband besorgen, das etwas größer ist, damit es angesichts des schnellen Wachstums eines Welpen nicht gleich wieder zu klein wird, denn ein Halsband sollte nie stramm um den Hals eines Hundes sitzen, sondern mindestens drei Zentimeter Spiel haben, das heißt, Sie sollten zwei nebeneinander gehaltene Finger zwischen Hals und Band stecken können. Denken Sie auch daran, daß Sie wahrscheinlich mindestens vier oder mehr Halsbänder kaufen müssen, da der Halsumfang des Welpen zunimmt, und deshalb nicht das teuerste Modell wählen.

Ein Halsband für einen Welpen sollte weich und leicht sein. Halsbänder aus Metall sind für keinen Hund angenehm, ganz gleich, wie groß er ist, denn sie sind schwer, hart, unbequem und können die Haut zwicken und Haare einklemmen. Die Nylon- oder Plastikhalsbänder, die heute in verschiedenen Größen erhältlich sind, eignen sich für alle Hunde. Praktisch sind vor allem solche Halsbänder, bei denen ein Ende durch einen Ring oder eine Schlaufe geführt ist; die Leine wird dann an diesem losen Ende befestigt, und das Ganze gleicht dann einer Schlinge. Ist der Welpe entspannt und zerrt er nicht an der Leine, bleibt das Halsband locker. Reißt er an der Leine, dann schnürt es ihm den Hals zusammen. Sobald er aufhört zu ziehen, lockert es sich wieder, und der Druck läßt nach. Ein derartiges Halsband ist sehr nützlich, wenn Sie einem Welpen ordentliches Gehen an der Leine beibringen wollen, und sogar notwendig, wenn Sie einen großen, starken oder überaktiven Hund haben, der heftig zieht. Das Tier selbst hat im Grunde genommen die Kontrolle über den Druck und die Enge oder Weite des Halsbandes. Dies ist ein weiteres Beispiel für eine wirkungsvolle Bestrafung, weil das Tier sie selbst herbeiführt und entsprechend schnell lernt, wie sie zu vermeiden ist.

Gewöhnung an das Halsband

Legen Sie dem Welpen das Halsband um: Vielleicht bemerkt er es nicht einmal, doch vermutlich wird er den Kopf schütteln, herumrennen und versuchen, es mit den Pfötchen abzustreifen. Lassen Sie ihn das Halsband nur für einige wenige Minuten tragen, und achten Sie darauf, daß er sich nicht zu sehr aufregt oder ängstigt. Streicheln und loben Sie ihn, solange er es trägt, und nehmen Sie es dann wieder ab.

Wiederholen Sie diese Prozedur mehrere Male am Tag, bis der Welpe das Halsband ohne weiteres akzeptiert. Dann können Sie es ihm für längere Zeitspannen anlegen, doch achten Sie darauf, es immer abzunehmen, wenn Sie ihn allein lassen. Der Hund kann sich in Ihrer Abwesenheit leicht mit dem Halsband irgendwo verfangen und sich verletzen oder sich sogar beim Versuch, wieder freizukommen, strangulieren. Wählen Sie einen bestimmten Ort – etwa einen Haken an der Garderobe oder in der Küche oder eine Stelle im Aufenthaltsbereich des Welpen –, wo das Halsband und die Leine stets aufbewahrt werden, und machen Sie einen Vermerk in Ihrer Checkliste (siehe *Tabelle 8,* Seite 43), damit gewährleistet ist, daß es sich an diesem Ort und nicht am Hals des Welpen befindet, wenn Sie ihn allein lassen.

Gewöhnung an die Leine

Obwohl Ihr Welpe nicht in der Öffentlichkeit ausgeführt werden kann, bevor er alle Impfungen hinter sich hat und für seine Gesundheit keine Gefahr mehr besteht, kann er bereits daran gewöhnt werden, an der Leine zu gehen, damit er auf die große, weite Welt vorbereitet ist. Wenn Sie das erste Halsband kaufen, besorgen Sie gleich auch die Leine. Eine Leine kann eine einmalige Anschaffung sein und muß nicht ausgewechselt werden, wenn der Hund größer und älter wird, so daß Sie es sich leisten können, eine gute zu kaufen. Leinen mit Aufrollautomatik sind besonders vorteilhaft, vor allem wenn Sie auf dem Land oder in Vororten wohnen, wo Sie Ihrem Tier erlauben können, ein wenig herumzuwandern und auch zu schnüffeln: Es gibt sie in verschiedenen Stärken und Längen, je nach Gewicht und Größe des Hundes. Diese teureren Leinen sind sehr leicht und belasten einen Welpen nicht, und Sie können eine kaufen, die auch noch für Ihren größer gewordenen Hund geeignet ist. Wenn Sie eine der herkömmlichen Leinen bevorzugen, nehmen Sie am besten eine leichte aus Nylon, die sehr stabil ist und lange hält.

Üben Sie zuerst im Haus und dann, wenn möglich, im Garten. Befestigen Sie die Leine am losen Ende des Halsbandes und entfernen Sie sich ein Stück weit von dem Welpen. Wenn Sie ein paar Meter gegangen sind, rufen Sie ihn (Sie bringen ihm zur gleichen Zeit ja auch bei, auf seinen Namen zu reagieren; siehe *Den Namen lernen,* Seite 129). Kommt er auf Sie zu, so gehen Sie langsam weiter; wahrscheinlich wird er Ihnen folgen. Dies ist übrigens ein weiterer Vorteil, wenn man einem Welpen frühzeitig beibringt, an der Leine zu gehen: Die meisten jungen Hunde folgen den Menschen sehr bereitwillig. Folgt Ihr Welpe Ihnen nicht oder will er in eine andere Richtung davonlaufen, zieht sich das Halsband zusammen, und er muß anhalten. Bleiben Sie dann stehen, und rufen Sie ihn. Ziehen Sie nie an der Leine, und zerren Sie ihn nicht in irgendeine Richtung. Lassen Sie ihn lernen, daß er selbst den Druck des Halsbandes bestimmen kann, indem er zu Ihnen kommt und mit Ihnen geht. Sowie sich der Welpe auf Sie zubewegt, lockert sich das Halsband. Nun entfernen Sie sich wieder ein Stück, und ermuntern ihn, Ihnen zu folgen. Begreift er, worum es geht, so loben Sie ihn ausgiebig. Erlauben Sie ihm niemals, an der Leine zu kauen oder zu knabbern.

Der Welpe gewöhnt sich nun immer mehr an Sie und Ihre Familie, er wird immer anhänglicher. Er folgt Ihnen auf Schritt und Tritt und möchte seine ganze wache Zeit mit Ihnen verbringen. Nutzen Sie diese ausgezeichnete Gelegenheit, um ihm beizubringen, wie er sich bei einer Autofahrt zu verhalten hat. Wenn Sie mehr als ein Haustier haben oder wenn Sie zwei Welpen aus demselben Wurf besitzen (siehe *Ein weiteres Haustier zur Gesellschaft*, Seite 235), braucht jeder der beiden eine gewisse Zeit, die er — ohne das andere Tier — allein mit Ihnen oder einem Mitglied Ihrer Familie verbringt. Dies ist sehr wichtig, soll jeder zu einem unabhängigen Einzelwesen mit seinen eigenen Beziehungen, Reaktionen und Bindungen werden. Eine Autofahrt gibt Ihnen die Möglichkeit, mit Ihrem Welpen allein zu sein, während Sie ihn gleichzeitig mit der weiteren Umgebung bekanntmachen, ohne ihn der Ansteckungsgefahr auszusetzen. Häufige, kurze Autofahrten können für Sie beide eine sehr angenehme Erfahrung sein, wenn der Hund frühzeitig lernt, wie er sich während der Fahrt zu benehmen hat.

Benehmen im Auto

Karin war sehr nervös, denn sie mußte ihren dreijährigen Deutschen Schäferhund mit dem Auto zum Tierarzt bringen. Sie hatte den Termin vorsorglich auf den späten Nachmittag gelegt, denn um diese Zeit waren keine Schulkinder mehr auf dem Heimweg. Das letzte Mal war es fürchterlich gewesen. Sie war eben um die Ecke gebogen, als eine Gruppe von kleinen Jungen lärmend am Auto vorbeirannte. Ihr Hund war in große Aufregung geraten und vom Rücksitz auf den Vordersitz und von dort auf Ihren Schoß

148

gesprungen, und sie hatte die Herrschaft über das Auto verloren. Glücklicherweise war es nicht zu einem Unfall gekommen; sie war nur auf einen Randstein gefahren, das Auto war intakt geblieben. Doch sie hatte sich fürchterlich erschrocken. Diesmal stellte sie eine Schachtel mit Hundekeksen neben sich auf den Sitz, um den Hund abzulenken, indem sie ihm einen Keks nach dem anderen zuwarf, falls er aus irgend einem Grund wieder aus dem Häuschen geraten sollte. Karin wäre sehr froh gewesen, wenn jemand mit ihr gefahren wäre, um auf den Hund aufzupassen und ihn zu beruhigen.

Ein Welpe sollte schon bei seiner ersten Fahrt zum Tierarzt lernen, sich im Auto richtig zu benehmen. Wenn er jedoch nur in das Auto gelassen wird, um in die Praxis des Veterinärs oder in den Hundesalon gebracht zu werden, bringt er diese Fahrten vielleicht mit unangenehmen oder beängstigenden Situationen in Zusammenhang und reagiert nervös, wenn er ins Auto steigen soll. Ihr Welpe kann mit Ihnen herumfahren, bevor er vollen Impfschutz genießt, und je öfter er Sie auf reinen Spazierfahrten begleiten darf, umso wahrscheinlicher ist es, daß er es genießt, sich auf diese Ausflüge freut und schnell lernt, sich im Auto richtig zu benehmen.
Einigen jungen Welpen wird im Auto übel und sie müssen erbrechen. Dies kann auf nervliche Belastung und Anspannung zurückzuführen oder auch durch die Bewegung des Fahrzeugs verursacht sein. Normalerweise verschwindet dieses Symptom, sobald sich der kleine Hund ans Autofahren gewöhnt hat, doch falls es zu einem Problem wird, kann Ihr Tierarzt ein Mittel verschreiben, das die Schwierigkeiten behebt. Es ist auch eine sinnvolle Übung, kurze Fahrten zu unternehmen und dabei öfters Pausen zu machen, damit der Welpe frische Luft schnappen und etwas hin- und herlaufen kann, und darauf zu achten, daß er mindestens zwei Stunden vor der Autofahrt nichts mehr zu fressen und zu trinken bekommt.

Automanieren
Legen Sie den Platz Ihres Welpen im Auto von vornherein fest. Bei Ihrer Entscheidung sollten Sie verschiedene Aspekte bedenken: Wie groß er in ausgewachsenem Zustand sein wird, wie leicht Sie sich beim Fahren ablenken lassen und ob Sie in der Regel mit ihm allein im Auto sind, oder ob oft eine Person auf dem Vordersitz mit Ihnen mitfährt.

Viele Hundezüchter und -besitzer vertreten die Meinung, es sei für das Tier am sichersten, wenn es in einem Käfig oder in einer Transportkiste mitfährt. Das gilt vielleicht für einen großen Hund, sofern Sie einen Kombi oder Lieferwagen haben, ist jedoch eine bei einem zweitürigen Kleinwagen völlig ungeeignete Methode. Soll darüber hinaus ein Käfig oder ein Kasten in einer Unfallsituation wirklichen Schutz bieten, müßte er so klein sein, daß der Hund sich nicht ausstrecken oder bequem darin bewegen kann. Das gleiche gilt für Tragetaschen (bei kleineren Hunden); sie können kurzzeitig nützlich sein, sind aber für das Tier zu eng, wenn Sie länger als eine Stunde unterwegs sind. Im allgemeinen ist es das Beste, wenn Ihr Welpe lernt, ruhig auf dem Rücksitz oder auch neben Ihnen auf dem Vordersitz zu sitzen oder zu liegen. Halsband und Leine sollten zwar griffbereit sein, ihm aber nicht angelegt werden, vor allem dann nicht, wenn er auf dem Rücksitz mitfährt oder im Auto allein gelassen wird. Es kann allzu leicht passieren, daß er sich mit dem Halsband an einem Türgriff oder dem Schalthebel verfängt und stranguliert. Fährt er jedoch auf dem Beifahrersitz mit und springt er aus dem Auto, sobald Sie anhalten, ist es vielleicht besser, wenn er das Halsband trägt, damit Sie ihn nötigenfalls daran festhalten können, während Sie ihm das Sitzen oder Stilliegen beibringen.

Ihr Welpe sollte den grundlegenden Befehl «Sitz» sehr bald lernen (siehe *Welpengehorsam: Verbale Befehle,* Seite 128). Er sollte so schnell wie möglich lernen, selbständig in das Auto zu springen, doch müssen Sie ihn zunächst vielleicht hochheben, an die für ihn vorgesehene Stelle bugsieren und ihm befehlen zu sitzen. Streicheln Sie ihn und sagen Sie ihm, daß er ein braver Hund ist. Starten Sie nun das Auto und beobachten Sie ihn, während Sie fahren. Er darf sich ohne weiteres aufrichten, aus einem geschlossenen Fenster schauen oder sich hinlegen und schlafen, doch sollten Sie ihn nicht zuviel herumklettern lassen; er könnte sich auf Ihren Schoß legen wollen oder, falls er sich auf dem Rücksitz befindet, irgend etwas anstellen, was Sie nicht sehen können. Wird er zu unruhig, so fahren Sie an den Straßenrand, halten Sie an, setzen Sie ihn auf «seinen» Platz zurück und befehlen Sie ihm, sich ruhig zu verhalten. Wenn er sich ordentlich benimmt, sollten Sie ihn loben, doch achten Sie darauf, nicht zu überschwenglich zu sein, damit er nicht auf die Idee verfällt, zu Ihnen zu kommen, um sich streicheln oder loben zu lassen. Machen Sie dem Welpen klar, daß er sich, wenn Sie anhalten, nicht bewegen sollte, bis Sie ihm das Halsband und die Leine angelegt haben und ihm sagen, daß er nun hinaus darf. Bringen Sie ihm auch bei, im Auto auf Sie zu warten, während Sie aussteigen und ihn für ein paar Minuten allein lassen. Sobald Ihr Welpe begriffen zu haben scheint, daß er still sitzen oder liegen bleiben soll, solange sich das Auto bewegt und auch, wenn Sie vor einer Ampel oder an einer Kreuzung anhalten, fahren Sie an einen Ort, wo es lebhaft zugeht – wo Kinder oder andere Hunde auf oder neben der Straße spielen. Dies ist die Probe aufs Exempel, wie gründlich der Welpe seine früheren Lektionen gelernt hat. Wenn er auf diese äußeren Reize so reagiert, daß er im Auto herumspringt, bellt oder sich sonst ungebührlich benimmt, fahren Sie an den Rand, halten Sie an und bestehen Sie darauf, daß er sich wieder auf seinen Platz setzt und sich ruhig verhält. Sobald er das tut, können Sie weiterfahren; aber halten Sie erneut an, wenn er wieder unruhig wird. Wird er älter und geht er an der Leine mit Ihnen spazieren, trägt seine Gewöhnung an Menschen und andere Tiere dazu bei, daß er lernt, wie er sich in verschiedenen Situationen und auch im Auto zu benehmen hat.

Einige Verbote

Allen Hunden scheint es Spaß zu machen, bei Autofahrten den Kopf aus dem offenen Autofenster zu halten. Erlauben Sie dies Ihrem Welpen nicht, denn es ist wirklich sehr gefährlich. Ein Hund kann unter Umständen aus dem offenen Fenster auf die Straße fallen oder gestoßen werden oder sich verletzen, wenn Sie plötzlich bremsen müssen oder die Straße uneben ist. Vor allem können auch die Augen durch in der Luft schwebende Schmutzpartikel oder einfach durch den Fahrtwind ernstlich geschädigt werden. Öffnen Sie daher das Fenster auf der Fahrerseite, so weit Sie wollen, und die übrigen Fenster nur einen Spalt breit, und achten Sie darauf, daß Ihr Hund seinen Kopf nicht hinausstreckt.

Noch ein letztes Wort über Hunde und Autos: Lassen Sie einen Hund nie länger als nur ein paar Minuten im geparkten Fahrzeug allein. Wenn Ihr Welpe ein wertvolles Tier ist, kann er Ihnen gestohlen werden. Dies kommt leider häufiger vor, als Sie vielleicht denken. Außerdem wird ein Auto schnell zu einem Backofen, wenn die Sonne darauf scheint, es sei denn, es ist sehr kalt (und dann kann Ihr Welpe sich leicht im ungeheizten Fahrzeug erkälten). Die Sonne heizt das Metall eines Autos so auf, daß die Temperatur im Innern innerhalb weniger Minuten sechzig oder siebzig Grad Celsius erreicht. Der Organismus eines Hundes kann solche Temperaturen einfach nicht verkraften, und das Tier wird bald einen Hitzschlag erleiden und sehr viel Flüssigkeit verlieren; es kann sogar zu ernsthaften Gehirnschädigungen oder in relativ kurzer Zeit zum Tod des Tieres kommen. Riskieren Sie das nicht. Auch wenn Sie im Schatten parken, wandert die Sonne weiter. Wenn es heiß ist und Sie irgendwohin fahren, wo Ihr Welpe nicht aus dem Auto aussteigen kann, so lassen Sie ihn zu Hause und üben Sie die Automanieren am Abend.

Während dieses ganzen Monats sollten Sie die ersten Maßnahmen der Erziehung zur Stubenreinheit fortsetzen. Irgendwann im Verlauf der neunten oder zehnten Lebenswoche Ihres Welpen bemerken Sie vielleicht, daß er seine Schließmuskeln besser kontrollieren kann und sein Geschäftchen fast immer an derselben Stelle verrichtet. Sobald feststeht, daß er weiß, wann es bei ihm soweit ist, und er auch warten kann, bis er den vorgesehenen Ort erreicht hat, sollten Sie sich vermehrt darauf konzentrieren, ihm zu zeigen, wo er sich erleichtern darf. Alle Familienmitglieder sollten in dieser Angelegenheit zusammenarbeiten und es lernen, die Bedürfnisse des Welpen nach Möglichkeit vorauszuahnen.

9 Drei bis vier Monate: Zeit des Ausprobierens

Im Alter von etwa zwölf Wochen hat sich Ihr Welpe gut in Ihren Haushalt eingelebt, beginnt zu begreifen, was Sie von ihm wollen, und ist auch in der Lage, auf Sie und Ihre Familie zu reagieren. Er ist nicht mehr verwirrt und hilflos und beherrscht seinen Körper schon viel besser als zu dem Zeitpunkt, als er in Ihr Heim kam.

Eifrig und energiegeladen

Sie werden bemerken, daß Ihr Welpe offenbar viel mehr Energie zur Verfügung hat als zuvor. Er braucht weniger Schlaf und nimmt alles, was um ihn herum vor sich geht, aufmerksam zur Kenntnis. Während dieser Phase sind die meisten Welpen sehr lernbegierig und wollen ihren Besitzern Freude machen. Doch sie sind oft so unruhig und so leicht abzulenken, daß es schwierig werden kann, mit ihnen zurechtzukommen. Sie müssen daher bestimmt, doch behutsam vorgehen (siehe *Disziplin: Belohnung und Strafe,* Seite 91). Denken Sie daran, daß Ihr Welpe jetzt zwar mehr versteht und auch mehr leisten kann als vor einem Monat, doch daß seine Konzentrationsfähigkeit immer noch auf sehr kurze Zeitspannen begrenzt ist; die Lektionen und Erziehungsmaßnahmen müssen diesen Aufmerksamkeitsphasen Rechnung tragen.

Ein Welpe muß jetzt gewissermaßen vor sich selbst geschützt werden. Seine Bereitwilligkeit und sein Tatendrang können ihn in ernste Schwierigkeiten bringen, falls Sie und Ihre Familie seine Absichten nicht ahnen. Da er nun länger wach ist, hat er auch mehr Zeit, die Umgebung zu erforschen. Obwohl er nun größere körperliche Möglichkeiten besitzt, kann er physische Gefahren kaum oder gar nicht abschätzen. Wenn Sie es bisher nicht getan haben, ist es nun an der Zeit, den Aufenthaltsbereich des Welpen und alle anderen Orte in Haus und Garten, die er aufsuchen könnte, auf «Welpensicherheit» zu überprüfen.

Tabelle 17: Übersicht über die Hauptpunkte – Drei bis vier Monate: Zeit des Ausprobierens

| | Entwicklung des Welpen | | Erfordernisse der Aufzucht | |
	Physisch	Sozial, verhaltens-mäßig	Gesundheit und Sicherheitsbedürfnisse des Welpen	Arbeiten mit Bereitschaft des Welpen
Drei bis drei-einhalb Monate	Gut entwickeltes Sinnes-/Nervensystem	Probiert aus, erforscht. Ist bereit, akzeptableres Verhalten zu lernen.	Vor Schaden und Krankheiten bewahren**. Lebensraum einrichten**. Untersuchungen, Impfungen dauern an**.	Disziplin: Belohnung und Strafe*. Braucht neue Eindrücke, um Vertrauen zu erlernen und spätere Ängstlichkeit zu vermeiden – Sozialisierung fortsetzen*.
	Phasen der Aufmerksamkeit noch nicht immer kurz.	Normalerweise willig.	Wechseln Sie allmählich auf 3 Mahlzeiten pro Tag**.	Dulden Sie kein Hochspringen an Menschen*. Nehmen Sie Benehmen im Auto erneut durch*.
	Zahnt weiter.			

* Siehe *ausführliche Besprechungen*.   ** Siehe *Kapitel 4.*

	Entwicklung des Welpen		Erfordernisse der Aufzucht	
	Physisch	**Sozial, verhaltens-mäßig**	**Gesundheit und Sicherheitsbedürfnisse des Welpen**	**Arbeiten mit Bereitschaft des Welpen**
Drei-einhalb bis vier Monate	Hat gewöhnlich gute Kontrolle über die Aus-scheidung.	Dominieren/Unter-werfen bei anderen Hunden deutlicher.	Regelmäßige Fellpflege**.	Immer noch Gewöhnung an Halsband und Leine*. Maßnahmen bei Aggres-sionen zwischen Hunden*. Fördern Sie Gehorsam des Welpen*. Gewöhnen Sie den Hund an Abwesenheit des Men-schen*. Bestärken Sie tadellose Stubenreinheit*.

* Siehe *ausführliche Besprechungen*.   ** Siehe *Kapitel 4.*

Es ist wichtig, Ihren Welpen weiterhin an fremde Menschen zu gewöhnen und ihm neue Eindrücke zu ermöglichen, für die er gerade jetzt sehr empfänglich ist. Geräusche (wie das des Staubsaugers usw.), Gerüche und sonstige Empfindungen, häufige Autofahrten, die Erkundung noch unbekannter Winkel in Ihrem Heim − all dies sind wertvolle Erfahrungen für ein drei Monate altes Hündchen. Wenn Sie ihm während dieser Periode möglichst viel Unbekanntes zeigen, beugen Sie damit der Möglichkeit vor, daß er in Zukunft vor fremdartigen Gegenständen Angst bekommt.

Der Eifer Ihres Welpen, alle neuen Besucher möglichst gründlich kennenzulernen, kann auch etwas lästig werden, wenn Sie ihm gestatten, jeden Neuankömmling zu begrüßen, indem er seine Vorderpfoten auf die Beine der Person stützt (je nach der Größe des Welpen kann er dabei auch andere Körperteile erreichen). Es ist nun an der Zeit, ihm abzugewöhnen, Menschen anzuspringen.

Menschen anspringen

Ute sollte sich an ihrem neuen Arbeitsplatz vorstellen und hatte ihr nettes, marineblaues Kostüm angezogen; sie ging in den Garten, um sich von ihrer Mutter zu verabschieden. Voller Freude kam der große Labrador gelaufen und sprang an Ute hoch, bevor sie ihn daran hindern konnte. Als sie ihren beschmutzten Rock und die zerrissenen Strümpfe sah, brach sie in Tränen aus, während ihre Mutter nervös an ihrer Kleidung herumrieb. Das Anspringen von Menschen ist ein freudiges und völlig natürliches Begrüßungsverhalten von Hunden, das in der Minute, in der es erstmals auftritt, energisch unterbunden werden sollte. Leider finden es die meisten Hundebesitzer derart schmeichelhaft («Der Hund freut sich so, mich zu sehen!»), daß sie oft Mühe haben einzusehen, daß dieses Benehmen − besonders bei einem älteren und größeren Hund − wirklich sehr ärgerlich sein kann.

Selbst wenn es Ihnen nichts ausmacht, daß Ihr Welpe an Ihnen hochspringt, gilt das vermutlich nicht für Ihre Gäste, denen die Abdrücke von schmutzigen Pfoten auf ihrer Kleidung sicher weniger lieb sind, und bei manchen Gelegenheiten ist es vielleicht auch Ihnen nicht recht. Darüber hinaus kann ein vollständig ausgewachsener, großer Hund ein kleines Kind oder einen zierlichen Erwach-

156

senen umwerfen, wenn er den betreffenden Menschen überrascht oder dieser keinen festen Stand hat.

Wie hält man einen Hund davon ab, an Menschen hochzuspringen?
Wie bei allen anderen Verhaltensweisen, die Sie unterbinden wollen, bevor aus ihnen feste Gewohnheiten geworden sind, ist es günstig, einen Welpen daran zu hindern, an Menschen hochzuspringen, solange er noch klein ist. Das Springen beginnt gewöhnlich, wenn er etwa drei Monate alt und voller Elan und Energie ist und sich wirklich freut, Sie kommen zu sehen. Doch wenn er sich so verhält, unternehmen Sie sofort etwas, um dieses Benehmen zu unterbinden.
In dem Moment, in dem er damit beginnt, seine Läufe auf Ihre Knie zu setzen, sollten Sie seine Pfoten fest, aber behutsam ergreifen und solange festhalten, bis es ihm unbequem wird und er wieder auf den Boden zurückwill. Seien Sie nicht grob, aber halten Sie ihn fest genug, daß er sich dem Griff nicht entwinden kann, bis er bereit ist, alle vier Pfoten wieder auf den Boden zu setzen. Sie können beruhigend mit ihm sprechen, während sie ihn festhalten.
Wiederholen Sie dieses Verfahren jedesmal, wenn er versucht, Sie anzuspringen, und fordern Sie die anderen Familienmitglieder zur Mitarbeit auf. Wenn Kinder mit einem «Hundekuß» begrüßt werden wollen, so sagen Sie ihnen, daß sie sich zum Welpen hinunterbeugen, ihm aber nicht erlauben sollen, an ihnen hochzuspringen.
Sie werden Ihre diesbezüglichen Lektionen vielleicht wiederholen und vertiefen müssen, wenn Ihr Welpe etwa ein Jahr alt ist und sich der Zeit körperlicher Reife nähert. Ein Hund hat in diesem Alter sehr viel Energie, neigt zu Eigensinnigkeiten und stellt vielleicht Ihre Autorität auf die Probe. Unter Umständen betrachtet er das Hochspringen als eine Möglichkeit, seine Dominanz über Sie zu begründen. Wiederholen Sie die eben beschriebenen Maßnahmen jedesmal, wenn er versucht, an Ihnen hochzuspringen, und Sie werden ihm bald unmißverständlich klar gemacht haben, daß Sie dieses Verhalten nicht dulden.

Ist Ihr Welpe dreizehn bis fünfzehn Wochen alt, wird ein weiterer Besuch beim Tierarzt nötig, um die Impfungen fortzusetzen. Der Veterinär ist in der Lage zu beurteilen, wie gut sich Ihr Welpe entwickelt, und kann auch den Vorschlag machen, die Zahl der Fütterungen pro Tag zu reduzieren, wenn sie ihm die Mahlzeiten regelmäßig geben.

Die regelmäßige Fellpflege sollte während dieses Monats fortgesetzt werden, und vielleicht versuchen Sie, schwierigere Pflege-
prozeduren wie zum Beispiel das Schneiden der Krallen einzuführen. Noch ist es zu früh, den Welpen in einen Hundesalon zu bringen; wenn er jedoch zu einer Rasse gehört, die besondere Pflege
benötigt, ist es günstig, ihn allmählich an die Werkzeuge und
Utensilien, die dazu benutzt werden, zu gewöhnen.

Gute Gewohnheiten bestärken

All die Lektionen, die Sie Ihrem Welpen im letzten Monat erteilt
haben, müssen in dieser Zeit des schnellen Lernens ständig wiederholt und vertieft werden. In dieser Zeit ist Ihr Welpe noch williger
und noch besser in der Lage, die Bedeutung verbaler Befehle und
physischer Restriktionen zu verstehen. Sie haben nun die Gelegenheit, diese Lektionen wirklich fest zu verankern.
Wie bereits ausgeführt, ist es sehr nützlich, den Welpen häufig
auf Autofahrten mitzunehmen, damit Sie ihm die Grundsätze des
Benehmens im Auto immer wieder einprägen können. Nach Ablauf dieses Monats sollte er sich im Auto völlig sicher fühlen und
ordentlich benehmen können, gleichgültig, welche erregenden
Vorgänge er durch die Fenster beobachten kann.
Er sollte sich auch ohne Widerstreben das Halsband anlegen lassen und mit Ihnen zu Hause an der Leine gehen. Eine geeignete
Methode, gutes Leinenverhalten zu bestärken, besteht darin, daß
ein Familienmitglied versucht, den Welpen durch Geräusche oder
sonstwie abzulenken, während er im Haus oder Garten mit Ihnen
spazierengeht. Sie dürfen ihn jedoch nicht ablenken, indem Sie
ihn beim Namen rufen oder ihm einen Gehorsamkeitsbefehl (beispielsweise «Sitz!») geben, denn sonst verwirren Sie ihn. Lernt er
es auf diese Weise, sich zu Hause an der Leine einwandfrei zu benehmen, werden Sie es beide leichter haben, wenn die Zeit gekommen ist, den Hund in der Öffentlichkeit spazierenzuführen.
Setzen Sie Ihre täglichen Gehorsamkeitslektionen fort. Wenn
auch die Aufmerksamkeitsspanne Ihres Welpen noch immer ziemlich kurz ist, kann er sich allmählich doch länger konzentrieren.
Gegen Ende dieses Monats sind die meisten kleinen Hunde in der
Lage, die Ausscheidungsvorgänge zu beherrschen. Wenn Sie die
bereits geschilderten Maßnahmen durchgeführt haben, ist Ihr

Welpe im wesentlichen stubenrein. Dies bedeutet allerdings nicht, daß ihm nicht gelegentlich Mißgeschicke unterlaufen können, wenn er sehr aufgeregt ist oder wenn er (oder auch Sie) nicht aufpaßt. Schließlich ist er noch sehr jung. Passiert ein Mißgeschick, so reagieren Sie nicht zu stark, sondern beachten Sie die im Abschnitt *Erfolg*, Seite 118, gegebenen Hinweise.

Kräftemessen

Obwohl ein drei Monate alter Welpe die meiste Zeit eine reine Freude sein kann, veranlaßt ihn seine überschwengliche Lebensfreude vielleicht dazu, seine Kräfte mit anderen Haustieren zu messen. Er fühlt sich nun stärker und beherrscht seinen Körper besser, und es kommt ihm eventuell in den Sinn, sich auf eine ernsthafte Auseinandersetzung mit einem anderen Hund einzulassen. Nun ist es wichtig, daß Sie die verschiedenen Arten der Aggression zwischen Hunden verstehen, damit Sie wissen, wie Sie einschreiten und mit einer derartigen Situation umgehen können.

Aggressionen unter Hunden

Neben der Aggression gegen Menschen ist die Aggression unter Hunden ein wichtiges Problemfeld, mit dem sich Tierpsychologen zu befassen haben. Es hat verschiedene Aspekte: Aggression unter Hunden (mitunter auch zwischen einem Hund und einer Katze) innerhalb eines Haushalts, Aggression seitens Ihres Welpen gegen fremde Hunde und schließlich Aggression seitens eines fremden Hundes gegen Ihren Welpen. In den ersten beiden Fällen kann das aggressive Verhalten Ihres Welpen unwissentlich von Ihnen gefördert worden sein, entweder indem Sie sein übersteigertes Territorialverhalten begünstigt, durch aggressive Spiele aufgestachelt (siehe *Aggressionen im Keim ersticken*, Seite 139) oder unterdrückte Aggressionen auf ihn übertragen haben. An dieser Stelle ist auch zu betonen, daß die Kastration von Rüden viel dazu beitragen kann, aggressives Verhalten gegen andere Hunde, vor allem gegen Rüden, einzudämmen.

Es kann sehr schwierig sein, mit Aggressionen zwischen Hunden zurechtzukommen; deswegen werden im folgenden die einzelnen Arten detailliert geschildert.

Aggressionen gegen einen anderen Hund im selben Haushalt

Als Susi mit ihrem Doggenwelpen aus dem College nach Hause kam, war ihre Mutter sehr beunruhigt und befürchtete, daß er ihren zwei Jahre alten Yorkshire Terrier verletzen könnte. Sie war tatsächlich so sehr in Sorge, daß sie es sich zur Gewohnheit machte, ihren Yorkshire Terrier im Schlafzimmer einzuschließen, wenn die Dogge im Haus war. Susi hingegen behauptete, ihre Dogge sei lammfromm und ihre Mutter zu ängstlich, würde überreagieren und sich unnötige Sorgen um ihren Terrier machen, den sie, Susi, immer für einen dummen, kleinen Hund gehalten hatte. Susi fand sich mit der Trennung der Hunde ab, obwohl es für alle Beteiligten eine große Belastung bedeutete und ständige Aufmerksamkeit erforderte, damit alle Türen im rechten Moment geschlossen blieben, und es wurde ständig hin- und hergerufen. Als der kleine Terrier eines Tages entwischte, kläffend zur Dogge lief und sie umkreiste, knurrte der große Hund, und seine Nackenhaare sträubten sich. Von diesem Moment an war Susis Mutter umso entschlossener, die beiden Hunde auseinanderzuhalten. Eines Tages, als Susi im Büro war und ihre Mutter mit dem Terrier in den Garten ging, öffnete ein Handwerker versehentlich die Tür und ließ die Dogge ebenfalls in den Garten. Als der Terrier wieder kläffend auf die Dogge zurannte, ließ der große Hund ein lautes Knurren hören, griff den kleinen an und tötete ihn auf der Stelle.

Dies ist ein extremer Fall, der wegen der enormen Größenunterschiede der beiden Hunde gesondert betrachtet werden muß. Unter solchen Umständen müssen alle Ansätze zu aggressivem Verhalten bei beiden Hunden sofort unterbunden werden. Es kommt in einem Haushalt oft zu Aggressionen zwischen Hunden, und die Konflikte werden häufig durch den unterdrückten Ärger und das Verhalten eines Besitzers unabsichtlich verstärkt. Susis Mutter hatte genau das Falsche getan, indem sie die beiden Hunde ständig auseinanderhielt und ihnen damit die Möglichkeit nahm, sich allmählich, unter Aufsicht, aneinander zu gewöhnen. Gleichzeitig war Susi verärgert und machte ihrer Mutter (und damit auch deren Hund) Vorwürfe wegen ihres überängstlichen Verhaltens und wegen der unmöglichen Situation; diese Mißstimmung hatte sich auf Susis Hund, die Dogge, übertragen. Jedesmal, wenn sie und ihr Hund gezwungen waren, das lächerliche Hin- und Herrufen mitzumachen, kochte Susi innerlich vor Wut über ihre Mutter und deren «kleinen, dummen

Hund.» Die Dogge hatte diesen unterdrückten Ärger sehr wohl gespürt und ihm bei der ersten Gelegenheit freien Lauf gelassen. Auch wenn Susis Aggressionen gegen ihre Mutter und deren Hund ursächlich an dieser Tragödie beteiligt waren, kann man wenig allgemeine Verhaltensregeln geben, um eine solche Situation zu vermeiden; Sie sollten sich auf jeden Fall bemühen, zornige oder aggressive Gefühle bei sich selbst oder anderen Familienmitgliedern zu erkennen, sich damit auseinanderzusetzen und ernsthaft versuchen, diese Stimmungen nicht auf Ihr Haustier zu übertragen.

Zudem hätte die Dogge natürlich sofort geschimpft und dem Dominanzbesänftigungsverfahren unterzogen werden sollen (siehe *Aggressionen im Keim ersticken,* Seite 139), als sie noch ein Welpe war und den kleinen Hund zum ersten Mal anknurrte. Die beiden Hunde hätten täglich für eine gewisse Zeit im selben Raum zusammengebracht werden sollen, und ihre Besitzerinnen hätten darauf achten müssen, keinem von ihnen einen aggressiven Akt durchgehen zu lassen. Auf diese Art hätten sich die Hunde allmählich aneinander gewöhnt und gelernt, die Gegenwart des anderen zu ertragen, auch wenn sie nicht miteinander Freundschaft geschlossen hätten. Durch die Isolation und ihre Trennung kam es dazu, daß sie sich jedesmal als völlig fremde Hunde gegenübertraten.

Sind zwei Hunde, oder ein Welpe und ein erwachsener Hund, etwa gleich groß und gleich stark, kann es notwendig sein, ihnen eine kleine Rauferei zu gestatten – natürlich unter Aufsicht –, damit sie untereinander ausmachen können, wer die dominante und wer die unterwürfige Rolle zu spielen hat. Es ist besser, sie diesen Streit austragen zu lassen, wenn jemand zugegen ist, als wenn sie allein im Haus sind. Dies mag für einen Besitzer sehr schwierig sein, doch es ist wichtig, die Tiere nicht voneinander zu trennen (außer in bestimmten Situationen), denn sonst können sie ihre Differenzen nie beilegen. Falls aus der Rauferei ein ernster Kampf wird, kann es nötig werden, einzuschreiten und dem jüngeren, stärkeren Hund den Sieg zu erleichtern, indem man den älteren Hund tadelt. Wenn die beiden Hunde wirklich verschieden alt sind, müssen Sie dem älteren Hund vielleicht beibringen, den Kampf aufzugeben und ihm helfen, die Rolle des Unterlegenen anzunehmen. Für jeden alten Hund kommt ein Zeitpunkt, zu dem er sich einem jüngeren geschlagen geben muß.

Gelegentliche Reiberein zwischen Hunden (oder anderen Haustieren) innerhalb eines Haushalts sind ebenso natürlich wie gelegentliche Meinungsverschiedenheiten zwischen menschlichen Geschwistern. Dies ist durchaus in Ordnung und sollte Sie nicht allzu sehr beunruhigen, solange kein Blut fließt und das Fell nicht zu sehr zerzaust wird. Obwohl Sie sofort einschreiten müssen, wenn Sie irgendwelche Anzeichen ernster Aggressionen bemerken, vor allem wenn ein Welpe noch sehr jung ist, sollten Sie kurz inne halten und die Hunde genau beobachten, bevor Sie diese voneinander trennen; oft ist der Lärm größer als der effektive Schaden. Wenn die Auseinandersetzungen zur Regel werden, auch wenn die dominante und unterlegene Rolle bereits festgelegt ist, sollten Sie beide Hunde tadeln und schimpfen, um sie zum Aufhören zu bewegen.

Aggressionen gegen fremde Hunde

Der achtjährige Franz schaute vom Fenster der Wohnung aus auf die Straße und die Grünanlage, während er seinen Boston Terrier schon an der Leine hatte. Er wollte sehen, ob andere Hunde in der Nähe waren, bevor er sich mit ihm ins Freie wagte. Schon zweimal war es vorgekommen, daß er bei seinem Spaziergang mit dem Terrier einem anderen Hund begegnet war, der ebenfalls an der Leine geführt wurde, und sein Terrier war wütend auf das andere Tier losgegangen, hatte böse geknurrt und Franz hinter sich hergezogen. Einmal war es dem Hund tatsächlich gelungen, einen kleinen Cocker Spaniel an der Kehle zu fassen. Der Besitzer des Spaniels war verständlicherweise sehr verärgert gewesen, und Franz war sehr erschrocken. Er hatte seinen Vater gebeten, ihn nicht mehr mit dem Hund spazieren zu schicken – wenigstens nicht bis er stärker geworden wäre und den Hund besser unter Kontrolle halten könnte –, doch sein Vater hatte gelacht und gesagt: «Einen feinen Hund haben wir, er zeigt ihnen, wer etwas zu sagen hat!» Dann hatte er Franz an sein Versprechen erinnert, das er vor zwei Jahren beim Kauf des Hundes abgegeben hatte, immer mit ihm spazieren zu gehen. Obwohl die Mutter von Franz Verständnis für ihn hatte, meinte sie, es sei nicht richtig, seinem Vater zu widersprechen, vor allem, da sie selbst unsicher war, was getan werden sollte. Deswegen hielt sie sich zurück. Franz wäre es nun am liebsten, wenn sie nie einen Hund angeschafft hätten.

In diesem Beispiel sind verschiedene Faktoren zu bedenken. Zunächst sollte niemand mit einem Hund spazieren gehen, wenn er

162

das Tier nicht vollständig unter Kontrolle halten kann. Wäre der Hund außerdem dazu erzogen worden, ordentlich an der Leine zu gehen, als er noch ein Welpe war, würde er nicht ohne weiteres versuchen, sich loszureißen, auch wenn er sich herausgefordert fühlte. Am wichtigsten ist schließlich der Umstand, daß es dem Boston Terrier erlaubt wurde, seinem natürlichen aggressiven Verhalten gegen andere Hunde freien Lauf zu lassen und der Vater des Jungen dieses Benehmen offenbar noch unterstützt. Bevor Sie einem Kind gestatten oder es damit beauftragen, allein mit einem Hund spazieren zu gehen, sollten die Eltern sicherstellen, daß sowohl das Kind wie auch der Welpe genügend darauf vorbereitet sind. Dies liegt nicht nur im Interesse des Friedens im Wohnbezirk, sondern auch im Interesse der Sicherheit des Kindes wie auch der des Welpen. Ein ernstgemeinter Kampf zwischen Hunden kann für ein Kind gefährlich sein, sobald es darin verwickelt wird; außerdem kann es verletzt werden, wenn es von einem großen Hund mitgezerrt wird. Selbst wenn Ihr Welpe klein ist, kann sich dessen aggressives Verhalten gegen ein viel größeres Tier richten, und es ist unmöglich vorauszusagen, ob der andere Hundebesitzer in der Lage sein wird, sein Tier zu beherrschen, wenn es in Zorn gerät. Die Erwachsenen der Familie haben dafür zu sorgen, daß ein Welpe zu ordentlichem Gehen an der Leine erzogen wird (siehe *An der Leine gehen,* Seite 181).

Wenn sich ein Welpe, der gerade lernt, im Freien an der Leine zu gehen, gegen einen anderen Hund aggressiv verhält, sollte er sofort durch das Dominanzbesänftigungsverfahren (siehe *Aggressionen im Keim ersticken,* Seite 139) korrigiert werden. Dies mag Ihnen extrem vorkommen, besonders wenn Sie sich in der Öffentlichkeit befinden, doch es ist die wirkungsvollste Art, Ihrem Welpen beizubringen, daß aggressives Verhalten nicht geduldet wird. Sogar ein aufgewecktes Kind kann diese Methode bei einem kleinen Welpen anwenden. Wenn Sie sich nicht auf dem Pflaster eines Trottoirs niederlassen können oder wollen, bleibt Ihnen noch die Möglichkeit, den Welpen sofort vom Platz des Geschehens wegzuführen, indem Sie nachdrücklich mit ihm schimpfen. Unterbrechen Sie Ihren Spaziergang, gehen Sie nach Hause zurück, und schließen Sie den Hund für eine Weile ein. Machen Sie es dem Welpen klar, daß Sie sein Verhalten nicht billigen. Sie müssen die Erziehungsmaßnahmen jedesmal wiederholen, wenn sich Ihr Welpe draußen aggressiv gegen einen anderen Hund verhält. Es hilft nichts, der Konfrontation mit einem anderen Hund aus dem Weg zu gehen, indem Sie auf die andere Straßenseite wechseln oder sich in einen Eingang zurückziehen. Sie müssen die aggressive Tendenz direkt angehen und dem Hund klar und unmißverständlich zeigen, daß Sie mit seinem Benehmen nicht einverstanden sind und es nicht dulden.

Schlagen Sie jedoch nie einen Welpen, der sich aggressiv verhält, und erlauben Sie auch einem Kind nicht, dies zu tun, sonst glaubt er, aggressives Verhalten sei in Ordnung, und seine Aggressivität verschlimmert sich noch.

Was die Meinung des Vaters von Franz angeht, das aggressive Verhalten des Terriers sei nicht nur in Ordnung, sondern sogar wünschenswert, so hätte die Mutter einschreiten müssen, als der Hund noch jung war, dessen Erziehung übernehmen und auch für seine Kastration sorgen sollen. Glücklicherweise ist ein Terrier nicht groß, sonst hätte es zu einer wirklichen Tragödie kommen können.

Aggressionen eines fremden Hundes gegen Ihren Welpen

Paula führte ihren Pudelwelpen in der Nähe ihrer Wohnung spazieren, als sie einen großen Collie bemerkte, der auf einem Rasenstück vor einem Haus saß. Als sie näher kam, rannte der Collie auf sie zu und begann, wütend zu bellen. Paula wurde nervös und nahm ihren kleinen Pudel auf den Arm. Daraufhin bellte der Collie nur noch wütender, lief zu ihr und versuchte, nach dem Welpen zu schnappen. Glücklicherweise kam der Besitzer des Collie aus dem Haus und packte ihn noch rechtzeitig am Halsband, bevor Paula und der Welpe gebissen werden konnten. Paula war sehr aufgeregt und beschloß, in Zukunft einen dicken Knüppel mitzunehmen, wie es ihr ein Freund geraten hatte.

Das Schlimmste, was Sie tun können, wenn Sie mit einem Welpen spazierengehen und von einem größeren Hund angegriffen werden, ist, den Angreifer physisch mit einem Stock, einem Knüppel, der Hand oder sonstwie zu bedrohen. Dies wird ihn nur in noch größere Aufregung versetzen und kann dazu führen, daß Sie oder Ihr Welpe ernstlich verletzt werden.

Aus irgendeinem Grund, der verhaltenspsychologisch noch nicht geklärt ist, scheint das Hochheben eines kleinen Hundes ebenfalls eine aggressive Reaktion bei einem größeren, angreifenden Hund auszulösen. Möglicherweise ist es der Anblick einer hilflosen

Kreatur an einer erhöhten Stelle; jedenfalls ist die Wirkung eine aufreizende.

Wenn Sie mit einem Welpen zum ersten Mal in einem Wohngebiet spazieren gehen und nicht wissen, welche Hunde in dieser Gegend leben, oder wenn Sie mit der Möglichkeit rechnen müssen, von anderen Hunden angegriffen zu werden, so bewaffnen Sie sich mit einer Wasserpistole, die mit einer Essiglösung gefüllt ist. Dieses Mittel ist an sich harmlos, doch durchaus geeignet, andere Hunde schnell zum Rückzug zu bewegen. Sie können es ohne weiteres schon benutzen, wenn Sie auch nur den Verdacht haben, der große Schäferhund Ihres Nachbarn könnte einen Angriff im Sinn haben. Auch wenn Sie mit Ihrem Welpen in einer Gegend spazierengehen, in der Hunde von Gesetzes wegen an die Leine genommen werden müssen, sollten Sie der Tatsache Rechnung tragen, daß viele Leute ihre Tiere freilassen – wenn auch nur auf dem Rasenstück vor dem Haus – und daß einige dieser Hunde möglicherweise aggressiv sind. Es ist immer von Vorteil, für solche Fälle gewappnet zu sein.

Abhängigkeit vom Menschen

Trotz seines lebhaften und emsigen Treibens ist Ihr drei Monate alter Welpe noch sehr abhängig von Ihnen; er braucht Ihre Zuneigung, Ihr Lob und Ihre Gesellschaft. Während des vierten Monats wird er unter Umständen noch anhänglicher, beobachtet jeden Ihrer Schritte und folgt Ihnen bei jeder Gelegenheit dicht auf den Fersen. Wenn Sie kein anderes Haustier haben, kommt seine Abhängigkeit noch stärker zum Ausdruck, und er hat möglicherweise große Schwierigkeiten, Sie aus seinem Gesichtskreis verschwinden zu lassen. Spätestens jetzt müssen Sie ihm beibringen, die Abwesenheit von Menschen zu ertragen, sonst werden Sie später große Mühe haben.

Helfen Sie dem Welpen, die Abwesenheit von Menschen zu ertragen

Als die Familie Schmidt aufs Land zog, hatte die Mutter, Erna, noch keinen Führerschein und blieb fast die ganze Zeit mit ihrem kleinsten Kind und einem Terrier, den die Familie als Welpen bekommen hatte, zu Hause. Unternahm sie Spaziergänge, wurde sie von ihrem Hund begleitet. Als das Kind alt genug für den Kindergarten war, nahm Erna Fahrstunden, und später ging sie wieder arbeiten. Wenn Erna sich jetzt auf die Garderobe zubewegte, begann der nun dreijährige Terrier sofort zu winseln und zu jaulen, und wenn sie zur Garage ging, wurde sein Geheul durchdringend. Die Nachbarn sagten, daß das Winseln und Jaulen bald zu einem ununterbrochenen, hysterischen Bellen wurde, das anhielt, bis Erna wieder nach Hause zurückkehrte. Erna bemerkte, daß der Hund dann jedesmal sehr heiser war und kaum eine Begrüßung hervorkrächzen konnte. Der kleine Hund benahm sich nur noch hysterischer, wenn er in die Garage gesperrt wurde und begann wenig später damit, so heftig an den Türen zu kratzen, daß das Holz absplitterte. Die Nachbarn ärgerten sich immer mehr, und inzwischen erwägen Erna und ihre Familie die Möglichkeit, für ihren Hund ein neues Heim zu finden, wo immer jemand bei ihm zu Hause ist.

Hunde sind gesellige Tiere; wenn sie daher mit Menschen zusammenleben, treten ihre Besitzer schnell an die Stelle des Muttertieres und der Geschwister. Wild lebende Hunde sind selten allein (siehe *Kapitel 5*). Auch wenn sie allein schlafen, ist der Rest des Rudels in Rufweite, und ein Hund kann seine Artgenossen normalerweise riechen und hören. Ist er ganz allein, wird er gewöhnlich winseln, bellen oder jaulen, um den Kontakt mit anderen Mitgliedern des Rudels wieder herzustellen, und gleichzeitig macht er sich auf die Suche nach ihnen.

Auf diesem Instinkt beruht das, was Verhaltenspsychologen als «Trennungsangst» bezeichnen: Eine heftige Angstreaktion auf plötzliches Alleinsein oder die Abwesenheit anderer Mitglieder des Rudels. Sie kann bei Hunden zu verschiedenen Arten «schlechten» Verhaltens führen. Fürchtet sich ein Tier, weil seine Besitzer nicht zu Hause sind, versucht es gewöhnlich festzustellen, wo sie sich befinden, indem es winselt, bellt oder jault. Führt dies nicht zum Ziel, beginnt der Hund, nach ihnen zu suchen und von einem Raum in den anderen zu laufen. Gerät er immer mehr in Aufregung oder gar außer sich, beginnt er oft, an Möbeln oder Teppichen herumzubeißen, er kann Gegenstände umwerfen, die Kleidung seines Eigentümers aus den Schränken oder Schubladen herauszerren und im Garten, auf dem Teppich oder dem Sofa in dem vergeblichen Bemühen kratzen oder scharren, hinauszugelangen und seine Besitzer zu finden. Viele Hunde geraten in solche Zustände, daß sie auch die Kontrolle über die Ausscheidungsvorgänge verlieren und das Haus oder die Wohnung beschmutzen. Obwohl bei dem kleinen Terrier der Familie Schmidt nicht alle diese Verhaltensstörungen zu beobachten waren, sind sein fortgesetztes, hysterisches Bellen und das Kratzen an der Tür als Symptome der Trennungsangst aufzufassen. Offenbar konnte er sich leicht mit der Trennung von anderen Familienmitgliedern abfinden, da sie sich nicht so viel mit ihm beschäftigten, wie Erna es tat. Sie war fast dauernd mit ihm zusammen, und er wurde nie darauf vorbereitet, ihre Abwesenheit zu ertragen.

Auch wenn es möglich ist, den kleinen Terrier auch jetzt noch zu desensibilisieren (er ist dann weniger anfällig für Angstzustände, falls ihm menschliche Gesellschaft fehlt), und er auch lernen kann, die tägliche Abwesenheit Ernas zu akzeptieren, wird der Prozeß doch einige Zeit und Mühe erfordern und wahrscheinlich die Hilfe eines Tierpsychologen nötig sein. Es wäre bei weitem besser gewesen, hätte man ihn schon früh in seinem Leben so sozialisiert, daß er auch dann gut zurechtkommt, wenn seine Bezugspersonen nicht bei ihm sind.

Zwar tritt schon bei der Übernahme eines Welpen die Menschenfamilie an die Stelle der Tierfamilie, doch schläft der kleine Hund zunächst sehr viel, ist normalerweise in dem ihm zugewiesenen Aufenthaltsbereich eingeschlossen und sich des Kommens und Gehens seiner Besitzer wahrscheinlich gar nicht voll bewußt. Im Alter von etwa drei Monaten bemerkt ein Welpe jedoch immer deutlicher, ob die Menschen, mit denen er zusammenlebt, anwesend sind oder nicht. Vielleicht kann er sich nun mit größerer Freiheit in der Wohnung oder im Haus bewegen, da er die Ausscheidungsvorgänge einigermaßen unter Kontrolle hat und in der Lage ist, einer bestimmten Person im Haus zu folgen, zu ihren Füßen zu schlafen und nach ihr zu suchen, sobald er erwacht. Inzwischen kann er sich auch über längere Zeitspannen hinweg konzentrieren und daher das Verstreichen der Zeit genauer wahrnehmen. Deshalb sollten Sie ihn nun sorgfältig darauf vorbereiten, immer länger im Haus allein und ruhig zu bleiben.

Einigen Welpen fällt es offensichtlich nicht schwer, Abwesenheiten Ihres Besitzers zu akzeptieren, und sie fühlen sich wohl und sicher, solange sie einen warmen Platz zum Schlafen haben und genügend Futter und Wasser zur Verfügung steht. Andere werden sofort ängstlich und winseln und bellen, sobald sie ihren Besitzer nicht mehr sehen können. Wieder andere ertragen kurze Abwesenheiten und beginnen sich erst nach ein oder zwei Stunden zu ängstigen.

In vielen Fällen zeigt sich eine ernst zu nehmende Trennungsangst erst dann, wenn ein Hund ausgewachsen oder fast ausgewachsen ist und es möglich wird, ihn acht Stunden oder länger ohne Futter allein zu lassen. Langeweile und Einsamkeit können zu Verhaltensstörungen beitragen, wenn dies über längere Zeiträume geschieht (siehe *Langeweile und destruktives Verhalten*, Seite 214), und oft kann ein weiteres Haustier dabei helfen, derartiges zu vermeiden (siehe *Ein weiteres Haustier zur Gesellschaft*, Seite 235). Doch auch sein Besitzer kann viel dazu beitragen, daß ein Welpe aufwächst, ohne jedesmal in Angst zu geraten, wenn er ohne menschliche Gesellschaft allein zu Hause bleiben muß.

Bringen Sie Ihrem Welpen bei, allein zu Hause zu bleiben

Es kommt darauf an, den Welpen wissen zu lassen, daß Sie mit Sicherheit zurückkommen, wenn Sie weggehen und ihn allein lassen, und dann erwarten, daß alles in Ordnung ist. Sie müssen ihn in mehreren Schritten entsprechend konditionieren, das heißt, daran gewöhnen, ruhig zu bleiben und sich still zu verhalten, auch wenn er von seiner Menschenfamilie (dem «Rudel») getrennt ist.

Obwohl wir dafür sind, den Welpen mitzunehmen, wann immer es möglich ist, und ihn an alle Arten von Situationen zu gewöhnen, werden Sie einmal damit beginnen müssen, ihn für kurze Zeit allein im Haus zurückzulassen. Sie sollten dies auch tun, wenn Sie nichts Bestimmtes vorhaben; gehen Sie einmal bis zur nächsten Straßenkreuzung oder fahren Sie zum Postamt oder tun Sie sonst irgend etwas, aber tun Sie es regelmäßig. In einer Situation wie der oben beschriebenen hätte Erna ihren Hund mindestens einmal in der Woche allein zu Hause lassen müssen, wenn sie einen Spaziergang unternahm. Wir empfehlen Ihnen, jedesmal dieselben Routinehandlungen durchzuführen, auch wenn Sie nur für zehn Minuten außer Haus sind. Schließen Sie die Fenster oder die Türen, schalten Sie das Licht aus, gehen Sie zur Garderobe, nehmen Sie sich einen Mantel oder eine Jacke, stecken Sie die Autoschlüssel ein, und nehmen Sie Ihre Handtasche, Ihre Mappe oder sonst etwas – eben das, was Sie normalerweise mitnehmen würden, wenn Sie mehrere Stunden fortgingen. Ihr Welpe wird schnell lernen, die Anzeichen dafür zu erkennen, daß Sie das Haus verlassen wollen, auch wenn Sie sich je nach Jahres- oder Tageszeit etwas anders darauf vorbereiten. Überlegen Sie sich also, was Sie normalerweise bei Abwesenheiten von ungefähr acht Stunden tun würden, und versuchen Sie, alle Handlungsabläufe und Handgriffe zumindest für einige Wochen gewissenhaft zu wiederholen, bis Sie sicher sein können, daß Ihr Welpe bereit ist, Ihr Fortgehen zu akzeptieren. Falls Sie ihn bisher regelmäßig mitgenommen haben, wenn Sie ausgingen, kann er in Aufregung geraten, wenn Sie Ihre Vorbereitungen zum Fortgehen treffen. Vielleicht richten Sie deshalb in der Routine des Aufbruchs einige Worte an ihn, zum Beispiel: «Nein, du kommst nicht mit!» oder einfach: «Nein».

Es schadet nichts, wenn Sie sich von dem Welpen verabschieden, wenn Sie gewohnt sind, mit ihm zu sprechen, aber machen Sie den Abschied nicht zu einer großen Szene, damit Sie das Tier nicht glauben machen, Ihr Fortgehen sei ein großes Ereignis. Es genügt, wenn Sie einfach sagen: «Sei ein braver Hund!», «Paß schön auf!» oder «Bis bald!»

Es ist wichtig, daß Sie tatsächlich weggehen. Glauben Sie nicht, Ihr Welpe merkt es nicht, wenn Sie sich nur in die Garage oder den Garten begeben. Er wird Ihre Nähe spüren und vielleicht glauben, daß er Sie durch Bellen oder Winseln zurückholen kann. Die alte Ansicht, nach der es sinnvoll sein soll, draußen vor der Tür zu warten, um zu sehen, was passiert, und dann schnell zurückzugehen, um den Hund zu bestrafen, falls er bellt, ist ein weiteres Beispiel für «negative Bestärkung» (siehe *Kapitel 15)*. Alles, was Sie damit erreichen, ist letztlich nur, ihn für sein Bellen mit ihrer Rückkehr zu belohnen. Weil es ihm vor allem um Ihre Zuwendung geht, wird er sich nicht einmal viel aus Ihrem Schimpfen machen!

Wenn Sie zurückkommen, auch wenn Sie nur zehn oder fünfzehn Minuten fort waren, begrüßen Sie Ihren Hund mit einem fröhlichen «Hallo!», und lassen Sie ihn sofort in den Garten hinaus, oder machen Sie mit ihm einen kurzen Spaziergang. Sparen Sie sich eine ausführliche Begrüßung, bis er eine Gelegenheit gehabt hat, sich Erleichterung zu verschaffen. Es könnte sonst sein, daß er vor lauter Aufregung uriniert. Sehen Sie sich im Haus oder in der Wohnung um, während er im Garten ist oder wenn Sie vom gemeinsamen Spaziergang zurückkommen, um festzustellen, ob alles in Ordnung ist, und loben Sie den Welpen dann in den höchsten Tönen. Streicheln Sie ihn ausgiebig, und geben Sie ihm vielleicht auch einen Leckerbissen. Wenn er sich nicht brav benommen hat, bringen Sie ihn zum Tatort, und schelten Sie ihn tüchtig (siehe *Disziplin: Belohnung und Strafe,* Seite 91). Achten Sie darauf, Ihr Heimkommen deutlich gegen jedes mögliche Schimpfen oder jede Bestrafung abzugrenzen, gleichgültig, wie schlimm das Vergehen des Hundes sein mag, denn sonst bringen Sie ihm bei, vor Ihrem Heimkommen Angst zu haben und sich bei Ihrer Rückkehr sofort vor Ihnen zu verstecken. Begrüßen Sie ihn daher immer fröhlich, und lassen Sie ihn sofort hinaus, bevor Sie sich mit irgendwelchen Problemen abgeben, die zwischenzeitlich entstanden sein mögen. Ihr Heimkommen sollte immer ein freudiges Ereignis für ihn sein.

Die meisten Welpen lernen, Abwesenheiten Ihres Besitzers mit Gleichmut oder sogar mit einer gewissen Freude zu akzeptieren, sofern Sie frühzeitig entsprechend erzogen wurden. Ergeben sich dann später Umstände, durch die ihr Besitzer ständig zu Hause ist (zum Beispiel wegen einer Krankheit), kann es notwendig werden, den Hund wieder von Grund auf zu desensibilisieren oder konditionieren, besonders wenn er (oder auch der Besitzer) übermäßig abhängig geworden ist.

10   Vier bis fünf Monate:
Beginnende Ausgeglichenheit

Ihr Welpe schein' sich nun in etwas ruhigerem Fahrwasser zu bewegen und hat physisch wie emotional in den letzten drei Monaten gewaltige Veränderungen durchlebt. Aus einem kleinen, hilflosen, verletzlichen Wesen, das weder sehen noch hören, weder laufen noch kontrolliert ausscheiden konnte und völlig von seiner Mutter abhängig war, wurde ein lebhafter Welpe, der umherrennen, fressen, trinken, seine Ausscheidungsvorgänge beherrschen, beißen, bellen und sonst alles Mögliche tun kann, und zwar selbständig. Psychisch gesehen ist aus ihm eine kleine Persönlichkeit mit liebenswerten und ganz individuellen Eigenschaften geworden. Er hat Vorlieben und Abneigungen entwickelt, reagiert auf Situationen und Menschen und hängt sehr stark an seinen Bezugspersonen; er hat auch schon viel von dem gelernt, was von ihm als einem Haustier erwartet wird, und der Grundstein für die meisten Verhaltensmerkmale, die seinen künftigen Charakter ausmachen, wurde bereits gelegt.

In dieser Lebensphase stellt sich eine gewisse Ausgewogenheit bei Ihrem Welpen ein. Er holt gewissermaßen seine physische Entwicklung auf und verdaut, was er bisher erlebt hat. Natürlich wächst und lernt er weiterhin, doch scheint nun alles etwas gemächlicher abzulaufen. Der Unterschied zwischen den drastischen Veränderungen der Vergangenheit und den langsamen, aber wichtigen physischen und verhaltensmäßigen Wandlungen, die jetzt einsetzen, ist sehr deutlich.

Neugierig, doch ängstlich

Ist Ihr Welpe etwa sechzehn Wochen alt, so bemerken Sie vielleicht ein subtile Veränderung: Zwar ist er immer noch sehr an allem interessiert und für neue Erfahrungen aufgeschlossen, doch zögert er nun gelegentlich ein wenig, bevor er sich unbekannten Objekten und Menschen nähert. Er ist jetzt vielleicht weniger toll-

Tabelle 18: Übersicht über die Hauptpunkte – Vier bis fünf Monate: Beginnende Ausgewogenheit

| | Entwicklung des Welpen | | Erfordernisse der Aufzucht | |
	Physisch	Sozial, verhaltensmäßig	Gesundheit und Sicherheitsbedürfnisse des Welpen	Arbeiten mit Bereitschaft des Welpen
Vier bis viereinhalb Monate	Zahnt und wächst weiter.	Argwöhnisch bei neuen Dingen und Orten; ängstlich. Sehr neugierig.	3 Mahlzeiten am Tag**. Physische Sicherheit sehr wichtig. Untersuchungen und Impfungen dauern an**. Weiterhin vor Krankheiten schützen**.	Vermeiden Sie plötzliche Veränderungen und Grobheiten, seien Sie geduldig. Vertiefen Sie alle bisherigen Lektionen. Weiterhin an Abwesenheit des Menschen gewöhnen*.
Viereinhalb bis fünf Monate	Konzentrationsfähigkeit bei den meisten Hunden voll entwickelt.	Territorialbewußtsein. Beginn übersteigerter Wachsamkeit***.	Regelmäßige Fellpflege**. Spiel und Auslauf**.	Übermäßiges, störendes Bellen eindämmen*.

* Siehe *ausführliche Besprechungen*. ** Siehe *Kapitel 4*. *** Siehe *Kapitel 5*.

172

kühn bei seinen Erkundungen und auch sonst etwas vorsichtiger. Auch vergißt er nicht mehr so schnell, wenn Sie mit ihm geschimpft haben. Er durchläuft scheinbar eine Variante der Angstperiode, die er im Alter von etwa acht oder neun Wochen durchlebte. Diese Phase dauert gewöhnlich nicht sehr lange an.

Hier hängt vieles vom individuellen Hund ab: Ist er von Natur aus eher zurückhaltend, kann es sein, daß er sozusagen innehält und sorgfältig nachdenkt, bevor er etwas unternimmt. Ist er aber sehr unternehmungslustig, dann erforscht er seine Umwelt vielleicht ebenso unbeschwert wie zuvor.

Jedenfalls ist er noch immer sehr neugierig, und seine Fähigkeit, die Umgebung gründlicher kennenzulernen, nimmt täglich zu, und sogar ein ängstlicher Welpe kann Sie mit seiner anscheinend endlosen und unermüdlichen Aktivität und Neugier in Erstaunen versetzen. In dieser Zeit ist es wiederum wichtig, seinen Aufenthaltsbereich zu überprüfen – besonders wenn Sie gelegentlich nicht zu Hause sind –, damit er nicht in Schwierigkeiten geraten oder sich verletzen kann. Kinder sollten öfters ermahnt werden, auf ihn achtzugeben, vor allem, wenn er sich frei bewegen darf.

Ruhe bewahren

Sie müssen Ihren Umgang mit dem Welpen sorgfältig auf ihn abstimmen, wenn er in dieser Zeit zu Ängstlichkeit neigt. Verzichten Sie für eine Weile darauf, ihn mit völlig neuen Erfahrungen zu konfrontieren, und warten Sie ein wenig, bis Sie weitere Erziehungsschritte oder Pflegemaßnahmen einführen. Erinnern Sie Kinder daran, daß er gewissermaßen noch ein Baby ist, und erlauben Sie ihnen nicht, achtlos oder ungeduldig mit ihm umzugehen. Fahren Sie damit fort, alle Lektionen, die Sie dem Welpen bereits beigebracht haben, zu wiederholen und zu vertiefen. Er braucht jetzt vor allem den festen Bezugsrahmen, den er durch ihm bekannte Aktionen und Reaktionen erhält. Er muß wissen, was er zu erwarten hat und wo seine Grenzen sind, und wird sich nur dann sicher fühlen, wenn Sie konsequent sind. Loben Sie ihn ausgiebig, wenn er sich brav verhält (siehe *Positive Bestärkung,* Seite 202), und lassen Sie ihn spüren, daß Sie ihn lieben, auch wenn er sich daneben benimmt.

Gegen Ende dieses Monats können Sie vielleicht bemerken, daß Ihr Welpe nun längere Aufmerksamkeitsspannen hat. Wenn Sie sich mit ihm beschäftigen, stellen Sie vielleicht plötzlich fest, daß er nicht mehr so leicht abgelenkt wird und Wert darauf zu legen scheint, daß Sie mit Ihrer Tätigkeit fortfahren. Die Zeit ist nun günstig, die Gehorsamkeitslektionen allmählich etwas auszudehnen.

Dieser vergleichsweise ruhige Monat gibt Ihnen reichlich Gelegenheit, das Leben mit Ihrem Welpen zu genießen. Sie können Ihre Beziehung nun bestens festigen und ihm viel Liebe und Zuneigung schenken. Bald wird er sich unabhängiger und wieder abenteuerlustiger fühlen. Deswegen sollten Sie diese Zeit nutzen, solange sie andauert. Auch ist wieder ein Besuch beim Tierarzt fällig, damit eine weitere Impfung vorgenommen werden kann. Sollte dies vorläufig die letzte gewesen sein, wird der Tierarzt Ihnen mitteilen, daß Sie Ihren Welpen nun bedenkenlos in die Öffentlichkeit führen können (siehe auch *An der Leine gehen,* Seite 181). Andernfalls müssen Sie sich noch einen Monat gedulden.

Die regelmäßige Fellpflege muß fortgesetzt werden, doch wie gesagt, sollten Sie vorläufig noch darauf verzichten, neue Prozeduren einzuführen, wenn Ihr Welpe zu Ängstlichkeit neigt.

Spiel und Auslauf

Wenn Ihr Welpe zu einer kleinen oder mittelgroßen Rasse gehört, ist er nun mehr als halb erwachsen und braucht regelmäßigen Auslauf: Nur ein wenig herumzulaufen ist für seinen täglichen Bewegungsbedarf zu wenig. Hat er alle Impfungen hinter sich, sollte er mehrmals am Tag an der Leine spazierengeführt werden. Andernfalls ist es nötig, tägliche Spielzeiten einzuplanen, denn Bewegung und Spiel dienen nicht nur einfach der Unterhaltung eines Welpen (siehe *Auslauf und Spiel,* Seite 72): Ein gesunder, aktiver Hund braucht die Stimulation und Erfrischung durch reichlichen täglichen Auslauf, soll es nicht zu Langeweile, Ruhelosigkeit und daraus resultierendem «schlechten» Verhalten kommen.

Die meisten Welpen sind für körperliche Anstrengungen noch zu klein, denn sie haben weiche Knochen und ihre Muskeln sind noch nicht voll ausgebildet. Sorgen Sie dafür, daß Ihr Hund sich nicht überanstrengt, besonders wenn er zu einer sehr großen oder

Riesenrasse gehört. Er sollte das Ausmaß seiner Bewegung selber bestimmen und ruhen können, sobald er müde wird. Erinnern Sie Kinder daran, sich entsprechend zu verhalten, und denken Sie daran, den Welpen für mindestens eine Stunde nach dem Spaziergang körperlich nicht weiter zu beanspruchen.

Neue Territorialität

Ist Ihr Welpe etwa achtzehn bis zwanzig Wochen alt, kann sich sein Territorialverhalten plötzlich intensivieren, und er beginnt vielleicht zu bellen oder zu knurren, wenn ein anderes Tier oder ein Mensch in «seinen» Garten oder «sein» Haus eindringt. Dies wird Ihnen vor allem auffallen, wenn er zu einer territorial veranlagten Rasse (beispielsweise Chow-Chow oder Corgi) gehört.

In dieser Zeit müssen Sie besonders darauf achten, daß das bei Ihrem Welpen von neuem erwachte Gefühl für Territorium und Besitz nicht in Aggression umschlägt. Auch wenn Sie sein besitzergreifendes Verhalten bisher nicht begünstigt haben (siehe *Aggressionen im Keim ersticken,* Seite 139), müssen Sie Ihre Lektionen nun vielleicht wiederholen. Benimmt er sich gegenüber einem anderen Tier Ihres Haushalts übermäßig territorial, so führen Sie die Maßnahmen durch, die im Abschnitt *Aggressionen unter Hunden,* Seite 159, geschildert sind.

Auch wenn Ihr Welpe nicht eigentlich aggressiv wird, kann er sich angewöhnen, heftig zu bellen, sobald sich irgendein Lebewesen (und sei es nur ein Eichhörnchen) «seinem» Besitz nähert. Ein gewisses Maß an Wachsamkeit seitens Ihres Hundes ist Ihnen sicherlich willkommen, doch sehr wahrscheinlich haben Sie den Wunsch, übertriebenes, lästiges Bellen einzudämmen.

Übertriebenes, lästiges Bellen

Michael war wirklich verärgert. Er versuchte, einen sehr diffizilen Bericht zu schreiben, den er am nächsten Tag auf eine Geschäftsreise mitnehmen mußte, und jedesmal, wenn er sich an den Schreibtisch setzte, begann sein Zwergschnauzer heftig zu bellen, weil jemand auf der Straße vorbeiging. Seufzend stand Michael auf und öffnete die Hintertür, um den Hund in den kleinen Garten zu lassen. Als er sich wieder seiner Arbeit zuwenden wollte, hörte er seinen Schnauzer erneut so aufgeregt kläffen, daß er ihn sogar durch die geschlossene Türe deutlich vernehmen konnte. Wenn der Hund so weitermachte, würden die Nachbarn verständlicherweise ungehalten werden, und Michael rief daher den Schnauzer wieder herein. Wenn es so weiterginge, würde er die ganze Nacht brauchen, um den Bericht fertigzustellen, und am folgenden Tag sicher keinen sehr guten Eindruck machen.

Es ist ganz natürlich, daß ein Hund bellt, wenn sich jemand seinem Aufenthaltsbereich oder «Besitz» nähert, und Hundehalter begrüßen in der Regel diese Art wachsamen Bellens. Wenn ein Hund jedoch ohne Unterlaß bellt und bellt, wird es zu einer äußerst ärgerlichen Angelegenheit.
Dauerndes Kläffen kann sehr schwer unter Kontrolle zu bekommen sein, wenn Sie es zu einer Gewohnheit Ihres Hundes werden lassen. Bekommt ein Welpe im Alter von etwa viereinhalb oder fünf Monaten das Gefühl, ein eigenes Territorium zu besitzen, so kann sich dies jetzt zu einem Problem auswachsen. Auch in diesem Fall ist es bedeutend leichter und wirkungsvoller, ihm von Anfang an klarzumachen, daß Sie diese Art übermäßigen Bellens nicht dulden und nicht zulassen, daß es zu einer Gewohnheit wird.

Lästiges Bellen eindämmen
Sie können übermäßiges Bellen nur in den Griff bekommen, wenn Sie zu Hause sind, doch in der Regel hat ein Hund, der in Ihrer Abwesenheit ständig bellt, Gelegenheit gehabt, sich diese Unart über einen längeren Zeitraum hinweg anzugewöhnen. Wenn Sie ihm frühzeitig beibringen, nicht übermäßig zu kläffen, wenn Sie zu Hause sind, wird diese Lektion auch Wirkung zeigen, wenn Sie unterwegs sind.
Die einfachste und direkteste Methode, einen Welpen an übermäßigem Bellen zu hindern, besteht darin, seine Aufmerksamkeit durch ein plötzliches lautes Geräusch abzulenken. Eine leere Kaffeedose kann Ihnen als Rassel dienen, wenn Sie einige Steine hineintun und den Plastikdeckel wieder festkleben. Schütteln Sie die Dose im selben Moment, in dem Ihr Hund zu bellen beginnt, möglichst laut, und sagen Sie gleichzeitig bestimmt: «Nein!» oder «Aus!» Das Geräusch der Rassel wird seine Aufmerksamkeit für einen Moment von der Ursache seines Bellens ablenken, und er

wird dann Ihre verbale Äußerung hören. Beginnt er von neuem zu kläffen, so wiederholen Sie das Rasseln und die Worte. Dieses Verfahren können Sie sowohl im Haus wie auch im Freien anwenden. Wiederholen Sie es jedesmal, wenn Ihr Welpe Anstalten macht, zuviel zu bellen. Funktioniert diese Methode, müssen Sie nichts weiter unternehmen.

Bei vielen Hunden muß man jedoch energischer durchgreifen, um sie an übermäßigem Bellen zu hindern. In diesen Fällen müssen Sie Ihr Mißfallen demonstrieren, indem Sie das Tier sofort für eine Weile aus der Nähe der «Reizquelle» entfernen und dabei eine bestimmte Prozedur genau befolgen. Sagen Sie in dem Moment, in dem Ihr Welpe zu bellen beginnt «Nein!», gehen Sie sogleich zu ihm hin, und bringen Sie ihn von der Ursache seines Bellens weg. Tragen oder führen Sie ihn in einen kleinen Raum, etwa eine Toilette, und schließen Sie ihn dort ein. Bei diesem «Gefängnis» muß es sich um einen *neutralen* Ort handeln, also nicht um seinen Aufenthaltsbereich, Futter- oder Schlafplatz. Benutzen Sie zu diesem Zweck auch niemals einen Käfig oder eine Kiste.

Der Welpe kläfft vielleicht noch eine Weile weiter, wenn Sie die Türe schließen; er sollte mindestens drei und höchstens fünfzehn Minuten eingesperrt bleiben. Während dieser Zeit wird er aufhören zu bellen. Ist er etwa eine Minute lang *still geblieben,* öffnen Sie die Türe, und lassen Sie ihn heraus. Die Wahl des Zeitpunkts ist eventuell nicht ganz einfach, weil er sein Gekläff möglicherweise nur für ein paar Sekunden einstellt und danach weitermacht; es kommt jedoch darauf an, ihn erst dann freizulassen, wenn er nicht mehr bellt. Betreten Sie den Raum nicht, um den Welpen herauszuholen, sondern öffnen Sie lediglich die Türe und lassen Sie ihn von selbst herauskommen. Wenn ihn diese Behandlung etwas erschreckt hat, kann es eine Weile dauern, bis er sich herauswagt. Loben Sie ihn nicht, wenn er den Raum verläßt; denn falls er den Eindruck bekommt, einfach dafür gelobt zu werden, daß er nicht bellt, kläfft er vielleicht jedesmal, wenn er Ihre Aufmerksamkeit auf sich lenken will: Er braucht dann nur damit aufzuhören, um Ihre lobende Zuwendung zu gewinnen. Beachten Sie den Welpen daher nach seiner Freilassung etwa fünfzehn Minuten lang überhaupt nicht; dann sollten Sie sich ihm gegenüber wie gewöhnlich verhalten, ihn aber immer noch nicht loben. Kommt während der fünfzehnminütigen Wartezeit jemand in das Haus oder Zimmer, so sagen Sie dieser Person, sie solle den Hund nicht begrüßen oder ansprechen. Einem Kind können Sie beispielsweise erklären, er habe sich nicht brav benommen und es solle ihn nicht beachten, bis man es ihm wieder erlaube, ihn zu streicheln und mit ihm zu sprechen. Beginnt er wieder, übermäßig zu bellen, so wiederholen Sie die ganze Prozedur.

Dieses Verfahren wirkt vor allem bei Welpen, die sehr gesellig und unternehmungslustig sind und sich gerne bei Menschen aufhalten; hingegen nützt es kaum bei ängstlichen oder zurückhaltenden Hunden, noch ist es dann empfehlenswert. Haben Sie einen furcht-samen Welpen, so benötigen Sie die Hilfe eines Tierpsychologen, um eine geeignete Behandlungsmethode für das übermäßige Bel-len auszuarbeiten. Nahezu unwirksam ist das Einsperren in der oben beschriebenen Weise auch bei anderen Verhaltensstörun-gen, und es sollte daher in allen anderen Fällen nicht angewendet werden.

11 Fünf bis sechs Monate:
Anfänge der Selbständigkeit

Bis jetzt ist Ihr Welpe Ihnen wahrscheinlich auf Schritt und Tritt gefolgt, hat zu Ihren Füßen geschlafen und wollte Sie nicht aus den Augen lassen, auch nicht wenn Sie mit ihm draußen im Garten waren. Ist er jedoch fünf bis sechs Monate alt, so bemerken Sie vielleicht, daß er etwas weniger anhänglich ist. Er verschwindet möglicherweise für kurze Zeit in einem anderen Zimmer oder in einer anderen Ecke des Gartens; er beginnt, seine Unabhängigkeit zu erproben.

Neue Aktivitäten

Obwohl Ihr Welpe sich noch nicht weit aus der Sicherheit Ihrer Gegenwart entfernen wird, ist er äußerst aktiv, energiegeladen und neugierig. In dieser Zeit wächst er nicht mehr so schnell und hat eine Menge überschüssiger Kraft und Unternehmungslust.

Sich selbst überlassen, gerät er in diesem Alter vielleicht in Schwierigkeiten, besonders wenn er temperamentvoll oder eigensinnig ist. Sein Territorialverhalten kann sich weiter steigern, und wenn Sie nicht nachdrücklich gegen Aggressionen und lästiges Bellen angegangen sind, haben Sie nun eventuell wirklich Probleme mit ihm. Es ist wichtig, sorgfältig auf alle Rückfälle zu achten und sofort die entsprechenden Lektionen zu wiederholen und zu vertiefen, falls Ihr Welpe Anstalten macht, Sie auf die Probe zu stellen.

Auch müssen alle bisherigen Erziehungsschritte ständig neu durchgenommen werden, um dem Welpen das korrekte Benehmen einzuprägen. Zwar ist seine Konzentrationsfähigkeit nun voll entwickelt, doch kann ein energiegeladener Welpe über seinem eifrigen Treiben die guten Manieren unter Umständen völlig vergessen, und Sie müssen ihn dann wieder zur Vernunft bringen und an das richtige Verhalten erinnern. Üben Sie auch täglich die verbalen Kommandos mit ihm.

179

Tabelle 19: Übersicht über die Hauptpunkte – Acht Wochen bis drei Monate: Beginn der Unabhängigkeit

	Entwicklung des Welpen		Erfordernisse der Aufzucht	
	Physisch	**Sozial, verhaltens-mäßig**	**Gesundheit und Sicherheitsbedürfnisse des Welpen**	**Arbeiten mit Bereitschaft des Welpen**
Fünf bis fünf-einhalb Monate	Zahnt und wächst weiterhin.	Sehr aktiv, neugierig und voller Energie. Wird oft noch territorialer***.	3 Mahlzeiten pro Tag**. Mehr Auslauf und Spiel**. Untersuchungen und Impfungen fortsetzen, bis sie abgeschlossen sind**.	Gehen an der Leine in der Öffentlichkeit*. Scharren verhindern*. Vertiefen Sie alle früheren Lektionen.
Fünf-einhalb bis sechs Monate	Zwerg- und kleine Rassen fast ganz und große Rassen mehr als halb ausgewachsen.		Regelmäßige Fellpflege**.	Lernen Sie die Gehorsamkeitsübungen für erwachsene Hunde kennen*.

* Siehe *ausführliche Besprechungen*.   ** Siehe *Kapitel 4*.   *** Siehe *Kapitel 5*.

Angesichts seiner Neugier und Aktivität tun einem Welpen in diesem Alter die neuen Erfahrungen sehr gut, die auf ihn zukommen, wenn er beginnt, in der Öffentlichkeit an der Leine spazierenzugehen. Die erste Serie der Impfungen sollte in diesem Monat abgeschlossen sein, und der Welpe ist nun bereit, sich in die weite Welt hinauszuwagen.

An der Leine gehen

Maria hatte Angst, Ihren drei Jahre alten Husky in den Hundesalon zu bringen. Sie wußte, daß sie vom Parkhaus aus noch ein paar hundert Meter im Menschengewühl der Innenstadt zurücklegen mußte. Als sie mit ihrem Hund dieses Abenteuer das erste Mal zu bestehen hatte, war sie gezwungen gewesen, sich mindestens bei sechs Leuten dafür zu entschuldigen, sie mit der Leine beinahe zu Fall gebracht zu haben, und nur mit großer Mühe war es ihr gelungen, eine unter Umständen furchtbare Szene mit einer dicken Frau und ihrem Zwergpudel zu vermeiden. Marias Husky hatte sich in den Kopf gesetzt, den Pudel aus der Nähe zu betrachten, und Maria über das Trottoir gezogen, während die Frau steif dastand und schon losschreien wollte. Glücklicherweise hatte ein hilfsbereiter Mann ihre Zwangslage gesehen und die Leine des Husky in letzter Minute noch gepackt. Erschöpft und zitternd war Maria im Hundesalon angekommen und hatte den Inhaber unter einem Vorwand dazu gebracht, etwas länger dazubleiben, so daß sie ihren Hund abholen konnte, nachdem die anderen Läden bereits geschlossen und die meisten Menschen schon zu Hause waren. Sie hatte diesen Termin im Hundesalon immer wieder hinausgezögert, so daß ihr armer Husky schon ganz verfilzt war, doch selbst jetzt hatte sie Zweifel daran, daß es richtig war, sich in die Stadt zu wagen. Ihr wurde alles zuviel, und sie glaubte, sie hätte sich nie einen so großen, kräftigen Hund zulegen sollen.

Marias Schwierigkeiten liegen nicht an der Größe ihres Hundes, sondern daran, daß er nicht früh genug lernte, an der Leine zu gehen. Wird ein Welpe rechtzeitig daran gewöhnt, ein Halsband zu tragen und an der Leine zu gehen – auch in der Öffentlichkeit – (siehe *Gewöhnen Sie Ihren Welpen an Halsband und Leine,* Seite 145), dann sollte es ebenso einfach sein, mit einer großen Dogge spazie-

181

renzugehen wie mit einem Chihuahua. Auch wenn Sie auf dem Land leben, wissen Sie nie, ob es nicht einmal nötig sein wird, Ihren Hund an der Leine zu führen, und Sie sollten ihn deshalb auf jeden Fall daran gewöhnen. Nur dann lassen sich solche schrecklichen Erlebnisse wie das von Maria vermeiden.

Für den Welpen sind gute Leinenmanieren genauso wichtig wie für Sie: Alle Hunde brauchen die Abwechslungen, die ihnen durch das Ausgehen an der Leine geboten werden und auf die sie andernfalls verzichten müßten. Auch wenn sich Ihr Welpe in einem großen Garten tummeln kann, überkommt ihn schließlich die Langeweile. Er wird unruhig, argwöhnisch, nervös und wacht eifersüchtig über «seinen» Besitz, wenn er jeden Tag in derselben Umgebung bleiben muß. Jeder Hund sollte unter allen Umständen täglich und bei jedem Wetter draußen spazierengeführt und nach Möglichkeit auch auf längere Ausflüge mitgenommen werden.

Leinenmanieren

Sobald Ihr Tierarzt Ihnen sagt, daß für Ihren Welpen keine Ansteckungsgefahr mehr besteht, sollten Sie draußen mit ihm spazierengehen. Haben Sie das Gehen an der Leine bereits zu Hause mit ihm geübt, wird er sich trotz des Halsbandes wohlfühlen und auch wissen, was Sie von ihm erwarten.

Wenn Sie nun mit Ihrem Hund das Haus verlassen, stürmen natürlich viele neue, ablenkende Eindrücke auf ihn ein. Unbekannte optische Reize, Geräusche und Gerüche, fremde Menschen und andere Tiere verlocken ihn, und er ist begierig, alles genau zu untersuchen. Um die Vielfalt neuer Erlebnisse in Grenzen zu halten, gehen Sie zunächst nur in der unmittelbaren Umgebung Ihrer Wohnung mit ihm spazieren. Wurde er früher an viele verschiedene Menschen gewöhnt und hat er gelernt, wie er sich bei Fremden verhalten soll – nicht an ihnen hochspringen, sie nicht beißen usw. – und kann er sich auch auf Autofahrten ordentlich benehmen, dann ist er eigentlich recht gut vorbereitet. Dennoch können alle guten Lektionen in völlige Vergessenheit geraten, wenn Sie das erste Mal mit ihm hinausgehen.

Es gibt zwei verschiedene Arten des Gehens an der Leine, die Sie Ihrem Welpen beibringen sollten. Die erste Art besteht darin, mit dem Welpen gemächlich in Ihrem Wohnviertel, in einem nahegelegenen Park oder auf einem Spielplatz zu bummeln; diese Art Spaziergang können Sie täglich durchführen, und er kann bei dieser Gelegenheit auch schnuppern und sich umsehen, während Sie stehenbleiben und die Leine lose halten. Hier ist eine Leine mit Aufrollautomatik sehr vorteilhaft, denn Sie können damit Ihrem Hund ein gewisses Maß an Bewegungsfreiheit geben, ohne selbst zwischen die Büsche oder ins hohe Gras gehen zu müssen. Sobald Sie glauben, es sei genug, können Sie ihn zurückrufen, die Leine verkürzen und den Spaziergang fortsetzen.

Ihr Welpe muß lernen, sofort zu gehorchen, wenn Sie ihn rufen, und ohne Zerren an Ihrer Seite zu bleiben, wenn Sie die Leine verkürzen. So sittsam muß er sich auch verhalten, wenn Sie sich mit ihm unter anderen Menschen oder Tieren auf einem Trottoir bewegen, sich in einem Einkaufszentrum oder auf einem Parkplatz befinden, die Praxis des Tierarztes oder den Hundesalon aufsuchen oder an anderen öffentlich zugänglichen Orten sind. Auch wenn Sie zügig ausschreiten, muß er sich an Ihrer Seite halten und darf sich durch nichts dazu bringen lassen, plötzlich nach vorne zu schießen oder seitwärts wegzulaufen. Diese strengere Art des Gehens an der Leine ist einigen Hunden vielleicht nur mit großer Mühe beizubringen und erfordert viel Übung. Ein nervöser, überaktiver Welpe lernt jedoch nicht von selbst, ordentlicher an der Leine zu gehen, wenn er älter wird, sondern muß frühzeitig und wiederholt trainiert werden.

Es liegt in der Natur eines kleinen Welpen, bei Ihnen sein zu wollen und Ihnen zu folgen. Dies können Sie sich zunutze machen, wenn Sie ihm beibringen, sich an der Leine in der Öffentlichkeit zu bewegen. Reden Sie beim Weitergehen ständig mit ihm, und ermahnen Sie ihn, bei Ihnen zu bleiben. Zeigt sich eine Ablenkung, etwa ein anderer Hund, so intensivieren Sie die verbale Ermutigung. Beginnt Ihr Welpe, an der Leine zu ziehen, so schnippen Sie mit den Fingern, oder sprechen Sie in scharfem Ton zu ihm, um seine Aufmerksamkeit wieder auf sich zu lenken. Wenn er weiterhin zu schnell läuft, so bleiben Sie stehen und warten Sie, bis der Druck des Halsbandes den Welpen daran erinnert, daß er seine Grenzen erreicht hat. Rufen Sie ihn dann, und loben Sie ihn, wenn er zu Ihnen kommt. Gehen Sie dann weiter. Wiederholen Sie dieses Verfahren, so oft es nötig ist und bis der Welpe kontinuierlich neben Ihnen herläuft und den anderen Hund (oder sonstige Ablenkungen) ignoriert. Man kann sich sogar darauf verlassen, daß ein Hund, der sorgfältig erzogen wurde («Fuß!»), auch ohne Leine an der Seite seines Herrn bleibt.

Nehmen Sie Ihren Welpen so oft wie möglich an die verschiedensten Orte mit. Dies ist nicht nur ein wertvoller Aspekt der Sozialisation, sondern bietet ihm auch Gelegenheit, sich in allen denkbaren Situationen richtig zu verhalten: bei Ihnen an der Leine zu bleiben, egal was geschieht.

Spiel

Wenn Sie den Erfahrungsbereich des Welpen durch das Gehen an der Leine erweitern, sollten Sie ihm auch die Gelegenheit geben, jeden Tag zu spielen, und ihm einige Spiele beibringen. Die Interaktion mit Ihnen ist für den Welpen ein erfreulicher Zeitvertreib, und die zusätzliche Aktivität trägt dazu bei, ihn zu ermüden und vor Langeweile zu bewahren. Er braucht nun, da er größer und kräftiger ist, mehr Unterhaltung und Abwechslung.

Wird ein Welpe zu wenig beschäftigt und schleicht sich Langeweile ein, so kann es zu unangenehmen Verhaltensweisen wie Scharren und Graben kommen.

Graben

Das Graben ist ein Symptom für Langeweile und destruktives Verhalten (siehe *Kapitel 14)* und kommt nicht sehr häufig vor. Doch eine solche Gewohnheit kann sehr ärgerlich sein, besonders wenn Ihnen Ihre Gartenpflanzen oder Ihr gepflegter Rasen am Herzen liegen.

Zwar sind einige Rassen von Natur aus zum Graben veranlagt (zum Beispiel Dachshunde), doch ist der Grund dafür fast immer in Langeweile und Bewegungsmangel zu sehen. Wird ein lebhafter Welpe am Morgen in den Garten gelassen und von ihm erwartet, daß er sich den ganzen Tag lang ruhig verhält, ist abzusehen, daß er sich langweilen und unruhig werden wird. Irgend etwas kann ihn dazu anregen zu graben – der Drang, unter dem Zaun hindurch ins Freie zu gelangen, ein verlockender Geruch nach Düngemittel, der aus der Erde dringt, oder vielleicht der Wunsch, kühle, feuchte Erde zutage zu fördern und sich so vor zu großer Hitze zu schützen. Bald wird das Graben zu einer Angewohnheit, und Ihr Garten sieht allmählich wie ein Minenfeld aus.

Sie müssen zweierlei unternehmen, um das Graben nicht zu einer Gewohnheit werden zu lassen. Zunächst sollten Sie erkennen, daß die Hauptursache für destruktives Verhalten in Langeweile und Unruhe aufgrund von Bewegungsmangel liegt. Wenn ein Welpe heranwächst und lebhafter und kräftiger wird, braucht er auch täglich mehr Bewegung. Dieses Bedürfnis kann so schnell zunehmen, daß Sie nicht bemerken, daß Sie ihm nicht genug Auslauf verschaffen. Bevor Sie Ihren Hund für den Tag allein lassen, nehmen Sie ihn auf einen langen Spaziergang mit oder spielen Sie mindestens eine halbe Stunde lang ein anstrengendes Spiel (zum Beispiel Stockwerfen) mit ihm. Er ist dann entspannt und vielleicht auch müde genug, um eine Weile zu schlafen und wird sich im Lauf des Tages weniger langweilen und nicht so unruhig werden.

Wenn es nun bereits soweit ist, daß Ihr Hund gewohnheitsmäßig gräbt, müssen Sie ihm klarmachen, daß Sie dieses Verhalten nicht dulden. Die wirkungsvollste Methode besteht darin, ein für ihn unangenehmes Erlebnis mit der Tätigkeit des Grabens in Zusammenhang zu bringen. Wenn Sie zu Hause sind, ihn beobachten können und die ersten Anzeichen des Grabens feststellen, laufen Sie sofort hinaus, und verursachen Sie heftigen Lärm. Hämmern Sie mit einem Löffel auf eine Metallpfanne, schütteln Sie eine Rassel, rufen und schreien Sie – kurzum, erschrecken Sie den Welpen so, daß er sein Tun unterbricht, rufen Sie «Nein!», und schimpfen Sie mit ihm.

Können Sie nicht zu Hause bleiben und Ihren Welpen beobachten, so «inszenieren» Sie eine Situation, in der er durch sein Verhalten eine unangenehme Erfahrung herbeiführt. Diese Methode kann äußerst wirkungsvoll sein (siehe *Ungebührliches Beißen und Kauen,* Seite 134). Vergraben Sie an den «Lieblingsstellen» Ihres Hundes unter einer dünnen Erdschicht etwas, das geeignet ist, ihn zu erschrecken (zum Beispiel einen Ballon, der platzen kann, oder ein scharfes Gewürz wie Chili oder eine schlecht schmeckende Substanz). Beginnt er nun zu graben, sollte das Platzen des Ballons oder die Schärfe des Gewürzes ihn davon abhalten, sein Verhalten fortzusetzen. Das Problem bei diesem Verfahren ist nur, daß Sie unter Umständen Ihren ganzen Garten unterminieren müssen, wenn das Graben bereits zur festen Gewohnheit geworden ist; sonst buddelt Ihr Hund einfach an einer anderen Stelle weiter. Auf jeden Fall ist es besser, wenn Sie auf die Bedürfnisse Ihres Welpen eingehen, bevor sich schlechte Gewohnheiten ausbilden können, und ihm jeden Tag ausreichend Bewegung verschaffen, damit er nicht vor lauter Langeweile in destruktivem Verhalten ein Ventil sucht.

Klarere Verhaltensregeln

Gehört Ihr Welpe zu einer Zwerg- oder kleinen Rasse, so ist er nach Ablauf dieses Monats fast ganz erwachsen. Die Welpen größerer Rassen sind mit sechs Monaten etwas mehr als halb ausgewachsen.

Unabhängig von der Größe oder Rasse Ihres Hundes dauert es jedoch noch einige Zeit, bis seine verhaltensmäßige Reife erreicht ist. Er ist nun körperlich noch kräftiger und ausdauernder geworden, seine Konzentrationsfähigkeit ist voll entwickelt, er ist weniger von Ihnen abhängig, hat ein deutlicheres Gespür von sich selbst und braucht nun für sein weiteres Leben klarere Verhaltensregeln. Er ist fast soweit, daß er lernen kann, sich so zu benehmen, wie es einem erwachsenen Hund ansteht.

Es ist nun an der Zeit, sich nach dem Gehorsamkeitstraining für ältere Hunde zu erkundigen. Es kann sein, daß der Trainer der «Anfängerklassen» auch für die Schulung der älteren Hunde verantwortlich ist; Sie sollten jedenfalls ausfindig machen, wo solche Kurse abgehalten werden, um Ihren Welpen anmelden zu können. Fragen Sie den Tierarzt, den Züchter, in einem Tierheim oder sehen Sie im Telefonbuch nach. Am besten nehmen Sie vorab an einer Trainingsstunde teil, um sicherzugehen, daß der Trainer keine groben Methoden anwendet.

Gehorsamkeitstraining für ausgewachsene Hunde

Wenn Sie und Ihr Welpe noch kein Gehorsamkeitstraining (siehe Seite 132) besucht haben, sollten Sie sich nach einer entsprechenden Schulung für erwachsene Hunde erkundigen, sobald Ihr Welpe etwa fünf Monate alt ist, und ihn mit etwa sechs Monaten an den Kursen teilnehmen lassen; warten Sie zu lange, wird es immer schwieriger, ihm etwas beizubringen.

Obwohl einige Leute nicht von der Bedeutsamkeit eines solchen Trainings überzeugt sind, glauben wir, daß es ein wichtiger Schritt in der Erziehung eines Welpen ist. Er lernt nämlich, wie sich ein wohlerzogener, gehorsamer Hund benimmt, und weiß, was von ihm erwartet wird. Darüber hinaus erfahren Sie, wie Sie ihm auf die wirkungsvollste Weise beibringen können, was Sie von ihm wollen, ohne grob oder ärgerlich werden zu müssen. Wichtig ist jedoch, wie gesagt, daß Sie einen Trainer finden, der keine harten Erziehungsmethoden anwendet. Darauf müssen Sie vor allem achten, wenn die Rasse Ihres Welpen zu aggressivem oder eigensinnigem Verhalten neigt oder großwüchsig ist. Doch auch dem kleinsten Hündchen tut ein frühzeitiges Gehorsamkeitstraining gut, und es wird umgänglicher und glücklicher werden. Bei dieser Schulung werden dem Tier feste Verhaltensstrukturen vermittelt, die in vielen Situationen anwendbar sind, und es lernt auch, wie es sich unter schlecht erzogenen Welpen zu benehmen hat; außerdem ist sie hilfreich für Besitzer, die wenig über die Aufzucht von Hunden wissen.

Gern haben allein genügt einfach nicht. Ein Welpe kann Sie lieben und von Ihnen geliebt werden und dennoch zu einem Hund heranwachsen, der keine Manieren hat und mit dem schwer auszukommen ist. Ein Welpe, dessen Besitzer sich einfach auf seine Zuneigung verläßt, statt ihn zu erziehen, wird verwirrt sein und wahrscheinlich auch unglücklich. Wir betonen nochmals, daß ein kleiner Hund nicht wissen kann, was Sie von ihm erwarten, wenn Sie es ihm nicht deutlich zeigen. Sie können die Liebe zu ihm am besten dadurch unter Beweis stellen, daß Sie ihm geeignete Verhaltensregeln vermitteln und ihm klare Grenzen setzen.

Ihr Welpe wird gerne die Regelungen und die Ordnung akzeptieren, die sein Leben durch das Gehorsamkeitstraining erhält. Gerade so wie ein Menschenkind sich aufgehoben fühlt, wenn sich die Erwachsenen in seiner Umgebung konsequent und erwartungsgemäß verhalten, fühlt sich ein Welpe viel sicherer, wenn er seine Grenzen kennt. Es lohnt sich durchaus, etwas Zeit und Geld zu investieren (die Beträge sind nicht sehr hoch).

12   Sechs bis sieben Monate: Jugendzeit

Die zunehmende Selbstsicherheit Ihres Welpen und sein gesteiger-
tes Interesse für die Umwelt wachsen im Verlauf dieses Monats
noch mehr. Mit der fortschreitenden körperlichen Reifung tritt
auch seine Persönlichkeit deutlicher hervor, und Sie werden vielleicht überrascht sein festzustellen, daß Sie nicht immer im Mittelpunkt seiner Welt stehen. Seine Jugendzeit beginnt, und damit
können auch einige Veränderungen in seiner Beziehung zu Ihnen
eintreten. Die verhältnismäßig ruhige Periode der letzten Monate
endet normalerweise im Verlauf des sechsten Altersmonats.

Probleme verhindern

Bringen Sie Ihren Welpen nun ins Gehorsamkeitstraining für
erwachsene Hunde, falls Sie eine geeignete Einrichtung gefunden
haben. Warten Sie damit nicht, bis er älter wird, denn jetzt ist die
Zeit günstig, ihm richtiges Verhalten beizubringen. Sie selbst
können lernen, Ihren Hund zu disziplinieren, ohne zu harten
Maßnahmen greifen zu müssen oder zornig zu werden. Ein gut or-
ganisiertes Gehorsamkeitstraining ist wirklich sehr zu empfehlen.
Versäumen Sie keine Zeit, denn im nächsten Monat kann der
erwachende Drang zur Unabhängigkeit ihn zu der Meinung verleiten, er könne Sie dazu bringen, ihm alles durchgehen zu lassen,
oder für ungehöriges Benehmen noch Lob und Leckerbissen ein-
zuheimsen.
Sie können auch viel tun, um das Aufkommen von Verhaltensstörungen zu verhindern, die sich in dieser unstabilen Periode an-
bahnen, indem Sie Ihren Welpen intensiver mit täglichem Spiel
und ausreichender, anstrengender Bewegung beschäftigen. Lebhafte Rassen brauchen nun wirklich eine Menge Auslauf und ein
gewisses Maß an Abwechslung durch neue Erfahrungen. Sie sollten regelmäßig auf lange Spaziergänge mitgenommen oder zum
Herumrennen angeregt werden. Dadurch wird ein aktiver Hund

nicht nur unterhalten und erfreut, sondern auch so sehr ermüdet, daß ihm wenig überschüssige Energie bleibt, um Ihnen Schwierigkeiten zu machen.

Körperliche Veränderungen/Gesundheitspflege

Während dieses Monats vollziehen sich eine Reihe körperlicher Veränderungen bei Ihrem Welpen, und Sie sollten mit dem Tierarzt über die Möglichkeit medizinischer Betreuungsmaßnahmen sprechen.

Zahnpflege
Noch bevor Ihr Welpe sieben Monate alt ist, sollte sein endgültiges Gebiß vollständig ausgebildet sein. Ein gesunder, ausgewachsener Hund hat zweiundvierzig Zähne, je einundzwanzig im Ober- und Unterkiefer.

Gelegentlich treten Verzögerungen auf, und ein oder mehrere Milchzähne können im Maul des Welpen verbleiben und das Hervortreten der zweiten Zähne behindern, die dann unter Umständen – vor allem die großen Reißzähne – neben den verbliebenen Milchzähnen durchbrechen; in diesem Fall sollten die Milchzähne entfernt werden, um einer Deformation des Gebisses vorzubeugen und künftige Probleme zu vermeiden. Untersuchen Sie ab und zu das Maul Ihres Welpen, und wenn Sie bemerken, daß die zweiten Zähne nicht richtig durchkommen, zwei Zähne sich gegenseitig behindern oder das Zahnfleisch rot und entzündet ist, bringen Sie den Hund zum Tierarzt.

Wenn das endgültige Gebiß des Welpen voll ausgebildet ist, fragen Sie den Veterinär nach der nötigen Zahnpflege, sofern Sie es noch nicht getan haben. Einige Hunderassen haben eine Veranlagung für Zahn- und Zahnfleischerkrankungen, und Ihr Tierarzt hält es vielleicht für nötig, die Zähne des Welpen regelmäßig und fachmännisch reinigen zu lassen. Viele Veterinäre fordern heutzutage die Hundebesitzer auch dazu auf, das Gebiß ihrer Tiere im Rahmen der übrigen Pflegemaßnahmen zu Hause regelmäßig zu reinigen. Bitten Sie den Arzt daher, Ihnen zu zeigen, wie dies zu machen ist. Je früher Sie Ihren Welpen an diese Prozedur gewöhnen, desto leichter wird es für Sie sein.

Tabelle 20: Übersicht über die Hauptpunkte – Sechs bis sieben Monate: Jugendzeit

| | Entwicklung des Welpen | | Erfordernisse der Aufzucht | |
	Physisch	Sozial, verhaltens-mäßig	Gesundheit und Sicherheitsbedürfnisse des Welpen	Arbeiten mit Bereitschaft des Welpen
Sieben bis sieben-einhalb Monate	Möglicherweise erste Läufigkeit bei Zwergrassen und kleinen Weibchen.	Reifere Persönlichkeit.	Geben Sie 2 Mahlzeiten pro Tag und normales Futter**. Besprechen Sie Zeit für Sterilisation* mit dem Tierarzt. Schützen Sie unsterilisierte Weibchen vor zufälligen Begattungen. Herzwürmertest und -behandlung, je nach Jahreszeit und Klima**.	Beginn der Gehorsamkeitsübungen für erwachsene Hunde. Vertiefen Sie auch weiterhin frühere Lektionen.

* Siehe *ausführliche Besprechungen.*   ** Siehe *Kapitel 4.*

Entwicklung des Welpen		Erfordernisse der Aufzucht	
Physisch	**Sozial, verhaltens-mäßig**	**Gesundheit und Sicherheitsbedürfnisse des Welpen**	**Arbeiten mit Bereitschaft des Welpen**
	Verteidigt seine Unabhängigkeit.	Beginn ernsthafter Auslaufroutine**. Regelmäßige Fellpflege**.	
		Spiel**.	Sollte lernen, auswärts untergebracht zu sein*.
Sechseinhalb bis sieben Monate Milchzähne völlig durch endgültiges Gebiß ersetzt (42).		Falls nötig, Ziehen der Milchzähne.	Beginn professionellen Trimmens.

* Siehe *ausführliche Besprechungen*. ** Siehe *Kapitel 4.*

Umstellung der Ernährung

Es ist nun auch an der Zeit, mit dem Tierarzt über die Umstellung der Ernährung vom Welpen- zum normalen Hundefutter zu sprechen. Ist Ihr Welpe etwa sechs Monate alt, fällt Ihnen vielleicht auf, daß er bei jeder Mahlzeit etwas von seiner Nahrung im Napf zurückläßt. Es kann auch sein, daß er nach dem Fressen erbricht, wenn er das ganze Futter verzehrt hat, oder daß er viel weichen Kot ausscheidet.

Welpenfutter enthält sehr viele Nährstoffe und ist daher äußerst reichhaltig; verlangsamt sich nun das Wachstum des Hundes, kann er dieses Futter vielleicht nicht mehr so gut verdauen wie bisher, und Sie sollten dazu übergehen, ihm normales Hundefutter zu geben. Doch selbst wenn Ihr Welpe keine Verdauungsschwierigkeiten hat, muß diese Umstellung in der nächsten Zeit vorgenommen werden. Konsultieren Sie den Veterinär.

Haben Sie bisher die freie Fütterungsmethode, die nach dem Prinzip der Selbstbedienung funktioniert, angewendet, mischen Sie nun einfach etwas von dem normalen Hundefutter unter das Welpenfutter, allmählich immer mehr, bis schließlich die gesamte Mahlzeit aus normalem Hundefutter besteht. Wenn Sie bisher drei Mahlzeiten pro Tag gegeben haben, so reduzieren Sie nun auf zwei, und ersetzen Sie das Welpen- langsam durch normales Hundefutter. Ihr Hund verlangt unter Umständen eine etwas größere Futtermenge pro Mahlzeit, um die verminderte Konzentration von Nährstoffen auszugleichen. Es ist von Vorteil, dieselbe Art von Futter (trocken, halbfeucht usw.) zu verabreichen wie zuvor. Beraten Sie sich mit dem Tierarzt, und versuchen Sie, selbst herauszufinden, welche Futtermenge richtig ist (siehe *Kapitel 4).*

Untersuchung auf Herzwürmer/Behandlung

Wenn der Welpe etwa sechs Monate alt oder älter ist, wird in der Regel das erste Mal eine Blutuntersuchung auf Herzwürmer durchgeführt. Herzwürmer werden durch Stechmücken von Hund zu Hund übertragen, so daß der genaue Zeitpunkt für die Untersuchung davon abhängt, ob und wann solche Stechmücken in der Gegend, in der Sie leben, auftreten.

Entsprechende Medikamente dürfen erst nach der Blutuntersuchung verabreicht werden, denn sie können für einen Hund, der bereits von diesen Parasiten befallen ist, schädlich sein.

Auch wenn Sie in einer Region leben, in der solche Stechmücken nicht auftreten, sollten Sie Ihren Welpen im Alter von sechs Monaten auf Herzwürmer untersuchen lassen; dies empfiehlt sich vor allem dann, wenn Sie vorhaben, ihn auf eine Reise in den Süden mitzunehmen. Diese Parasiten sind eine ernstzunehmende, mitunter sogar tödliche Gefahr für Ihren Hund; doch kann man einen Befall leicht verhindern oder behandeln.

Geschlechtsreife bei Weibchen

Die Weibchen kleinwüchsiger Rassen können im Alter von sechs Monaten zum ersten Mal läufig werden und ihre Besitzer damit oft völlig überraschen. Der Ausfluß ist manchmal nur gering, und viele Weibchen halten sich so sauber, daß man äußerlich kaum etwas erkennen kann. Der erste Hinweis auf den Zustand Ihrer kleinen Hündin besteht vielleicht darin, daß sich die Rüden aus der Nachbarschaft plötzlich sehr für sie interessieren. Lebt ein unkastrierter Rüde in Ihrem Haushalt, fängt er nun möglicherweise an, Urinmarkierungen zu setzen und den Welpen zu belästigen, ihn zu beschnüffeln und versucht vielleicht, ihn zu bespringen. Bis zu ihrer Sterilisation müssen Sie Ihre kleine Hündin unbedingt vor unerwünschter Befruchtung schützen, denn ein sechs Monate altes Weibchen ist weder physisch noch emotional reif, einen Wurf auszutragen.

Unabhängig von der Größe oder der Rasse Ihres Welpen sollten Sie nun mit dem Tierarzt darüber sprechen, wann eine Sterilisation am besten vorzunehmen ist.

Sterilisation

Ist das Weibchen etwa sechs Monate alt, sollten Sie mit dem Tierarzt über die Sterilisation sprechen. Der Eingriff wird am besten zwischen ihrem sechsten und achten Lebensmonat durchgeführt, je nach Rasse und Reifegrad der Hündin. Alle weiblichen Welpen sollten zu ihrem eigenen Besten sterilisiert werden, sofern sie nicht als Zuchttiere verwendet werden. Es kommt nicht darauf an, wie groß eine ausgewachsene Hündin sein oder ob sie unbeaufsichtigt ins Freie gelassen wird: Die Vorteile einer frühen Sterilisation sind so bedeutend, daß es keinen vernünftigen Grund gibt, diese Operation nicht vornehmen zu lassen. Darüber hinaus können auf diese Weise ernsthafte und sehr unangenehme Verhaltensstörungen vermieden werden, die mit dem Geschlechtstrieb unsterilisierter Weibchen zu tun haben. Die Behauptung, sterilisierte Hündinnen würden immer dick, stimmt einfach nicht. Wenn sich ein Tier dem Zeitpunkt der physischen Reife nähert, läßt die körperliche Aktivität etwas nach, und es benötigt weniger Kalorien, um gut genährt zu sein. Diese Phase fällt gewöhnlich mit der Durchführung der Sterilisation zusammen, und daher wird oft der Eingriff dafür verantwortlich gemacht, daß eine Hündin an Gewicht zunimmt. Wenn Sie darauf achten, sie nicht zu überfüttern, und wenn Sie dafür sorgen, daß sie genügend Bewegung hat, wird sie nicht sehr dick werden. Achten Sie jedoch nicht darauf, wird sie dick werden, ob sie nun sterilisiert ist oder nicht.

Physische Vorteile einer frühen Sterilisation

Es trifft einfach nicht zu, daß ein junges Weibchen eine Periode der Läufigkeit oder einen Wurf haben sollte, bevor sie sterilisiert wird. Warten bringt nichts, doch es ist durch eine rechtzeitige Sterilisation viel zu gewinnen. Eine Hündin, die vor ihrer ersten (oder zweiten) Läufigkeit sterilisiert wird, bekommt mit viel geringerer Wahrscheinlichkeit Brustdrüsenkrebs, die zweithäufigste Erkrankung bei Hunden; außerdem wird sie sich nie eine Uterusinfektion zuziehen, die lebensbedrohlich werden und es erforderlich machen kann, die Eierstöcke in einer Notoperation zu entfernen. Solche Infektionen kommen sehr häufig bei älteren, unsterilisierten weiblichen Hunden vor.

Natürlich verhindert eine frühe Sterilisation auch unvorhergesehene, unerwünschte Schwangerschaften. Sollte Ihre Hündin trächtig werden, müssen Sie sie entweder dann noch sterilisieren oder sie den Wurf austragen lassen. Auch können Sie den Tierarzt fragen, ob die Möglichkeit besteht, ihr Hormonspritzen zu geben, doch diese Behandlung kann gefährlich sein. All diese Varianten schädigen möglicherweise die Gesundheit Ihres Tieres, vor allem, wenn es noch sehr jung ist. Lassen Sie die Hündin daher besser sterilisieren, bevor Sie mit diesen Problemen konfrontiert werden.

Verhaltensmäßige Vorteile einer frühen Sterilisation

Obwohl die positiven Wirkungen einer Sterilisation auf das Verhalten weiblicher Welpen oft weniger deutlich sind als die, die durch die Kastration eines Rüden hervorgerufen werden, bringen Sie doch eindeutig Vorteile.

Die meisten unsterilisierten Hündinnen werden pro Jahr zweimal läufig. Zu Beginn der Läufigkeitsphase kommt es zu Ausfluß aus der Vagina. Dies ist bei einigen Hunden nicht weiter unangenehm, doch es kann ein Problem für die Besitzer von Tieren werden, bei denen sehr starke Blutungen einsetzen. Während oder kurz nach dieser Phase werden viele Hündinnen ruhelos oder reizbar.

Wenn sich die Hündin zu Rüden hingezogen fühlt, kann sie auch versuchen, aus dem Haus oder der Wohnung zu entkommen, oder sie beginnt, das Territorium durch Urinieren zu markieren, vor allem, wenn andere Hunde (Männchen oder Weibchen) im Haushalt oder der unmittelbaren Nachbarschaft leben.

Ein nicht sterilisiertes Weibchen kann auch an einer Krankheit leiden, die man als Scheinschwangerschaft bezeichnet und die alle physischen und verhaltensmäßigen Anzeichen einer Trächtigkeit aufweist, obwohl es keine befruchteten Eizellen gibt. Dies kommt insbesondere bei Hunden vor, die stark von ihren Besitzern abhängig sind, und ist gelegentlich auch zu beobachten, wenn keine Paarung stattgefunden hat. Einige Weibchen machen bei jeder Läufigkeit eine Scheinschwangerschaft durch und müssen sterilisiert werden, wenn die ständige Wiederholung dieses Vorgangs unterbunden werden soll.

Besitzen Sie ein unsterilisiertes Weibchen, so haben Sie auch die mühevolle Aufgabe, sie von den Rüden und die Rüden von ihr fernzuhalten. Falls Sie auf dem Land oder in einem Vorort wohnen, werden sich sehr wahrscheinlich bei jeder Läufigkeit Ihrer Hündin Rüden vor Ihrer Haustür einfinden, um Ihren Garten herumschleichen, ins Haus zu gelangen versuchen und miteinander kämpfen. Um dem abzuhelfen, müssen Sie Ihr Tier für die Spaziergänge ein gutes Stück von zu Hause wegbringen und auch dann noch ständig vor gelegentlich herumlaufenden Rüden auf der Hut sein. Viele Eigentümer werden mit diesen Problemen nicht fertig und ziehen sich aus der Affäre, indem sie ihre Hündin für die Dauer der Läufigkeit in einer Tierpension unterbringen – ein aufwendiges und teures Verfahren.

Die Operation
Obwohl Sterilisationen routinemäßig durchgeführt werden, sind sie als ernstzunehmender chirurgischer Eingriff zu betrachten; auch aus diesem Grund ist es günstig, die Operation vornehmen zu las-

sen, wenn ein Welpe noch jung ist und seine Verletzungen schneller heilen.

Ihr Hund bekommt eine Vollnarkose; danach wird ein Einschnitt (in der Regel etwa drei bis fünf Zentimeter lang) in den Unterleib gemacht. Die Gebärmutter und die Eierstöcke werden entfernt und der Schnitt wieder zugenäht. Der Welpe bleibt nach dem Eingriff mindestens vierundzwanzig Stunden lang in der Tierklinik, damit sichergestellt ist, daß er aus der Narkose erwacht und der Schnitt gut verheilt.

Wenn Ihre Hündin dann nach Hause kommt, sollte sie für ein bis zwei Tage ruhig gehalten werden und es ihr überlassen bleiben, das Maß ihrer Aktivität zu bestimmen. Nach zehn bis vierzehn Tagen wird sie in die Praxis des Tierarztes gebracht, um die Fäden entfernen und den Schnitt untersuchen zu lassen. Danach ist der Hund vollständig wiederhergestellt, und in Kürze wird von dem Einschnitt kaum noch etwas zu sehen sein.

Bereit zu neuen Abenteuern

Ihr heranwachsender Welpe ist nun zum Gehorsamkeitstraining für ältere Hunde bereit, bewältigt ohne weiteres längere und anstrengendere Spaziergänge oder Dauerläufe und ist auch physisch und psychisch reif genug, um Erfahrungen außer Haus zu sammeln.

Der Besuch im Hundesalon

Falls Sie vorhaben, Ihren Welpen einmal im Hundesalon pflegen zu lassen und haben es noch nicht getan, ist nun der rechte Zeitpunkt gekommen, und zwar unabhängig davon, ob er zu einer Rasse gehört, die regelmäßig professionelle Pflege benötigt, oder ob er lediglich einmal fachmännisch gepflegt und gebadet werden soll.

Auch wenn das Haarkleid Ihres Welpen noch nicht voll entwickelt ist, sollte er jetzt daran gewöhnt werden, eine gewisse Zeitspanne im Hundesalon zu verbringen. Es ist wichtig, daß der erste Besuch im Hundesalon für Ihren Welpen eine möglichst angenehme und erfreuliche Erfahrung wird, und deshalb sollten Sie sich verschiedene Betriebe ansehen, bevor Sie einen Termin vereinbaren. Erläutern Sie dem Besitzer oder einem Angestellten, daß Sie Ihren

Welpen vorbeibringen, damit er einfach gebadet oder gebürstet und gekämmt wird, und Sie ihn bald wieder abholen wollen. Die meisten professionellen Hundepfleger nehmen gerne auf neue Kunden Rücksicht. Bitten Sie ihn, bei einer Behandlung zusehen zu dürfen. Es ist sehr aufschlußreich, die Reaktionen von Hunden auf den Pfleger und die des Pflegers auf die Hunde zu beobachten.

Obwohl viele Tiere die Prozeduren nicht sehr genießen, werden doch die meisten stillhalten und sich nicht ducken oder knurren, wenn sie dem Pfleger vertrauen. Lassen Sie Ihren Welpen nicht von einem Pfleger behandeln, der einen ungeduldigen oder groben Eindruck macht.

Wenn Sie Ihren Welpen abholen, sollte er lebhaft sein, sich normal verhalten und sich freuen, Sie zu sehen. Ist er sehr still, hat er glasige Augen oder wirkt er benommen, ist zu befürchten, daß ihm ein Beruhigungsmittel verabreicht wurde. Ist dies der Fall, sollten Sie ein anderes Institut ausfindig machen.

Auswärts übernachten

Sie sollten Ihren Welpen nun auch damit vertraut machen, daß er gelegentlich einmal auswärts übernachten muß, gleichgültig ob Sie planen, ihn regelmäßig für eine gewisse Zeit in ein Tierheim zu geben oder nicht. Auch hier gilt, daß es umso leichter für Sie beide wird, je früher Ihr Hund an neuartige Erfahrungen gewöhnt wird.

Unterbringung in einer Hundepension

Monika lebt allein und hat nur selten einmal einen Wochenendausflug unternommen. Wenn sie bisher ihre auf dem Land verheiratete Schwester besuchte, nahm sie immer ihren Cocker Spaniel mit. Nun wurde Monika von ihrer Schwester eingeladen, eine dreiwöchige Reise mit ihr zu unternehmen. Sie ginge wirklich sehr gerne mit, befürchtet jedoch, die Einladung nicht annehmen zu können, da sie niemanden hat, der sich um ihren Hund kümmern kann. Sie ist überzeugt, daß ihr mittlerweile acht Jahre alter Hund einen Schock erleiden würde, wenn er das erste Mal in seinem Leben in einem Hundezwinger untergebracht wäre. Ihre Schwester ist verständlicherweise verärgert, und Monika beginnt insgeheim ebenfalls, ihrem Hund Vorwürfe zu machen.

Es ist ein wichtiger Schritt in der Sozialisierung eines Welpen, ihm beizubringen, für eine Weile in einer Tierpension zu bleiben, ohne dabei Probleme zu machen. Auch wenn Sie es jetzt für sehr unwahrscheinlich halten, ihn jemals in einer Tierpension unterbringen zu müssen, können Sie nicht wissen, ob sich nicht doch einmal Umstände ergeben, sei es nun eine längere Reise oder ein Notfall, die dies erfordern. Meistens kommt es irgendwann einmal dazu, daß Ihr Hund nicht zu Hause bleiben kann und sich für eine Weile von Ihnen trennen muß. Er wird mit einem solchen Erlebnis viel besser fertig werden, wenn er schon früh gelernt hat, sich mit einer solchen Situation abzufinden.

Sobald Ihr Welpe alle Impfungen hinter sich hat, sollte er das erste Mal auswärts untergebracht werden. Lassen Sie sich von Ihrem Tierarzt, dem Züchter Ihres Hundes oder einem Ihnen bekannten Hundebesitzer eine Tierpension empfehlen, oder wenden Sie sich an entsprechende Vereinigungen oder Verbände.

Bevor Sie Ihren Welpen das erste Mal auswärts unterbringen, sollten Sie den in Frage kommenden Einrichtungen einen Besuch abstatten, mit den Besitzern oder Geschäftsführern sprechen und sich etwas umsehen. Sie werden für Ihren Welpen natürlich einen sauberen, gut organisierten Betrieb auswählen. Die Unterbringung in Tierheimen oder Hundezwingern ist sehr unterschiedlich. Die Örtlichkeiten sind mitunter kahl und funktionell, andere bieten sozusagen Wohnzimmeratmosphäre. Wichtiger als irgendwelcher Zierat ist jedoch die Einstellung des Personals zu den ihm anvertrauten Tieren. Sie können an der Reaktion der Hunde auf die Arbeiter im Zwinger viel ablesen. Erkundigen Sie sich nach den Möglichkeiten für spezielle Betreuung oder Verpflegung, falls es notwendig sein sollte, und fragen Sie auch danach, welche Vorsichtsmaßnahmen für etwaige Notfälle getroffen wurden.

In einem ordentlich geführten Tierheim werden keine Hunde aufgenommen, die nicht vollständig geimpft sind, und vielerorts wird auch eine tierärztliche Bescheinigung verlangt, die besagt, daß der Hund vollständig gesund ist.

Wenn Sie eine Tierpension ausgesucht haben, so informieren Sie den Besitzer oder Geschäftsführer über Ihre Pläne. Erklären Sie ihm, daß Sie Ihren Welpen daran gewöhnen wollen, auswärts untergebracht zu sein, und daß Sie Ihr Tier zunächst nur für einen Tag dalassen wollen. Ein verständnisvoller Leiter einer Tierpension wird Ihnen gerne helfen, Ihrem Welpen den Aufenthalt in seinem Betrieb so angenehm wie möglich zu machen. Wenn alles gut geht und Ihr Welpe Sie gesund und munter wiedersieht, wiederholen Sie in ein paar Monaten den eintägigen Aufenthalt. Falls etwas schief geht, versuchen Sie es mit einem anderen Tierheim. Nach einigen «Trockenübungen», bei denen Ihr Hund nur tagsüber außer Haus bleibt, versuchen Sie es mit einer auswärtigen Übernachtung.

Wenn sich im Lauf der nächsten sechs Monate keine Gelegenheit ergibt, Ihren Welpen in einer Tierpension unterzubringen, empfiehlt es sich dennoch, einen eintägigen Aufenthalt oder eine Übernachtung in einer Tierpension einzuschieben; es genügt wahrscheinlich, wenn Sie dies bei einem erwachsenen Hund etwa einmal im Jahr tun, damit er nie vergißt, daß alles in Ordnung ist und Sie ihn wieder abholen, wenn Sie ihn für eine Weile in einem Tierheim unterbringen.

Einige sehr gesellige Hunde scheinen den gelegentlichen Aufenthalt in einem Tierheim sogar zu genießen, während andere gerade lernen, sich damit abzufinden; doch ein Tier, das entsprechend konditioniert ist, wird kein traumatisches Erlebnis haben, wenn es im «Ernstfall» in einer Hundepension untergebracht wird.

13   Sieben bis acht Monate: Die Teenagerphase

Ihr Welpe wird in diesem Monat sowohl physisch als auch verhaltensmäßig reifer und wirkt oft schon recht erwachsen. Doch
genau wie bei einem menschlichen Teenager kann sein Verhalten
von einer Stunde auf die andere von ruhigem, wohlerzogenem, be-
rechenbarem Benehmen in kindisches Getue umschlagen. Er kann
den Eindruck erwecken, als hätte er alles vergessen, was er in den
letzten Monaten gelernt hat, und es kann so scheinen, als wäre er
taub oder schwer von Begriff, wenn man ihn ruft oder ihm einen
bekannten Befehl gibt.

Ausprobieren

Ebenso wie einige Menschenkinder mit ihren Eltern in relativer
Harmonie und Ruhe durch diese Jugendjahre gehen, während
sich andere in ständigem Aufruhr zu befinden scheinen, gibt es
auch im Hinblick auf das Ausmaß der Rebellion in dieser Lebensphase eines Welpen große individuelle Unterschiede. Vieles hängt
vom Temperament und der Persönlichkeit Ihres Welpen ab. Es
kommt auch zu einem großen Teil darauf an, wie sorgfältig Sie an
den Grundlagen einer guten Beziehung gearbeitet und ob Sie dem
Welpen die Verhaltensregeln beigebracht haben, die er nun
braucht, um wissen zu können, was Sie von ihm erwarten.
Sie müssen sich auf Überraschungen gefaßt machen, gleichgültig
wie gut Sie Ihren Hund erzogen haben und wie gut er auf Sie
reagiert.
Je nach seiner Persönlichkeit und Größe kann Ihr Welpe nun verschiedene Arten von Desinteresse zur Schau stellen. Wenn Sie ihn
beispielsweise zur Pflege oder zu einer Lektion herbeirufen, zeigt
er möglicherweise gar keine Reaktion, oder er verhält sich so, als
hörte er Sie überhaupt nicht und fährt mit dem fort, was er gerade
tut; vielleicht steht er auch auf und läuft genau in die entgegen-
gesetzte Richtung. Es könnte ihm auch in den Sinn kommen, daß

Tabelle 21: Übersicht über die Hauptpunkte – Sieben bis acht Monate: Die Teenagerphase

	Entwicklung des Welpen		*Erfordernisse der Aufzucht*	
	Physisch	**Sozial, verhaltens-mäßig**	**Gesundheit und Sicherheitsbedürfnisse des Welpen**	**Arbeiten mit Bereitschaft des Welpen**
Sieben bis sieben-einhalb Monate		Scheint alle früheren Lektionen vergessen zu haben; zeigt wieder «kindliche» Verhaltensweisen. Stellt vielleicht Ihre Autorität auf die Probe***. Mangel an Aufmerksamkeit.	Geben Sie 2 Mahlzeiten pro Tag**. Mehr Spiel und Auslauf**. Regelmäßige Fellpflege**. Schützen Sie unsterilisierte Weibchen vor zufälligen Begattungen.	Braucht eine feste Hand. Positive Bestärkung.
Sieben-einhalb bis acht Monate			Zeit für Kastration* mit Tierarzt besprechen.	

* Siehe *ausführliche Besprechungen*. ** Siehe *Kapitel 4*. *** Siehe *Kapitel 5*.

es an der Zeit ist, ein wenig zu spielen, und er springt wild bellend herum, oder er starrt sie einfach herausfordernd an.

Es gibt zahlreiche Spielarten dieses Verhaltens, doch was immer Ihr Welpe auch tut oder unterläßt, es ist offensichtlich, daß er Ihre Autorität herausfordert. Könnte er sprechen, würde er vielleicht etwas Freches sagen, etwa: «Ich tanze nicht nach deiner Pfeife. Ich bin beschäftigt.»

Samthandschuhe

Sie dürfen es Ihrem Welpen nicht durchgehen lassen, wenn er Sie auch nur für einen Moment nicht beachtet oder Ihnen trotzt, denn Sie würden damit einen gefährlichen Präzedenzfall schaffen, dessen Wirkung Sie nur schwer wieder aufheben könnten. Lassen Sie bei Ihrem Hund nicht das Gefühl aufkommen, er könne Ihre Wünsche respektieren, wenn es ihm gerade so paßt, sondern machen Sie ihm klar, daß es Ihnen ernst ist. Bleiben Sie ruhig, aber geben Sie keinesfalls nach.

Es ist sehr wichtig, Ihren Welpen nun daran zu erinnern, daß Sie immer noch der Anführer seines Rudels sind und es auch bleiben werden. Sie müssen stets sofort handeln und alle Lektionen, die Sie Ihrem Welpen jemals erteilt haben, von Neuem lehren oder bestärken. Gleichzeitig müssen Sie ihn auch immer wieder daran erinnern, daß Sie ihn gern haben und erwarten, daß er nicht aus dem von Ihnen gesteckten Rahmen fällt. Vergessen Sie bei all Ihrem Ärger und Ihrer Enttäuschung über die plötzliche Widerspenstigkeit Ihres Welpen jedoch nicht, daß Lob ein sehr wirkungsvolles Erziehungsmittel ist. Handeln Sie immer schnell und korrigieren Sie Ihren Hund, wenn er aufsässig wird, besonders während dieser Phase häufiger Rebellion, aber versäumen Sie nicht, ihn wissen zu lassen, wie sehr Sie sich freuen, wenn er sich ordentlich benimmt.

Positive Bestärkung

Meist machen sich die Menschen nicht die Mühe, sich zu äußern, solange alles reibungslos läuft, sondern melden sich erst dann zu Wort, wenn sie sich beklagen oder etwas kritisieren wollen. Ihr

Welpe kann nicht wissen, ob er sich richtig verhält oder ob Sie mit ihm zufrieden sind, wenn Sie es ihm nicht immer wieder zu verstehen geben. Er weiß nicht, daß «kein Kommentar» gleichbedeutend mit Ihrem Einverständnis sein kann.

Positive Bestärkung ist nicht mehr und nicht weniger als die Bestärkung des guten Verhaltens Ihres Hundes. Es mag einfach und naheliegend erscheinen, einen Welpen mit einem freundlichen Klaps, einem Streicheln oder einem «braver Hund» zu belohnen, wenn er sich richtig verhält, doch dieses wertvolle Erziehungsinstrument wird von vielen Besitzern einfach übersehen. Dies gilt vor allem dann, wenn der Welpe noch etwas reifer ist und die Prinzipien anständigen Benehmens gelernt hat; zu diesem Zeitpunkt neigt man leicht dazu, das richtige Verhalten seines Hundes als Selbstverständlichkeit zu betrachten und anzunehmen, daß es keiner weiteren Anstrengungen bedarf.

Viele Verhaltens- und Erziehungsprobleme sind darauf zurückzuführen, daß ein Hundehalter dies nicht versteht. Vielleicht loben Sie einen Welpen beispielsweise nicht, wenn er sich während Ihrer Abwesenheit gut benommen (nichts zerbissen oder beschmutzt) hat, aber Sie schimpfen mit ihm, wenn er nicht brav war. Dadurch können Sie Ihren Welpen verwirren und zu der Annahme verleiten, daß er nur dann Ihre Aufmerksamkeit auf sich lenken kann, wenn er sich schlecht benimmt.

Aus diesem Grund fordern wir Sie immer wieder auf, Ihrem Hund zu sagen, wie brav er ist, und ihn zu loben, wenn Sie heimkommen und feststellen, daß alles in Ordnung ist. Wir meinen damit nicht, daß Sie einfach nett zu ihm sein sollen. Lob und Belohnung (die Bestärkung guten Verhaltens) sind notwendig, um einem Welpen beizubringen, wie er sich verhalten soll, und um ihn daran zu erinnern, daß er brav ist und Ihnen Freude macht – egal wie alt er ist. Darüber hinaus braucht Ihr Welpe immer wieder Lob, wenn er etwas richtig gemacht hat, damit er sich in neuen Umständen und Situationen zurechtfindet, die ihn sonst vielleicht verwirren oder dazu verleiten, sich daneben zu benehmen.

Verschaffen Sie Ihrem Welpen täglich mehr Auslauf und spielen Sie länger mit ihm, oder sorgen Sie dafür, daß er öfter Bewegung hat. Sie sollten das Bewegungsbedürfnis Ihres Welpen nach seiner Ausdauer, nach seinem Aktivitätspegel und seiner Lebhaftigkeit am Ende einer Bewegungsphase beurteilen. Obwohl Sie den Welpen in Ruhe lassen sollten, wenn er offensichtlich müde ist, erinnern Sie sich daran, daß ein Welpe, der genügend Auslauf hatte, nicht mehr viel Energie übrig hat, um Unfug anzustellen. Darüber mehr im nächsten Kapitel.

Mehr über die Gesundheit

Wenn der Zeitpunkt der Geschlechtsreife näher rückt, müssen Sie daran denken, ein nicht sterilisiertes Weibchen gegen ungewollte Befruchtung zu schützen.

Ein männlicher Welpe wird bald geschlechtsreif sein, und es ist an der Zeit, sich Gedanken über eine Kastration zu machen und mit dem Tierarzt den geeigneten Zeitpunkt für die Kastration zu besprechen. Sind Sie im Zweifel darüber, welche Vorteile die Kastration eines Rüden mit sich bringt, so lesen Sie den folgenden Abschnitt sorgfältig durch.

Kastration

Vor nicht allzu langer Zeit wurden Kastrationen bei Rüden nur zu Heilzwecken durchgeführt, doch werden sie immer mehr zu einem chirurgischen Eingriff, der als vorbeugende Maßnahme routinemäßig vorgenommen wird. Die frühzeitige Kastration eines Rüden, der nicht als Zuchttier verwendet werden soll, trägt dazu bei, viele künftige physische wie auch verhaltensmäßige Probleme zu vermeiden.

Sie können eine ganze Reihe oft leidenschaftlich vorgetragener Argumente gegen die Kastration eines männlichen Welpen hören. Man behauptet, es sei «grausam», mache einen Hund als Wachhund ungeeignet und lasse ihn dick und fett werden. Viele Leute, die nicht die geringsten Bedenken haben, eine Hündin sterilisieren zu lassen, haben das Gefühl, es sei irgendwie schlecht und sicherlich unnötig, einen Rüden zu kastrieren.

Zu diesen Behauptungen kurz folgendes: Die Operation selbst ist sicherlich nicht «grausam», sondern recht einfach und alltäglich. Ist der Hund noch jung, so hat er höchstens ein oder zwei Tage lang etwas Unannehmlichkeiten zu ertragen. Was eine andere Art von Grausamkeit anbetrifft – psychische Qual –, so ist zu sagen, daß Hunde den Unterschied einfach nicht kennen, da sie an sich kein Bewußtsein von ihrer Sexualität haben. Ein kastrierter Rüde wird nach der Operation genauso gut zum Wachhund taugen wie vorher. Allenfalls kann er in mancher Hinsicht weniger aggressiv sein, besonders gegen andere Rüden; doch schließlich eignen sich auch Weibchen als Wachhunde. Er wird auch nicht dick werden, wenn er vollwertige, ausgewogene Nahrung und genügend Auslauf erhält. Und schließlich sollten Sie selbst entscheiden, ob Sie die Operation für unnötig halten oder nicht, nachdem Sie sich informiert und die nachfolgende Schilderung der Vorteile zur Kenntnis genommen haben. Lassen Sie sich nicht von wohlmeinenden Freunden beeinflussen.

Sie sollten mit dem Tierarzt über die Kastration sprechen, sobald Ihr männlicher Welpe sieben Monate alt ist. Je nach Größe, Rasse und Reifegrad eines Hundes sollte die Operation am besten vorgenommen werden, solange das Tier noch jung ist – irgendwann zwischen dem sechsten und dem achtzehnten Monat –, obwohl Sie bei Hunden jeden Alters problemlos durchgeführt werden kann.

Physische Vorteile

Unkastrierte Rüden können mit zunehmendem Alter an verschiedenen, hormonell bedingten Gesundheitsstörungen erkranken. Sie können an Prostata, perianalen und Hodeninfektionen sowie Tumoren leiden. Alle diese Erkrankungen stehen mit dem Testosteron, dem männlichen Geschlechtshormon in Zusammenhang, und bei ihrer Behandlung wird regelmäßig eine Kastration vorgenommen.

Darüber hinaus neigen unkastrierte Rüden stärker zu Streunen und zu Aggressionen als kastrierte. Diese Verhaltensweisen sind für die Gesundheit Ihres Hundes unter Umständen gefährlicher als die hormonell bedingten Krankheiten. Sie schützen also Ihren jungen Rüden vor körperlichen Schädigungen und Gefahren, indem Sie ihn frühzeitig kastrieren lassen.

Verhaltensmäßige Vorteile

Die Kastration ist auch eine wirkungsvolle, vorbeugende Maßnahme gegen eine Reihe verbreiteter Verhaltensstörungen.

Einer der unangenehmsten Aspekte des Verhaltens von Rüden ist die Aggression gegen andere Hunde. Wenn ein Rüde die volle physische und sexuelle Reife erreicht, wacht er immer eifersüchtiger über das, was er für «sein» Territorium hält. Die Grenzen dieses Gebietes verändern sich laufend, und er dehnt es ständig aus, bis es manchmal einen ganzen Häuserblock oder einen Quadratkilometer umfaßt. Oft entgeht den Besitzern das Ausmaß der Territorialität, die ihr Hund bereits entwickelt hat, bis es ganz unerwartet zu einer Tragödie kommt und ein anderer Hund ernsthaft verletzt oder sogar getötet wird. «Er ist doch immer so lieb!» ist ein häufiger Ausruf, der unter solchen Umständen von bestürzten Eigentümern zu vernehmen ist. Sicher ist er lieb – bis ein anderer Rüde in ein Gebiet eindringt, das er für sein Eigentum hält. Dann fegt sein männlicher Territorialinstinkt jedes «soziale» Verhalten hinweg, das er vielleicht gelernt hat, und er verteidigt sein Gebiet bis zum Tod.

Zum Territorialverhalten tritt natürlich auch das Streunen. Ein sexuell aktiver Rüde muß die Grenzen seines Herrschaftsbereichs ständig kontrollieren und sie ausdehnen. Darüber hinaus hält er immerzu nach Weibchen Ausschau, und wenn es im Umkreis von etlichen Kilometern eine läufige Hündin gibt, wird er sie finden. Oft treibt sich ein Rüde tagelang herum und vergißt allem Anschein nach, daß er ein Zuhause hat. Es kann zu fürchterlichen Kämpfen zwischen Hunden kommen, wenn mehrere Rüden einer läufigen Hündin nachstellen, auch wenn sie in einem Haus oder einer Wohnung eingeschlossen ist, und die schließlich anfallenden Tierarztrechnungen können erstaunlich hoch sein.

Auch wenn Sie Ihren unkastrierten Rüden niemals allein vor die Tür lassen und es deshalb unwahrscheinlich ist, daß er in Kämpfe verwickelt wird oder beim Streunen in Schwierigkeiten kommt, kann es sein, daß er beginnt, überall territoriale Urinmarken zu setzen – er hebt das Bein an jedem Pfosten und jedem Stück Wand, das er nur finden kann. Dieses Verhalten tritt scheinbar ganz unvermittelt auf, hat jedoch gewöhnlich mit einem Weibchen zu tun, das irgendwo innerhalb seines Reviers läufig wird, oder mit einem anderen Rüden, der in der Nachbarschaft auftaucht. Sie haben vielleicht von keiner dieser Begebenheiten eine Ahnung, doch Sie werden es bald daran merken, daß Ihr wohlerzogener Hund plötzlich rückfällig wird und überall in Ihrem Haus Markierungen setzt. Sind keine anderen Rüden in der Nähe, so können im Haus festgehaltene Hunde ihren aggressiven Beschützerinstinkt auch auf Menschen ausdehnen. Die eifersüchtige Bewachung der Familienmitglieder kann so zum Ausdruck kommen, daß der Rüde

Ihre Besucher anknurrt und unter Umständen sogar beißt (siehe *Negative Bestärkung*, Seite 225).

Weitere sexuell bedingte Verhaltensweisen von Rüden sind etwa: Das Bespringen der Beine von Menschen, das Anspringen von Leuten, besonders von kleinen Kindern und Mädchen, sogar das Umwerfen und Besteigen von Kindern. Besonders letzteres ist beängstigend und gefährlich, wenn der Hund sehr groß ist.

Alle diese Verhaltensweisen lassen sich normalerweise durch eine Kombination von rechtzeitiger Kastration und sorgfältiger Erziehung korrigieren, doch ist es schwierig, fest verwurzelte Gewohnheiten zu überwinden. Wir halten es daher für ratsam, alle Haushunde männlichen Geschlechts zu kastrieren.

Die Operation

Die Operation selbst ist relativ einfach, besonders dann, wenn sie bei einem jungen Hund durchgeführt wird. Eine Vollnarkose ist erforderlich und der Hund bleibt oft über Nacht in der Klinik, damit er sich von den Nachwirkungen des Eingriffs erholen kann. Manchmal wird der Hund jedoch schon am Tag der Operation wieder entlassen.

Der Hodensack bleibt in der Regel unversehrt, und die Hoden werden durch einen kleinen Einschnitt entfernt. Im allgemeinen treten keine Komplikationen auf, und der Einschnitt verheilt innerhalb einer Woche. Nach ein oder zwei Monaten schrumpft der Hodensack normalerweise und wird von Haaren überwachsen.

14 Acht bis neun Monate: Selbständigkeit

Da Ihr Welpe nun allmählich zu begreifen beginnt, daß er nicht nur ohne Sie überleben kann, sondern auch ganz gut zurechtkommt, wenn er allein und fern von zu Hause ist, fühlt er sich immer unabhängiger. Wahrscheinlich hat Ihr Welpe inzwischen mit Hilfe Ihrer tatkräftigen Unterstützung seine kurze, rebellische Phase hinter sich gelassen; doch wenn er Ihnen nun auch mehr Aufmerksamkeit entgegenbringt und sich eher nach Ihren Wünschen richtet, stellen Sie vielleicht fest, daß er sich zunehmend zappelig, unruhig und territorial verhält.

Gesteigerter Geschlechtstrieb/Ruhelosigkeit

Ist Ihr Welpe ein mittelgroßes oder großes weibliches Tier, kann es in diesem Monat zum ersten Mal läufig werden. Wir betonen wieder, daß es wichtig ist, das Weibchen von allen Rüden zu isolieren − auch wenn Sie nur vermuten, es könne läufig sein − , um zu verhindern, daß es zufällig gedeckt wird.
Ist Ihr Welpe ein Rüde, wird er nun bald beginnen, zum Urinieren das Bein zu heben, statt sich hinzuhocken. Dies ist ein Zeichen für die einsetzende Geschlechtsreife. Anfänglich finden Sie es vielleicht drollig, wenn er an jedem Grashalm in Ihrem Garten oder an jedem Pfosten, an dem Sie bei Ihrem Spaziergang vorbeikommen, das Bein heben will; doch Ihr Vergnügen wird bald in Ärger umschlagen, vor allem, wenn er sich in den Kopf setzt, alles innerhalb wie auch außerhalb des Hauses zu «markieren». Achten Sie genau darauf. Mitunter ist die neue Beschäftigung Ihres Welpen nicht sehr auffällig, weil er an jeden Gegenstand jeweils nur einige Tropfen Urin spritzen kann, und wird oft nicht bemerkt, bis entweder der Geruch oder diverse Flecken deutlich werden. Sie sollten nicht annehmen, daß Ihr Welpe nicht markieren wird, weil er bisher wohlerzogen war − vor allem dann nicht, wenn andere Hunde (oder auch Katzen) im selben Haushalt oder der unmittelbaren Nachbarschaft leben.

Tabelle 22: Übersicht über die Hauptpunkte – Acht bis neun Monate: Unabhängig werden

	Entwicklung des Welpen		Erfordernisse der Aufzucht	
	Physisch	**Sozial, verhaltensmäßig**	**Gesundheit und Sicherheitsbedürfnisse des Welpen**	**Arbeiten mit Bereitschaft des Welpen**
Acht bis achteinhalb Monate	Eventuell erste Läufigkeit von mittelgroßen und großen Weibchen. Bei Rüden kann Beinheben einsetzen.	«Markierungen» des Territoriums können bei Rüden auftreten.	Geben Sie 2 Mahlzeiten pro Tag**. Schützen Sie unsterilisierte Weibchen vor zufälligen Begattungen.	Setzen Sie die positive Bestärkung fort*. Schreiten sie ein bei unangemessener Ausscheidung (siehe tadellose Stubenreinheit*).
Achteinhalb bis neun Monate		Läuft vielleicht davon und streunt. Zeigt vielleicht destruktives Verhalten.	Mehr Auslauf und Spiel**. Vor Schaden bewahren. Regelmäßige Fellpflege**.	Verhindern Sie Davonlaufen und Streunen**. Verhindern Sie Langeweile und destruktives Verhalten.

* Siehe ausführliche Besprechungen.   ** Siehe *Kapitel 4.*

Dieses Verhalten ist bei Weibchen weniger stark ausgeprägt als bei Rüden, doch kann auch Ihre nicht sterilisierte kleine Hündin plötzlich mit dem Markieren beginnen, wenn sie läufig wird. Ihre Pfützen fallen gewöhnlich mehr auf als die Tropfen, die ein das Bein hebender Rüde zurückläßt. Sie müssen also auch die Möglichkeit in Betracht ziehen, daß Weibchen gelegentlich von einer Stelle zur nächsten gehen und diese mit kleinen Urinmengen besprenkeln, besonders dann, wenn andere Hunde im Haushalt oder auf dem angrenzenden Grundstück leben.

Das eben beschriebene Setzen von Urinmarkierungen steht in direktem Zusammenhang mit der Intensivierung des Territorialinstinktes, die mit der Geschlechtsreife einhergeht. Wie im Abschnitt *Tadellose Stubenreinheit,* Seite 113, bereits gezeigt wurde, kommt das übermäßige Markieren mit der Sterilisation oder Kastration bei Weibchen wie auch bei Rüden zu einem Ende. Sie müssen jedoch die Maßnahmen der Erziehung zur Stubenreinheit energisch wiederholen, bis der Eingriff durchgeführt ist. Geben Sie sich nicht der trügerischen Hoffnung hin, das plötzlich einsetzende und ärgerliche Markierverhalten Ihres Welpen (oder eine andere Art unerwünschter Ausscheidung) werde sich von selbst wieder geben. Auch wenn Ihr Welpe vollständig stubenrein war, sollte jede Verschlechterung seiner Manieren sofort wieder korrigiert werden, damit sich das Fehlverhalten nicht als Gewohnheit festsetzen kann.

Andere Anzeichen für einen gesteigerten Geschlechtstrieb und die damit zusammenhängende Territorialität kann das Wiederauftreten übermäßigen ärgerlichen Bellens sein, und einige Rüden verhalten sich möglicherweise sehr aggressiv, vor allem bei anderen Hunden. Gegen alle diese Verhaltensweisen müssen Sie einschreiten, sobald sie sich auch nur im Ansatz zeigen.

Neben den genannten Problemen kann es zu extremer Ruhelosigkeit kommen, vor allem, wenn Ihr Welpe zu einer kräftigen, sehr lebhaften Rasse gehört.

Weglaufen und streunen

Ute mußte ein Flugzeug erreichen. Während sie ihren Koffer packte, ließ sie ihren zwei Jahre alten Labrador in den kleinen Garten, damit er sich noch etwas bewegen konnte. Sie hatte nur noch eine

Stunde Zeit, bevor sie zum Flughafen aufbrechen mußte, und ging hinaus, um den Hund in die nahegelegene Hundepension zu bringen. Zu ihrem Entsetzen konnte sie den Hund nirgendwo entdecken. Er war wieder einmal über den Zaun gesprungen und hatte sich aus dem Staub gemacht. Ute holte sich das Auto aus der Garage und machte wieder die inzwischen schon vertraute, langsame Runde durch das Wohnviertel, wobei sie an jeder Ecke anhielt, um nach dem Hund zu rufen. Wenn sie ihn nicht bald fand, würde sie ihr Flugzeug verpassen. Sie war den Tränen nahe und hatte eben geschworen, daß sie ihn sich selbst überlassen würde – es geschähe ihm ganz recht, wenn man ihn aufgriff und in den Zwinger brächte –, als sie das ihr so vertraute, schwarze Tier erblickte, das mit hoch erhobenem Schwanz friedlich die Straße entlang trottete.

Ausreißen und Streunen sind weit verbreitete Probleme, besonders bei Hunden, die auf dem Land oder in Vororten leben und meist zu wenig Auslauf haben. Vor allem großwüchsige Hunde, unkastrierte Rüden und Rassen, die sehr viel Bewegung benötigen, neigen dazu, sich immer wieder davon zu machen. Kräftige Tiere legen oft viele Kilometer zurück, bevor sie gefunden oder von jemandem aufgelesen werden. Entlaufene und streunende Hunde sind nicht nur ein Ärgernis für die Nachbarschaft, da sie Abfalltonnen umwerfen und anderen Unfug treiben, sondern werden auch oft das Opfer von Unfällen und ausgelegtem Gift. In manchen Gemeinden sammeln professionelle Hundefänger streunende Hunde auf und bringen sie in Zwinger; die Besitzer werden mit empfindlichen Geldbußen bestraft, wenn sie ausfindig gemacht werden können. «Verlorene» Hunde, die nicht identifiziert und deren Besitzer nicht ermittelt werden können, werden nach einiger Zeit für neue Eigentümer freigegeben.
Obwohl manche Leute immer festere und höhere Zäune errichten, können sie oft gegen ihre zum Ausreißen entschlossenen Hunde nichts ausrichten. Je häufiger es einem Hund gelingt zu entwischen, desto mehr Mühe wird er sich beim nächsten Mal wieder geben. Unternimmt man nichts dagegen, so wird das Entlaufen und Streunen bald zu einer festsitzenden Gewohnheit, die sich nur mit größter Mühe wieder austreiben läßt.

Ausreißen und Streunen verhindern

Hunde haben meist einen oder mehrere Gründe dafür auszureißen und zu streunen. Ihnen ist langweilig, sie sind einsam und haben das Bedürfnis nach etwas Abwechslung. Zudem werden sie körperlich nicht genügend in Anspruch genommen. Wenn es sich um Rüden handelt, ist es ein Ausdruck geschlechtlich bedingten Territorialverhaltens, oder der Hund sucht nach einem läufigen Weibchen.

Bevor Sie versuchen, einen erwachsenen Hund am Weglaufen zu hindern, obwohl dieser dazu entschlossen ist, sollten Sie darüber nachdenken, welche Bedürfnisse er hat, wenn er noch jung ist und Ausreißen und Streunen noch nicht zur Gewohnheit geworden sind.

Wie gesagt beseitigt eine Kastration bei Rüden einen der zwingendsten Gründe für das Fortlaufen und Streunen. Der Eingriff tut seine Wirkung mitunter sogar bei älteren Hunden, die bereits Streuner sind, doch dieses Verhalten ist einem Hund nur schwer wieder abzugewöhnen. Es ist viel einfacher, es erst gar nicht dazu kommen zu lassen.

Dies ist jedoch nur der erste Schritt. Sogar ein kastrierter Hund kann fortlaufen und streunen, wenn ihm langweilig genug ist, vor allem dann, wenn er etwas Interessantes jenseits des Zaunes bemerkt. Sie sollten einsehen, daß es nicht genügt, einen Hund einen ganzen Tag lang in einem umzäunten Garten sich selbst zu überlassen. Im übernächsten Abschnitt, *Langeweile und destruktives Verhalten,* Seite 214, schildern wir, was Sie unternehmen können, um einen Hund vor allzu großer Langeweile zu schützen (siehe auch *Ein weiteres Haustier zur Gesellschaft,* Seite 235).

Einige Rassen, vor allem die Jagdhunde, die Arbeitshunde und die Sporthunde, brauchen überdurchschnittlich viel tägliche Bewegung, damit sie für den Rest des Tages ruhig und ausgeglichen sind. Dies müssen Sie wissen, wenn Sie einen zu einer dieser Rassen gehörenden Hund besitzen, und Sie müssen ihm täglich ausreichend Auslauf verschaffen, *bevor* Sie ihn einschließen, oder er wird einfach aus einem körperlichen Bedürfnis heraus versuchen davonzulaufen und zu streunen.

Wenn Sie früh genug damit beginnen, einem Welpen genügend Abwechslung und Erfahrungen zu vermitteln, so daß bei ihm kein Bedürfnis entsteht, aus seinem gewohnten Bereich auszubrechen, so haben Sie schon viel gewonnen. Einige Welpen sind jedoch einfach nie zufrieden, bevor sie nicht gesehen haben, was sich jenseits des Zaunes befindet. Und dagegen können Sie kaum etwas tun. Wenn Sie bemerken, daß sich Ihr Welpe dafür zu interessieren beginnt, wie er aus dem Garten hinausgelangen kann, entweder über den Zaun oder unter ihm hindurch, so versuchen Sie, diese Neigung im Keim zu ersticken. Wenn Sie Pflastersteine oder andere große Steinbrocken an der Innenseite des Zauns deponieren, nehmen Sie dem Welpen die Möglichkeit, sich unter dem Zaun hindurchzuwühlen. Natürlich kann ein sehr hoher Zaun Ihren Welpen daran hindern zu entweichen, doch kann es vielleicht sein, daß Sie aufgrund irgendwelcher Vorschriften oder aus sonstigen Gründen keinen hohen Zaun errichten. Hat Ihr Hund Ihnen bereits einmal stolz bewiesen, daß er tatsächlich über den Zaun springen kann, müssen Sie sofort etwas unternehmen, um ihn an der Wiederholung seiner Tat zu hindern. Nehmen Sie ein Stück steifer Pappe und binden Sie es auf den Schultern des Hundes fest; führen Sie die Schnur unter dem Körper des Hundes hinter den Vorderläufen hindurch, oder befestigen Sie die Pappe mit einem Geschirr. Dies ist nun ein weiteres Beispiel für eine wirksame Strafe, die ein Hund durch sein Verhalten selbst herbeiführt: Versucht er, die richtige, für einen Sprung notwendige Position einzunehmen, und duckt er sich, wird ihm das Stück Pappe wehtun. Wenden Sie dieses Verfahren jedoch nur an, wenn Sie zu Hause sind und den Welpen unter Aufsicht haben, damit er sich nicht in der Schnur oder dem Geschirr verfangen kann.

Weitere Aktivitäten

Sie können verschiedenes mit Ihrem Welpen unternehmen, um ihn davon abzuhalten, um der bloßen Unterhaltung willen in der Gegend herumzustreunen.

Neben den Spaziergängen im Wohnviertel wird Ihr Welpe auch gelegentliche Ausflüge genießen und gerne andere Landschaften kennenlernen.

Einigen Welpen macht das Rennen Spaß. Selbst kleine Zwergrassen verfügen oft über erstaunlich viel Energie, und sie freuen sich daran, neben einem Menschen herzulaufen. Wenn Sie selbst joggen oder einen Dauerlauf machen, so denken Sie an die Vorteile, die es mit sich bringt, wenn Sie Ihren Welpen ein- oder zweimal in der Woche mitnehmen. Sofern Sie gewisse Sicherheitsregeln beachten und Ihren Hund immer an der Leine führen, kann das Rennen oder Joggen eine Quelle großen Vergnügens sein und viel zu Ihrer Gesundheit und der des Hundes beitragen. Ist Ihr Hund klein oder mittelgroß, so hält sein Knochengerüst die Belastung eines Dauerlaufs vermutlich schon im Alter von etwa acht Monaten aus. Große Hunde sollten nicht zu regelmäßigem Lauftraining angehalten werden, vor allem nicht auf hartem Pflaster, bis sie etwa ein Jahr alt sind, und bei Riesenrassen sollte man noch länger warten. Lassen Sie Ihren Welpen jedenfalls gründlich von Ihrem Tierarzt untersuchen, bevor Sie ihm große, körperliche Anstrengungen zumuten. Schildern Sie dem Veterinär, was Sie vorhaben, und überzeugen Sie sich davon, daß Herz und Kreislauf, das Skelett sowie die Pfoten und Ballen in einwandfreiem Zustand sind, bevor Sie mit dem Sport beginnen.

Reichlicher Auslauf und körperliche Betätigung lassen bei Ihrem Welpen kein Bedürfnis aufkommen auszureißen und zu streunen und unterbinden auch destruktives Verhalten.

Langeweile und destruktives Verhalten

Die Petersons sind am Ende ihrer Weisheit. Ihre beiden fünfzehn Monate alten Irischen Setter, Max und Moritz, wurden so destruktiv, daß Haus und Garten mittlerweile wie Katastrophengebiete aussehen. Als die Hunde damit begannen, an Gegenständen herumzubeißen, zu kratzen und zu scharren wurden sie im Erdgeschoß eingesperrt. Bald hatten die Tiere die gesamten Möbel, Teppiche und sogar die Wände und Fußböden ruiniert. Die Petersons beschlossen nun, Max und Moritz in den Garten zu lassen, damit sie tagsüber draußen bleiben konnten. Nun ist der Garten mit Löchern übersät, und es gibt nichts Grünes mehr. Da ihnen der Züchter gesagt hatte, daß die beiden Hunde sich gegenseitig die Zeit vertreiben würden, haben sie nun das Gefühl, daß sie betrogen wurden, denn zwei Hunde richten einfach mehr Schaden an als einer! Obwohl sie auch viel schimpfen und die Hunde zur Strafe einsperren, wenn sie zu Hause sind, setzen die Tiere ihr Zerstörungswerk fort. Sobald die Petersons von der Arbeit heimkommen, unternehmen sie mit ihren Hunden lange Spaziergänge, und sie geben ihnen auch Spielzeuge. Nun wissen sie nicht, was sie noch tun sollen, außer die Hunde wegzugeben.

Tanja, der ein Jahr alte Lhasa Apso, wird kaum je allein gelassen, es sei denn, daß die Familie zum Abendessen ausgeht, was etwa drei- oder viermal pro Woche geschieht. Dann kaut und nagt der Hund am Teppich. Dieses Verhalten wurde so schlimm, daß nun tatsächlich einige Löcher im Teppich sind und die Martins die Möbel im Wohnzimmer umstellen mußten, um sie zu verdecken. Sie haben es schon mit Schimpfen versucht und kürzlich damit angefangen, den Hund im Schlafzimmer einzuschließen, doch nun macht sich Tanja über die Tagesdecke und die Polsterstühle her.

Viele Hundebesitzer scheinen nicht einzusehen, daß das destruktive Verhalten ihrer Hunde in fast allen Fällen in direktem Zusammenhang mit Langeweile steht, die durch das Gefühl, eingesperrt zu sein, und durch Bewegungsmangel noch verschlimmert wird. Destruktives Verhalten kann zum Ausbruch kommen, wenn der Hund fast vollständig ausgewachsen und sein Drang nach Bewegung entsprechend stark ist. Sobald der unternehmungslustige Hunde-Teenager die Zeiten der Abwesenheit seines Besitzers als nicht enden wollende, öde Stunden, in denen er nichts Rechtes mit sich anzufangen weiß, empfindet, geht der Ärger meistens los. Leider nehmen die Hundehalter das Problem oft so lange nicht ernst, bis die Situation wirklich schlimm geworden ist; erst dann suchen sie nach einer Lösung.

Max und Moritz sind Sporthunde und brauchen daher sehr viel Auslauf. Sie reagieren äußerst empfindlich, schließt man sie in kleinen Räumen ein. Auch die Gesellschaft eines anderen Hundes verliert mit der Zeit ihren Reiz, besonders in beengten Verhältnissen, und bald haben die Tiere nichts Interessantes mehr zu tun. Kleine Hunde wie Tanja sind mit weniger Bewegung zufrieden; doch falls sie an ständigen Kontakt mit Menschen gewöhnt wurden, langweilen sie sich sehr schnell, wenn sie nicht unterhalten werden und sich selbst beschäftigen müssen. Weder Max und Moritz noch Tanja kann man das destruktive Verhalten durch Schimpfen abgewöhnen, denn sie sind nicht wirklich «böse», sondern können buchstäblich nicht anders, als irgend etwas zu tun, das ihnen ihre ungeheure Langeweile nimmt und die Spannung abbaut, die auf einen Mangel an ausreichender Bewegung zurückzuführen ist.

Was können die Besitzer also tun, wenn sie den Tieren nicht gestatten wollen, Haus und Garten vollständig zu ruinieren? Die für alle Hunde – und umso mehr für solche, die besonders viel Auslauf benötigen – beste Lösung besteht darin, sie ordentlich zu ermüden, *bevor* man morgens aus dem Haus geht. Max und Moritz brauchen kräftezehrende Spiele oder Dauerläufe, bevor die Petersons zur Arbeit gehen; dann schlafen die Hunde länger und neigen weniger zu destruktivem Verhalten. Wahrscheinlich müssen die Petersons ihre tägliche Morgenroutine etwas abändern, doch es lohnt sich, falls sie ihre Tiere gerne behalten möchten. Auch Tanja sollte ausgiebig spazierengeführt werden oder ihre Energie bei Spielen verbrauchen können, ehe die Martins zum Essen ausgehen. Da der Hund noch klein ist, wird er dann vermutlich die meiste Zeit schlafen, während die Familie auswärts zu Abend ißt.

Auch ein Spielzeug, das Sie dem Hund nur dann geben, wenn Sie ihn alleine lassen, ist ein wirkungsvolles Mittel gegen Langeweile. Dabei sollte es sich um einen Gegenstand handeln, an dem der Hund besonderes Interesse gezeigt und den er gerne hat – beispielsweise eine spezielle Art von Kauknochen, der dann aber auch wirklich nagelneu, auffallend schön und «begehrenswert» sein muß. Geben Sie ihn dem Hund *ausschließlich* dann, wenn Sie ausgehen, und nehmen Sie ihn sofort wieder weg, sobald Sie zurückkommen. Doch seien Sie vorsichtig: Wie bereits im Abschnitt *Ungebührliches Beißen und Kauen,* Seite 134, erwähnt ist, sollten Sie darauf achten, daß Ihr Welpe während Ihrer Abwesenheit nicht zu viele Stücke von solch einem Kauknochen abbeißt und verschluckt. Falls dies dennoch geschieht, müssen Sie dem Hund ein größeres oder stabileres Spielzeug geben, von dem er so leicht nichts abbeißen kann. Ist der Gegenstand zerschlissen, oder hat er seinen Reiz verloren, so ersetzen Sie ihn durch einen ähnlichen oder durch etwas anderes, das Ihrem Hund gefällt. Geben Sie ihm diese Besonderheit sonst *nie,* damit sie für den Hund interessant bleibt und er sich auf etwas freuen kann, wenn Sie ausgehen.

Wenn Sie zurückkommen und feststellen, daß Ihr Welpe sich nicht destruktiv verhalten hat, so wenden Sie die positive Bestärkung an. Überschütten Sie ihn mit Lob, und belohnen Sie ihn mit einem extra langen Spaziergang oder seinem Lieblingsspiel. Beschränkt sich das destruktive Verhalten des Hundes auf Beißen, können Abschreckungsmittel (siehe *Ungebührliches Beißen und Kauen,* Seite 134) vorübergehend Abhilfe schaffen, doch gleichzeitig muß auch die Langeweile, die an der Wurzel des Problems liegt, beseitigt werden. Sonst kann auch das stärkste Abschreckungsmittel einen «ausgeflippten» Hund nicht von seinem destruktiven Verhalten abbringen.

15 Neun bis elf Monate: Größere Ausgeglichenheit

Die nächsten beiden Monate sind, ebenso wie die vergleichsweise ruhige Zeit, als Ihr Welpe etwa vier Monate alt war, meistens eine recht ausgeglichene Lebensphase. Es ist die Zeit, bevor bei allen außer den sehr großen und riesigen Rassen das Erwachsenenalter erreicht wird. Die Welpen kleinwüchsiger Rassen haben nun ihre volle Größe erreicht, die Welpen mittelgroßer Arten sind beinahe ganz erwachsen, während die Welpen großer und riesiger Rassen immer noch weiterwachsen. Doch auch bei den Welpen, die noch größer werden, hat sich die Wachstumsrate merklich verlangsamt, und Ihnen fällt vielleicht auf, daß Ihr Welpe breiter und stämmiger wird. Die Schlacksigkeit des «Teenagers» weicht allmählich einem volleren, breiteren Brustkorb, und die meisten Welpen scheinen nicht mehr aus lauter Knochen und großen Pfoten zu bestehen.

Eine ruhige Zeit

Solange Ihr Welpe genügend Bewegung und Auslauf hat, durchlebt er nun eine ziemlich ruhige Phase. Im großen und ganzen ist er willig und lerneifrig. Die Zeit ist nun sehr günstig, die Lektionen, die Sie dem Hund zu Hause erteilen, zu erweitern und ihm etwas Neues beizubringen. Wenn er die «Grundbegriffe» bereits beherrscht, können Sie ihm nun einige Tricks zeigen. Viele Welpen genießen tatsächlich die Interaktion des Lernens und sind mit sich zufrieden, wenn es ihnen gelingt, sich etwas Neues anzueignen; andere haben kein besonderes Interesse an Tricks. Sie können die diesbezügliche Empfänglichkeit Ihres Hundes an seiner Aufmerksamkeit (oder seinem Desinteresse) und an seinen Reaktionen auf die ganze Prozedur ablesen. Wenn Ihr Welpe das Interesse schnell verliert, ist er vielleicht noch nicht alt genug, sich auf das Erfassen von Tricks zu konzentrieren. In diesem Fall sollten Sie es später, wenn er etwas älter ist, erneut versuchen. Absolviert

Tabelle 23: Übersicht über die Hauptpunkte – Neun bis elf Monate: Noch mehr Ausgewogenheit

| | *Entwicklung des Welpen* | | *Erfordernisse der Aufzucht* | |
	Physisch	Sozial, verhaltensmäßig	Gesundheit und Sicherheitsbedürfnisse des Welpen	Arbeiten mit Bereitschaft des Welpen
Neun bis zehn Monate	Wächst noch immer und nimmt zu. Kleine Rassen sind ausgewachsen.	Im allgemeinen ausgeglichen. Manche Welpen erproben weiterhin Autorität***. Destruktives Verhalten kann sich fortsetzen oder wieder auftreten.	2 Mahlzeiten pro Tag**. Schützen sie unsterilisierte Weibchen vor zufälligen Begattungen.	Setzen Sie positive Bestärkung fort*.
			Verwenden Sie mehr Zeit auf Auslauf und Spiel**. Regelmäßige Fellpflege**.	Verwenden Sie mehr Zeit auf Auslauf und Spiel**. Gestatten Sie kein Betteln und Stehlen von Nahrung*.
Zehn bis elf Monate	Vielleicht erste Läufigkeit bei großen Weibchen. Mittelgroße Hunde sind fast ausgewachsen.			Vermeiden Sie «Bestärkung durch Negation».

* Siehe *ausführliche Besprechungen.*   ** Siehe *Kapitel 4.*   *** Siehe *Kapitel 5.*

218

er ein Gehorsamkeitstraining, so werden Sie vielleicht feststellen, daß er bei den Schulungen aufmerksam und willig ist. Gehört er zu einer größeren Rasse, wird er nun körperlich immer stärker, und Sie werden froh sein, daß Sie ihm rechtzeitig beigebracht haben, sich an der Leine ordentlich zu benehmen.

Zunehmende physische Kraft und Ausdauer bedeuten auch, daß Ihr Welpe immer mehr und immer öfter Bewegung und Auslauf benötigt. Sie müssen nun (wenn Sie keinen ganz winzigen und zarten Hund haben) nicht mehr besorgt sein, ihn mit lebhaften Spielen oder anstrengender Bewegung zu übermüden. Kinder sollten dazu ermuntert werden, ihn in ihr Spiel und ihr Herumtollen mit einzubeziehen, solange sich ihr Treiben in einem vernünftigen Rahmen hält. Einem Welpen dieses Alters tut jede lebhafte Betätigung gut, sofern sie nicht zu lange dauert oder ihn zu sehr in Anspruch nimmt. Körperliche Aktivität trägt auch dazu bei, destruktivem Verhalten vorzubeugen, das ein Problem werden oder wieder auftreten könnte, wenn Sie nicht mehr darauf achten würden, daß Ihr Hund genügend Auslauf und Bewegung hat.

Richtige Ernährung

Ausreichende Bewegung dient auch dazu, Ihren Welpen in guter Form zu halten und eine übermäßige Gewichtszunahme zu verhindern, jedoch nur, wenn die Nahrungsmenge richtig bemessen ist. Ein heranwachsender Hund, der sich ausgiebig bewegt, kann einen enormen Appetit entwickeln.

Sei müssen Ihrem Welpen täglich soviel Nahrung geben, daß er mit genügend Energie versorgt ist, um bei Kräften zu bleiben, weiterzuwachsen und stämmiger zu werden; doch Sie müssen auch darauf achten, ihn nicht zu überfüttern, denn obwohl er nun größer ist, benötigt er nicht mehr so viel Kalorien wie zur Zeit seines starken Wachstums. Er ist nicht in der Lage, die Nahrungsaufnahme von sich aus einzuschränken, wenn er satt ist, sondern wird alles auffressen, was Sie ihm vorsetzen (und mitunter auch noch Bissen, die ihm eigentlich nicht zugedacht sind). Gewöhnen Sie sich nicht an, Ihrem Hund zwischendurch ständig etwas zu geben oder ihm Leckerbissen zukommen zu lassen, und erlauben Sie auch den Kindern oder anderen Familienmitgliedern nicht, dies zu tun. Als Belohnung für gutes Benehmen sollten Sie mittlerweile Lob und Zuwendung an die Stelle von Leckerbissen gesetzt haben. Es ist jedenfalls an der Zeit, dies nun zu tun. Sie sollten dem Welpen demnächst auch nur noch eine Mahlzeit pro Tag geben und der stärker werdenden Versuchung widerstehen, ihm zwischendurch den einen oder anderen Extrahappen zukommen zu lassen. Darauf sollten Sie vor allem achten, wenn Ihr Welpe sterilisiert oder kastriert wurde. Rüden scheinen gelegentlich unmittelbar nach der Kastration größeren Appetit zu zeigen, und es kann schwierig sein, sie nicht zu überfüttern.

Wenn Sie nicht genau wissen, wieviel Nahrung pro Tag Sie dem Welpen geben sollen, so konsultieren Sie den Tierarzt. Sie sollten auch bedenken, daß die Hersteller von Hundefutter den Kalorienbedarf der Tiere auf den Packungen meistens etwas zu hoch ansetzen, damit eine ausreichende Ernährung sichergestellt ist, und mitunter werden Nahrungsmengen empfohlen, die für viele Hunde zu reichlich sind. Halten Sie sich daher an die Ratschläge des Veterinärs.

Zu dieser Zeit entsteht oft eine schlechte, vielen Hundebesitzern unangenehme Angewohnheit: Der Hund beginnt, um Nahrung zu betteln oder sie sogar zu stehlen. Diese Unart ist ihm leicht abzugewöhnen. In der Regel braucht es nur einiges an Willenskraft seitens des Besitzers, seiner Familie und Freunde.

Betteln und Nahrung stehlen

Karin und Peter hatten Herrn und Frau Krause zu Besuch, die Eigentümer der Bank, in der Peter erst seit sechs Monaten arbeitete, und waren bestrebt, einen guten Eindruck zu erwecken. Sie hatten den ganzen Samstag mit Einkaufen, Saubermachen und Kochen verbracht und versucht, die Atmosphäre eines ruhigen, gut organisierten Haushalts zu schaffen. Als die vier Personen bei Kerzenschein am Tisch saßen und zu essen begannen, erschrak Frau Krause plötzlich und ließ einen Ausruf vernehmen. Peter warf einen Blick unter den Tisch und stellte zu seinem Entsetzen fest, daß sein zwei Jahre alter Collie seine Schnauze auf Frau Krauses Schoß gelegt hatte und schwanzwedelnd darauf wartete, daß sie ihm einen Bissen zuwarf. Peter versuchte, den Hund mit seiner Serviette zu verscheuchen, doch nach ein paar Minuten begann der Collie, nun Herrn Krause zu stupsen. Schließlich stand Peter auf, packte den Hund beim Halsband und brachte ihn hinaus. Das Tier begann jedoch, durchdringend zu bellen. Peter und Karin sahen sich verzweifelt an.

Ein Hund, der nicht gelernt hat, bei Tisch nicht um Nahrung zu betteln, wird sich auch in Gesellschaft nicht ordentlich benehmen können. Sie müssen sich darüber im klaren sein, daß die Verhaltensweisen Ihres Hundes, die Sie normalerweise dulden, sehr peinlich werden können, wenn Fremde in Ihrem Haus sind. Sobald sich Ihr Welpe frei in Ihrem Heim bewegen darf, kann es ihm in den Sinn kommen, daß er gerne etwas von den aromatisch duftenden Speisen auf Ihrem Teller haben würde. Nur ein einziger, kleiner Happen, der ihm von einer gedankenlosen Person gegeben wird, die Mitlied mit seinem flehenden Blick hat, kann ihn zu einem Bettler machen.

In dieser Angelegenheit müssen Sie unerbittlich sein. Werfen Sie einem Welpen niemals einen Bissen zu, während Sie am Tisch sitzen und/oder essen, und gestatten Sie auch den anderen Familienmitgliedern oder Besuchern nicht, dies zu tun. Es spielt keine Rolle, ob Sie nur einen Imbiß in der Küche zu sich nehmen oder ein großes Abendessen im Speisezimmer. Ihr Welpe kennt den Unterschied nicht; er begreift aber, daß ihm vielleicht ein schmackhafter Happen zufällt, wenn er bittend dreinschaut, winselt, bellt, seinen Kopf in Ihren Schoß legt oder sich auf die Hinterbeine stellt und seine Pfoten auf die Tischkante legt.

Einige Leute entscheiden sich dafür, einen Welpen ganz aus dem Eßzimmer oder der Küche auszuschließen, solange sie essen, entweder indem sie die Türe schließen oder eine Sperre aufstellen oder indem sie verbale Befehle benutzen. Wir sind gegen die Verwendung von Sperrgittern oder Türen, denn es ist ein mühsames Verfahren, und Ihr Welpe lernt nichts dabei. Es ist bei weitem besser, sich etwas Zeit zu nehmen und ihm beizubringen, was Sie wollen, indem Sie ein verbales Kommando wie zum Beispiel «geh, sitz» benutzen oder ihm zeigen, daß Sie es nicht dulden, wenn er bettelt. Erlauben Sie ihm auch niemals, zwischen Ihren Füßen herumzulaufen, während Sie kochen oder das Essen servieren; dies kann gefährlich sein.

Falls Kinder oder andere weichherzige Familienmitglieder das Gefühl haben, sie müßten dem Hund unbedingt etwas abgeben, können sie nach Beendigung der Mahlzeit die Essensreste in die Küche bringen, in den Futternapf füllen und dann dem Welpen geben. Es sollte jedoch nicht so weit kommen, daß er erwartet, dies müsse nach jeder Mahlzeit so sein. Er wird sonst bald an Übergewicht leiden, und es könnte eine Gewohnheit daraus entstehen, und es wird Ihnen vielleicht lästig sein, nach jeder Mahlzeit ein solches Ritual zu befolgen. Es ist viel besser, geeignete Essensreste einzufrieren und sie später unter das normale Hundefutter zu mischen. Dann bringt der Welpe die besondere Kost nicht mit Ihren Mahlzeiten in Zusammenhang. Einige Besitzer finden es auch hilfreich, dem Hund unmittelbar bevor die Familie sich zu Tisch setzt, sein reguläres Futter zu verabreichen. Dies funktioniert, wenn die Essenszeiten in Ihrem Haushalt ziemlich genau eingehalten werden, doch es hindert ihn nicht daran, zu anderen Tageszeiten zu betteln.

Bringen Sie einem Welpen frühzeitig und konsequent die richtigen «Tischmanieren» bei, wird er sich bald von selbst auf seinen Platz zurückziehen, wenn Sie sich zum Essen niedersetzen, auch wenn es nur für einen schnellen Imbiß ist, und Sie brauchen nie in die peinliche Situation zu geraten, daß Ihr Hund unter dem Tisch einen Gast mit der Schnauze stupst.

Nahrung stehlen

Einige Hunde scheinen immerzu hungrig zu sein, egal wie gut man sie füttert, und sie sind stets in Versuchung, die appetitlichen Bissen zu schnappen, auf die niemand aufpaßt. Einem Welpen muß beigebracht werden, daß er sich nie irgend etwas nehmen darf – und sei es noch so verlockend –, was ihm nicht gegeben wurde.

Große Hunde, die Tische und Anrichten ohne Mühe erreichen können, werden eher dazu verführt, in der Küche oder im Eßzimmer Nahrung zu stehlen. Doch wenn es darum geht, auf Stühle oder Hocker zu springen und sich einen Leckerbissen zu ergattern, können auch kleine Hunde sehr erfinderisch sein. Knabbereien auf Beistelltischchen und Picknicks im Freien sind für alle Tiere sehr verlockend (und auch leicht zugänglich).

Die meisten Hunde versuchen nicht, etwas zu stehlen, wenn Menschen anwesend sind. Sollte sich Ihr Welpe einem unerlaubten Bissen nähern, so machen Sie ihm durch ein sofortiges «nein» und anschließendes Schimpfen unmißverständlich klar, daß Sie dies nicht dulden.

Erlauben Sie ihm niemals, etwas Gestohlenes zu verzehren, und nehmen Sie es ihm sofort weg. Läuft er mit gestohlenen Lebensmitteln davon, gehen Sie ihm nach, nehmen Sie ihm das Gestohlene weg, und bringen Sie ihn zum Ort des Vergehens zurück, um mit ihm zu schimpfen. Es ist sehr wichtig, dies nicht zu versäumen. Erlauben Sie sich nicht die nachlässige Einstellung: «Die Wurst ist nun sowieso verdorben, warum soll der Welpe sie dann nicht genießen?» Dadurch würden Sie ihm beibringen, daß er nicht nur ungestraft Lebensmittel stehlen kann, sondern seine Beute auch ohne irgendwelche unangenehmen Folgen verzehren darf.

Setzt er das Stehlen fort, wenn Sie nicht anwesend sind, müssen Sie vielleicht auch in diesem Fall eine Situation inszenieren, in der er sich durch sein Verhalten selbst bestraft (siehe *Ungebührliches Beißen und Kauen*, Seite 134). Tränken Sie einen appetitlich aussehenden Happen mit einer Substanz, die fürchterlich schmeckt, deponieren Sie ihn auf einem niedrigen Tisch und verlassen Sie den Raum. Wenn sich der Welpe den Bissen schnappt, hat er sofort den üblen Geschmack im Maul; er läßt den Bissen fallen und wird wahrscheinlich nicht versuchen, wieder zu stehlen – zumindest für einige Zeit.

Auch wenn ein Welpe dazu erzogen wurde, keine Lebensmittel zu stehlen, ist es von Vorteil, ihn mit einem «nein» daran zu erinnern, falls Sie verlockendes Essen an einer leicht zugänglichen Stelle für einige Zeit unbeaufsichtigt stehen lassen wollen.

Kleine Reibereien

Neben der Möglichkeit, daß das bereits besprochene destruktive Verhalten wieder auftritt, haben Sie damit zu rechnen, daß Ihr Welpe sich nun auf einmal erwachsen genug fühlt, um Ihre Autorität herauszufordern. Ein Hund, der von Natur aus eigensinnig oder energisch ist, kann das Gefühl haben, er sei stark, kräftig und nicht mehr so sehr von Ihnen abhängig, und versuchen, Sie auf die Probe zu stellen, wie er es als «Teenager» tat. Diese Neigung tritt bei manchen Welpen relativ stark hervor und kann für die nächsten Monate anhalten, bis er sich dem reifen Stadium nähert.

Weitere Bestärkung

Fahren Sie in dem Augenblick, in dem Sie eine Auflehnung gegen ordentliches Benehmen oder einen Rückfall in irgendwelche Unarten bemerken, sofort alle Ihre schweren Geschütze auf, und gebieten Sie ihm Einhalt, wenn Sie nicht in ernste Schwierigkeiten geraten wollen. Ihr Welpe ist kein «Baby» mehr, und Sie können es sich nicht leisten, sich von ihm herausfordern und provozieren zu lassen. Wiederholen und vertiefen, bekräftigen und intensivieren Sie alle Lektionen so oft und so nachdrücklich Sie können. Vergessen Sie jedoch auch jetzt die starke Wirkung von Lob nicht. Ihr Welpe möchte Ihnen im Grunde genommen immer noch Freude bereiten und gefallen, und die Ermutigung zum richtigen Benehmen, die positive Bestärkung, ist eine Ihrer besten Waffen gegen aufsässiges Benehmen. Lassen Sie Ihren Hund bitte nicht auf die Meinung verfallen, er könne Ihre Aufmerksamkeit nur durch schlechtes Benehmen gewinnen. Darüber und über die nachteilige Wirkung unbeabsichtigter Belohnung für schlechtes Verhalten finden Sie mehr im folgenden Abschnitt über die «negative Bestärkung».

Da nun nicht mehr die Gefahr besteht, daß sich Ihr Welpe verletzt, und da er auch völlig stubenrein ist, haben Sie ihm wahrscheinlich erlaubt, sich die meiste Zeit frei im Haus oder zumindest einem Teil des Hauses oder der Wohnung zu bewegen. Dadurch eröffnen sich ihm natürlich auch Gelegenheiten zu neuen Unarten. Beschränkt sich sein Fehlverhalten eindeutig auf ein bestimmtes Zimmer – legt er sich beispielsweise immer auf Ihr Bett oder schläft er auf dem Sofa im Wohnzimmer –, besteht die wirkungsvollste Abschreckung darin, die Tür zu dem betreffenden Raum während Ihrer Abwesenheit zu schließen. Sie sollten das Türenschließen jedoch mit einer verbalen Bestärkung verbinden, wenn Sie daheim sind; sonst werden Sie Ihren Welpen bald wieder in nur einem Zimmer einschließen müssen, sobald Sie ausgehen.

Wahrscheinlich möchten Sie nicht gezwungen sein, dies jeden Tag zu tun; darüber hinaus kann diese Art des Einsperrens bei dem Hund Langeweile hervorrufen, die, wie wir wiederholt festgestellt haben, die Ursache für eine Reihe von Verhaltensstörungen ist.

Denken Sie daran, daß Ihr Welpe Ihre Gedanken nicht lesen kann. Er versteht die Handlungen so, wie er sie erlebt. Deshalb müssen Sie sorgfältig darauf achten, ihm keine falschen oder widersprüchlichen Botschaften zu übermitteln.

«Negative Bestärkung»

(Vorbemerkung: Mit dem Ausdruck «negative Bestärkung» bezeichnen wir «das (oft unbewußte) Bestärken unerwünschten oder störenden Verhaltens». Der Ausdruck «negative Bestärkung» bedeutet in wissenschaftlichem Zusammenhang «die Bestärkung eines Benehmens durch Entfernung eines negativen Reizes». Mit anderen Worten: Ein Stromstoß, der ausgelöst wird, wenn ein Hund einen Zaun berührt, und der nicht ausgelöst wird, wenn sich der Hund dem Zaun nicht nähert, wirkt als eine «negative Bestärkung», die das Tier dazu veranlaßt, dem Zaun fernzubleiben.)

Es klingelt, und Fifi, ein sechs Jahre alter Spitz, rennt hysterisch kläffend und knurrend zur Türe. Seine Besitzerin, Frau Lehmann, weiß aus Erfahrung, daß Fifi jeden Besucher in den Knöchel beißen möchte und nimmt den kleinen Hund auf die Arme, bevor sie die Türe öffnet. Sie hält ihn fest, murmelt «nicht doch, böser Hund» und gibt dem Spitz, der weiterhin knurrt und den Besucher ankläfft, einen leichten Klaps auf die Nase. Das aggressive Verhalten des Hundes scheint immer schlimmer zu werden, und Frau Lehmann schreibt dies der Tatsache zu, daß Fifi eben älter wird.

Gertrud und Edgar haben sich soeben zum Essen hingesetzt, als ihr Beagle anfängt, an der Terrassentür wie wild zu kläffen und zu bellen. Mit einem Seufzer steht Gertrud auf und läßt den Hund hinaus. Das Tier rast durch den Garten an den Zaun und bellt wie verrückt irgendeinen mutmaßlichen Eindringling an – ein Eichhörnchen, eine Katze oder vielleicht einen anderen Hund. Wenige Minuten später kläfft er erneut, um hereingelassen zu werden. Kaum zehn Minuten später fängt das Bellen wieder an. Dieses Mal steht Edgar auf, um den Beagle hinaus- und wieder hereinzulassen. Dieser Vorgang wiederholt sich noch dreimal, bevor Gertrud und Edgar schließlich ihr Abendessen beenden können. «Er bewacht eben das Haus», versichern sie sich gegenseitig, doch ihre Geduld wird auf eine harte Probe gestellt.

Diese beiden Episoden sind gute Beispiele für das, was wir «negative Bestärkung» nennen. Im ersten Beispiel hat Frau Lehmann ihre Absicht verwirklicht – Ihr Besucher wird nicht von ihrem Spitz gebissen –, doch sie hat, ohne es zu wissen, die Wahrscheinlich-

225

keit vergrößert, daß die folgenden Besucher nicht so gut davonkommen. Die Botschaft, die Fifi übermittelt bekommt, besagt, daß er umso mehr Aufmerksamkeit erhält, je mehr Lärm er macht und je wilder er sich aufführt. In Wahrheit hat der Hund nichts anderes gelernt, als daß er nur dann hochgehoben und von den geliebten Menschen fest im Arm gehalten wird, wenn er sich aggressiv verhält.

Frau Lehmann ist sich der Tatsache überhaupt nicht bewußt, daß sie Fifi tatsächlich für sein schlechtes Verhalten belohnt. Sogar die Scheltworte und der Klaps auf die Nase sind für den kleinen Hund willkommene Zeichen von Aufmerksamkeit. Meistens läßt Frau Lehmann ihn den ganzen Tag lang in der Wohnung herumlaufen, ohne ihn weiter zu beachten oder ihm andere Zeichen der Zuneigung zu zeigen als einen gelegentlichen Klaps. Denselben Mangel an Zuneigung kann ein Hund verspüren, der in einem Haushalt lebt, wo die Menschen den ganzen Tag in der Arbeit oder in der Schule sind. Wie auch ein kleines Kind, verhält sich Fifi so, daß ihm Aufmerksamkeit geschenkt wird.

Auch der Beagle erreicht sein Ziel, indem er sich übermäßig territorial verhält. Sobald sich seine Besitzer hinsetzen und ihn nicht mehr beachten, sorgt er durch sein unablässiges Bellen dafür, daß sie sich ihm wieder zuwenden. Gertrud und Edgar ermutigen dieses Verhalten ebenfalls, ohne es zu bemerken. Indem sie aufspringen und ihn in dem Moment hinauslassen, in dem er zu bellen beginnt, übermitteln sie ihm die Botschaft, daß sein übermäßiges Territorialverhalten ein geeignetes Mittel ist, ihre Aufmerksamkeit auf sich zu lenken, und gleichzeitig für etwas Abwechslung und Unterhaltung sorgt. Der Hund kann natürlich nicht wissen, daß seine Besitzer dieses «Spiel» nicht so genießen wie er selbst, denn sie spielen ja bereitwillig mit.

Obwohl wahrscheinlich beiden Hunden beigebracht werden kann, daß ihr Verhalten nicht akzeptabel ist, wird es Zeit und Mühe kosten, es in diesem Alter noch zu korrigieren. Es wäre bei weitem einfacher, sie von Anfang an nicht zu ermutigen!

In beiden Fällen hätte den Hunden, solange sie noch klein waren, durch konsequentes Handeln klargemacht werden können, daß gewisse Verhaltensweisen nicht geduldet und nicht mit Zuwendung belohnt werden (siehe auch *Disziplin: Belohnung und Strafe,* Seite 91; *Positive Bestärkung,* Seite 202; *Aggressionen im Keim ersticken,* Seite 139; *Übertriebenes, lästiges Bellen,* Seite 175).

16   Elf Monate bis anderthalb Jahre: Der junge Erwachsene — Wer ist der Boß?

Zwischen seinem elften und achzehnten Lebensmonat wird Ihr Welpe ein junger Erwachsener. Physisch und verhaltensmäßig ist er nun weitgehend zu dem Hund geworden, der er von jetzt an bleibt. Wahrscheinlich legt er noch ein wenig an Gewicht zu und wird im Lauf der nächsten Jahre noch etwas ruhiger und ausgeglichener, doch ist er gegen Ende dieses Zeitabschnittes im wesentlichen ausgewachsen.

Alle Hunde sind im Alter von einem Jahr voll entwickelt — ausgenommen Tiere großwüchsiger und riesiger Rassen, die gewöhnlich erst mit etwa anderthalb Jahren ihre volle Körpergröße erreichen —, und im Alter von etwa zwei Jahren verhaltensmäßig gefestigt. Sehr große Hunde werden meist im Verlauf ihres zweiten Lebensjahres geschlechtsreif und können auch danach noch an Größe und Gewicht zunehmen. Die verhaltensmäßige Reife erreichen sie ebenfalls erst bei der Vollendung des zweiten Lebensjahres oder später.

In dieser Zeit fühlen sich die meisten Welpen physisch stark und emotional sicher. Obwohl sie inzwischen den größten Teil Ihrer Verhaltensregeln genau kennen, haben viele genug Selbstvertrauen und Wagemut, um auszuprobieren, ob sie sich die eine oder andere Übertretung eines Gebots leisten können.

Überschwang

Im Verlauf des elften und zwölften Monats und dann wieder im Alter von etwa anderthalb Jahren versuchen die meisten (außer den schüchternsten) Welpen, Sie in der einen oder anderen Weise auf die Probe zu stellen. Diese scheinbare Rebellion ist zum Teil auf reinen Überschwang und schiere Lebensfreude zurückzuführen. Es kann sein, daß Ihr nahezu erwachsener Welpe sich nun sehr ungebührlich und wild benimmt, einfach wegläuft, wenn Sie ruhig mit ihm spielen oder ihm eine Gehorsamkeitslektion erteilen

Tabelle 24: Übersicht über die Hauptpunkte – Elf Monate bis anderthalb Jahre: Der junge Erwachsene – Wer ist der Boss?

	Entwicklung des Welpen		*Erfordernisse der Aufzucht*	
	Physisch	**Sozial, verhaltensmäßig**	**Gesundheit und Sicherheitsbedürfnisse des Welpen**	**Arbeiten mit Bereitschaft des Welpen**
Elf Monate bis ein Jahr	Geschlechtsreife bei allen außer Riesenrassen.	Stellt vielleicht erneut Autorität auf die Probe**. Rüden werden überwachsam und aggressiv.	Geben Sie 2 Mahlzeiten pro Tag**. Schützen Sie unsterilisierte Weibchen vor zufälligen Begattungen. Mehr Zeit für Auslauf und Spiel. Regelmäßige Fellpflege**.	Vertiefen Sie weiterhin alle früheren Lektionen. Kontrollieren Sie bei Männchen das Begatten*. Mehr Zeit für Auslauf und Spiel.
Ein Jahr bis anderthalb Jahre	Körperliche Reife bei großen Hunden. Riesenrassen kommen in die Pubertät, erste Läufigkeit.	Erproben Autorität nochmals.	Jährliche Untersuchung**. Impfungen/ Herzwürmertest**. Geben Sie 1 oder 2 Mahlzeiten pro Tag.	Hochspringen an Menschen nicht gestatten*. Energisches Durchgreifen erforderlich. Ein weiteres Haustier zur Gesellschaft?

* Siehe ausführliche Besprechungen.   ** Siehe *Kapitel 4.*   *** Siehe *Kapitel 5.*

wollen, mit seinem heftig wedelnden Schwanz Gegenstände vom Tisch wirft, viel bellt und Menschen anspringt. Sollte dies der Fall sein, braucht er wohl einen Dämpfer. Auch wenn er zu einer Zwergrasse gehört, ist es kein Vergnügen, ein allzu überschwengliches Tier im Haus zu haben.

Lassen Sie sich vor allem nicht darauf ein, mit Ihrem Hund regellose, tolle Spiele zu spielen. Vielleicht sind Sie oder Ihre Kinder in Versuchung, einfach mitzumachen, wenn Ihr älterer Welpe anfängt, kopflos herumzusausen; doch in gleicher Weise, wie ein derart undiszipliniertes, wildes Treiben von Kindern schließlich meist zu Ärger und Tränen führt, kann es bei einem jungen Hund, der kaum noch zu bremsen ist, zu chaotischen Situationen kommen. Wenn Sie an Ihrem Welpen Anzeichen dafür feststellen, daß er nun allzu wild wird oder «durchdreht», beenden Sie sofort die Tätigkeit, die Sie gemeinsam mit ihm ausführen. Setzen Sie sich ruhig hin und rufen Sie ihn zu sich. Kommt er zu Ihnen, tätscheln und streicheln Sie ihn sanft am ganzen Körper, und bestehen Sie darauf, daß er sitzen bleibt oder für mindestens fünfzehn Minuten die «Platz»-Position einnimmt. Wenn Sie ihn dann wieder laufen lassen, können Sie das Spiel ohne weiteres fortsetzen, doch achten Sie darauf, daß er den Rahmen des Spiels nicht überschreitet. Wenn Sie beispielsweise Werfen und Holen spielen, muß er den von Ihnen geworfenen Gegenstand jedesmal zu Ihnen zurückbringen und darf damit nicht einfach in der Gegend herumrennen. Wird er wieder zu hektisch oder läßt er sich ablenken, unterbrechen Sie das Spiel erneut, und bestehen Sie darauf, daß er sich für eine gewisse Zeit still und ruhig verhält, bevor Sie es fortsetzen. Wo Sie sich auch befinden, wiederholen Sie diese Maßnahmen sooft wie nötig, bis er sich beruhigt.

Es ist möglich, daß Ihr vor Tatendrang strotzender Welpe nicht genug Bewegung hat und deswegen so «überdreht» ist, vor allem, wenn er zu einer großen, starken und lebhaften Rasse gehört. Seine körperliche Entwicklung kann so schnell vonstatten gegangen sein, daß Sie sein zunehmendes Bedürfnis nach Bewegung nicht erkannt und befriedigt haben. Trifft dies zu, sollten Sie es so einrichten, daß er häufig längere Spaziergänge oder anstrengende Dauerläufe mit Ihnen machen kann. Wir sprachen in *Kapitel 14* bereits über das Rennen oder Joggen mit dem Welpen. Wenn Sie Lust dazu haben und Ihnen dies als eine geeignete Möglichkeit erscheint, ihm Auslauf zu verschaffen, können Sie dies tun, sofern der Hund etwa ein Jahr alt und körperlich ausgereift ist; nur für die ganz großen Rassen ist derartiges noch zu früh. Erkundigen Sie sich vorsichtshalber beim Tierarzt, bevor Sie Ihrem Welpen eine solch intensive körperliche Betätigung zumuten.

Bestärkung fortsetzen

Ihr Welpe stellt Sie nun vielleicht nicht durch sein ungebührliches Benehmen auf die Probe, sondern einfach indem er sich sorglos verhält oder Ihre Wünsche nicht beachtet. Wie gesagt, sollten Sie es ihm niemals durchgehen lassen, wenn er Ihre Autorität in Frage stellt, indem er so tut, als verstünde er die ihm bekannten Befehle nicht, oder indem er irgendeine neue Unart ausprobiert. Dies ist vor allem jetzt wichtig, da er erwachsen wird, und bringen Sie ihn nicht sofort zur Vernunft, sobald er Anstalten macht, sich daneben zu benehmen, kann er die Botschaft erhalten, daß seine neue Reife und körperliche Kraft es ihm erlauben, Ihre Autorität zu mißachten.

Gleichgültig ob Ihr Welpe erst elf Monate oder schon über ein Jahr alt ist: Wenn er beginnt, Sie herauszufordern, ist es von entscheidender Bedeutung, daß Sie Ihre dominante Stellung durch fortgesetzte Bestärkung ordentlichen Benehmens behaupten. Sonst wird er als erwachsener Hund glauben, den Herrn spielen zu können, wann immer es ihm paßt. Wenn Sie es soweit kommen lassen, werden Sie ihn immer wieder von Neuem erziehen müssen, und das wird um einiges schwieriger sein, als ihn jetzt zu anständigem Verhalten zu ermahnen, da die Erinnerungen an seine nicht allzu weit zurückliegende Abhängigkeit von Ihnen noch lebendig sind.

Falls Sie einen sehr folgsamen, schüchternen Welpen haben, der immer brav ist und nie über die Stränge schlägt, bemerken Sie von dieser Aufsässigkeit vielleicht kaum etwas. Doch auch ein wohlerzogener Welpe kann Sie in diesem Alter ein wenig auf die Probe stellen, seien Sie daher auf der Hut. Haben Sie einen absolut gehorsamen Welpen, der Ihnen jeden Wunsch von den Augen abliest, genügt es vielleicht zu sagen: «Das gehört sich aber nicht», um jedes aufkommende Problem nachhaltig auszuräumen.

Weitere Besuche beim Tierarzt

Wenn Ihr Welpe etwa ein Jahr alt ist, sollte er wieder zum Tierarzt gebracht werden, um die erste der jährlichen Auffrischungsspritzen zu erhalten. Von nun an sollten Sie den Veterinär regelmäßig einmal pro Jahr aufsuchen und Ihren Hund gegen ansteckende Krankheiten impfen lassen: Die Wirkung einer Impfung dauert nicht unbegrenzt an, doch Ihr Tier soll beständig vor Infektionen geschützt sein.

Unter Umständen empfiehlt Ihnen der Tierarzt, bestimmte Impfungen öfter zu wiederholen, während andere (zum Beispiel die gegen Tollwut) nur alle zwei bis drei Jahre vorgenommen werden. Besprechen Sie sich auch jedesmal mit dem Veterinär, wenn Sie beabsichtigen, Ihren Hund auf Reisen mitzunehmen; es kann ratsam sein, dann zusätzliche Impfungen durchzuführen.

Je nachdem in welcher Gegend Sie wohnen, sollte auch mindestens einmal im Jahr eine Untersuchung auf Herzwürmer vorgenommen werden (siehe *Kapitel 4)*.

Der wegen der Impfungen jährlich anfallende Besuch beim Tierarzt ist eine gute Gelegenheit, den Welpen gründlich untersuchen zu lassen. Auch können Sie mit dem Veterinär dann über alles sprechen, was Ihnen hinsichtlich des Wohlergehens Ihres Hundes am Herzen liegt, und der Arzt kann sich ein genaues Bild vom Wachstum, Bewegungsbedarf und der Verfassung Ihres Welpen machen.

Im Alter von einem Jahr kommen die meisten Welpen mit einer Mahlzeit pro Tag aus. Gehört Ihr Hund zu einer großen oder Riesenrasse, braucht er eine Spezialdiät oder hat er Schwierigkeiten mit der Verdauung, so sind vielleicht mehrere kleine Portionen pro Tag auch weiterhin günstiger. Einige Hunde gedeihen bestens, wenn sie nach der Selbstbedienungsmethode gefüttert werden. Sprechen Sie mit dem Tierarzt über die Ernährung, denn er weiß mit Sicherheit, welche Fütterungsmethode für Ihr Tier gut geeignet ist. Denken Sie daran, daß kein Welpe unmittelbar nach den Mahlzeiten körperlichen Anstrengungen unterzogen werden sollte. Dies ist vor allem bei großen und Riesenrassen zu berücksichtigen, die zu mitunter sogar lebensbedrohlichen «Blähungen» neigen. Diese Blähungen werden unter anderem durch zu große Anstrengung nach der Nahrungsaufnahme verursacht.

Geschlechtsreife

Im Alter von einem Jahr sind alle Hunde geschlechtsreif: Nur die meisten Riesenrassen erlangen die Geschlechtsreife erst mit etwa anderthalb Jahren.

Sexuelle Instinkte in Verbindung mit zunehmender körperlicher Kraft können viele männliche Welpen dazu veranlassen, Sie und Ihr Eigentum eifersüchtig zu bewachen. Von Natur aus forsche Rüden, die im Alter von acht oder neun Monaten sexuell bedingtes Aggressionsverhalten zeigten, können nun auch ihre Beschützerrolle in aggressiver Weise spielen. Die möglichen Folgen solchen Verhaltens können bei einem ausgewachsenen Hund natürlich viel schwerwiegender sein, als bei einem acht oder neun Monate alten Welpen, und Sie müssen auf der Hut sein und alle Ansätze zu aggressivem Benehmen sofort unterbinden. Stellen Sie nötigenfalls die Dominanz über Ihren Welpen umgehend wieder her (siehe *Aggressionen im Keim ersticken,* Seite 139). Bei einem großen Tier ist dies vielleicht nicht so einfach zu bewerkstelligen, doch Sie müssen es auf jeden Fall tun, bevor es meint, es könne sich Ihnen gegenüber alles erlauben.

Es kann nun auch nötig werden, Verhaltensweisen zu bestärken, von denen Sie glaubten, sie seien Ihrem Welpen längst in Fleisch und Blut übergegangen. Territorialverhalten, lästiges Bellen, Aggressionen unter Hunden und auch sexuell bedingtes «Markieren» können wieder zum Vorschein kommen, letzteres vor allem, wenn Ihr Tier nicht sterilisiert oder kastriert wurde. Alle diese Verhaltensweisen sind bei einem sexuell aktiven, lebhaften Hund völlig «natürlich», aber Sie müssen ihm klarmachen, daß Sie dieses Benehmen nicht erlauben. Obwohl das Hochspringen an Menschen nicht unbedingt mit Sexualität zu tun haben muß, kann es bei einem größeren Tier problematisch werden. Zwar entspringt dieses Verhalten meistens reinem Übermut oder der Lebensfreude Ihres Hundes, doch kann es, besonders bei großen Rüden, in einen sexuellen Akt umschlagen; Sie sollten es daher sofort unterbinden. Verhindern Sie es nicht, so kann aus dem Anspringen leicht ein Bespringen werden.

Das Bespringen

Die sechsjährige Linda kam eben mit ihrer Freundin Elsa nach Hause, und der vier Jahre alte Große Pyrenäenhund der Familie lief auf sie zu, um sie zu begrüßen. Sie streichelte den Kopf des Tieres und legte ihm die Arme um den Hals, und Elsa tat es ihr nach. Plötzlich begann der Hund, Elsa ziemlich heftig zu stupsen.

232

Sie wich kichernd zurück, und der Hund richtete sich auf und legte ihr die Vorderpfoten auf die Schultern. Immer noch kichernd versuchte sie, sich ihm zu entziehen, doch er ließ nicht locker und brachte es fertig, sie umzustoßen, so daß sie rücklings auf dem Rasenstück lag. Der Hund stellte sich breitbeinig über das entsetzte Mädchen. Linda rannte ins Haus und rief nach ihrer Mutter.

Martha saß mit zwei sehr gesitteten Damen in ihrem Wohnzimmer, um mit ihnen über den Beitritt in einen Verein zu sprechen. Sie hatte gerade in ihrem besten Porzellangeschirr den Tee serviert und pflegte höflich Konversation. Da tauchte zu ihrem Entsetzen ihr zweijähriger Dachshund auf, der eines der übereinandergeschlagenen Beine einer Dame zu beschnüffeln begann. Bevor Martha irgend etwas unternehmen konnte, hatte er mit seinen kurzen Vorderbeinen die Wade der Dame umklammert und machte Anstalten, sie zu «begatten».

Das Bespringen kann zu peinlichen Situationen führen, wenn Ihr Hund klein ist, und beängstigend und gefährlich werden, wenn er zu einer großen Rasse gehört.

Welpen bespringen oft im Spiel ihre Geschwister und mitunter auch andere Haustiere, um ihre Dominanz zu demonstrieren. Einige Welpen gehen dabei sogar auf leblose Gegenstände wie Sofakissen, Bettdecken und Stuhlbeine los. Sofortiges, energisches Einschreiten verhindert, daß diese Unart zur Gewohnheit wird: Klatschen Sie in die Hände, sagen Sie mit fester Stimme «nein», und entfernen Sie den Welpen umgehend von seinem «Opfer».

Bei einem geschlechtsreifen Rüden ist das Bespringen in der Regel sexueller Natur. Durch frühzeitige Kastration läßt sich am wirkungsvollsten verhindern, daß das Bespringen zu einer problematischen, schlechten Angewohnheit wird. Bei großwüchsigen Rassen, die spät geschlechtsreif werden, zeigt sich derartiges Paarungsverhalten oft erst, wenn die Tiere etwa drei oder vier Jahre alt sind; dann kann es aber ganz plötzlich und ohne Vorwarnung auftreten. Befindet sich eine läufige Hündin in der Nähe, kann das Bespringen besonders lästig werden. Auch eine späte Kastration ist noch relativ wirkungsvoll, doch sind die Erfolgsaussichten viel größer, wenn der Eingriff durchgeführt wird, bevor dieses Verhalten beginnt (siehe auch *Kastration,* Seite 204).

Soziale Interaktion

Mit etwa elf Monaten hat der Welpe bereits eine recht gefestigte Beziehung zu Ihnen, den übrigen Familienmitgliedern und anderen, ihm vertrauten Menschen. Zwar können Sie ihn noch damit überraschen, daß Sie ihn an neue Orte mitnehmen – etwa auf eine Ferienreise oder in einen ihm unbekannten Park –, doch sind die Grenzen seiner physischen Umwelt im großen und ganzen festgelegt. In dieser Lebensphase gibt es für Ihren beinahe erwachsenen jungen Hund kaum noch größerere Überraschungen. Es ist daher kein Wunder, daß er gelegentlich den Drang verspürt, sich etwas Abwechslung zu verschaffen, indem er sich einmal anders verhält als üblich oder auf eigene Faust einen Ausflug unternimmt. Sollte es ihm im Lauf der Zeit zu langweilig werden, müssen Sie unter Umständen feststellen, daß er weitere unliebsame Verhaltensweisen entwickelt hat.

Sorgen Sie dafür, daß Ihr Hund in der Lage ist, Ihre Abwesenheit zu ertragen, bevor sich seine Persönlichkeitsstruktur zu sehr gefestigt hat. Wenn Sie oder andere Mitglieder der Familie meistens zu Hause sind, sollten Sie Ihren Welpen mitunter absichtlich allein im Haus lassen, damit er nicht zu stark von ihrer Gegenwart abhängig wird (siehe auch *Helfen Sie dem Welpen, die Abwesenheit von Menschen zu ertragen,* Seite 165). Nun ist auch die rechte Zeit, ihn für einen Tag oder eine Nacht in ein Tierheim zu bringen, falls dies schon länger nicht mehr geschehen ist, um seine Fähigkeit, eine zeitweilige Trennung von seinem Zuhause und den ihm vertrauten Menschen ohne Schaden zu überstehen, zu erhalten (siehe auch *Unterbringung in einer Hundepension,* Seite 197).

Wenn Ihr Welpe die Abhängigkeit der Kindheitsphase hinter sich läßt und zu einem selbstsicheren erwachsenen Hund wird, vergißt man leicht, daß er noch immer Zuneigung, Gesellschaft, Lob und Unterhaltung braucht. Sie haben ihn von seiner Mutter und von seinen Geschwistern weggeholt und sich bemüht, ihm einzuprägen, daß Sie der Anführer seines Rudels sind. Nun, da er keine so intensive Betreuung mehr benötigt wie zuvor und im großen und ganzen weiß, welches Verhalten von ihm erwartet wird, hält man dies allzu leicht für selbstverständlich.

Wenn Ihnen auffällt, daß Sie immer weniger Zeit mit Ihrem Welpen verbringen, müssen Sie befürchten, daß er sich langweilt und einsam fühlt. Ihre eigenen sozialen und geschäftlichen Verpflich-

234

tungen können Sie oft so in Anspruch nehmen, daß Sie nicht soviel Zeit für ihn haben, wie Sie oder er es gerne möchten. Bevor sich nun bei Ihnen Schuldgefühle einstellen und Ihr Hund den Drang verspürt, Ihre Aufmerksamkeit durch schlechtes Benehmen auf sich zu lenken, sollten Sie in Erwägung ziehen, ein weiteres Haustier anzuschaffen, damit er etwas Gesellschaft hat. Auch wenn Sie sich ursprünglich keine zwei Welpen zulegen wollten, kann nun der Zeitpunkt gekommen sein, Ihre Meinung zu ändern. Unter Umständen ist dies das schönste Geschenk, das Sie Ihrem fast erwachsenen Welpen und sich selbst machen können; es kann auch ein entscheidender Schritt bei seiner Erziehung zu einem wirklich prachtvollen Hund sein.

Ein weiteres Haustier zur Gesellschaft?

Fritz und Hildegard arbeiteten immer ziemlich lange. Ihr Pudel schien sich mit ihrer täglichen Abwesenheit abgefunden zu haben und verhielt sich ruhig, bis er etwa ein Jahr alt und fast ausgewachsen war. Dann mußten Fritz und Hildegard öfters feststellen, daß er während des Tages die Papierkörbe umgeworfen und die Sitzkissen von den Stühlen gezerrt hatte. Wenn sie mit ihm schimpften, wirkte er sehr reuevoll, doch mit der Zeit wurde sein Verhalten immer destruktiver. Bald warf er nicht nur Gegenstände um oder auf den Boden, sondern biß auch auf ihnen herum. Als Fritz und Hildegard eines Tages müde und hungrig von der Arbeit nach Hause kamen, entdeckten sie, daß ihr Pudel ein besticktes Kissen, ein Geschenk von Hildegards Mutter, zerfetzt und die Bestandteile des Kissens im ganzen Raum verstreut hatte. Sie wußten sich keinen Rat mehr und erwogen ernsthaft, den Hund wegzugeben, obwohl sie ihn an sich sehr gerne hatten.

Dieser Pudel leidet nicht nur an Langeweile, sondern fühlt sich auch einsam und steckt voll angestauter Energie, wenn er acht Stunden oder länger allein gelassen wird. Wie bereits dargestellt, sind Hunde in der Regel keine Einzelgänger, sondern brauchen viel Gesellschaft. Körperlich schon ausgewachsene Tiere, die nicht ausgelastet sind, neigen dazu, verschiedene Unarten an den Tag zu legen. Wenn sie nichts Besseres zu tun haben, fallen sie oft wieder in alte, «kindische» Gewohnheiten zurück: Sie zerbeißen

Gegenstände, machen Pfützen, bellen dauernd, werfen Dinge um oder legen andere Arten aggressiven Verhaltens an den Tag. Andere werden depressiv, launisch oder leiden an Neurosen, Phobien oder anderen Deformationen der Persönlichkeit. Obwohl ein zweites Haustier kein Ersatz für den Umgang mit Menschen sein kann, hilft es meistens doch, Verhaltensstörungen zu verhindern oder zu mildern, sofern diese aus Langeweile, Nervosität und Einsamkeit resultieren, die auf regelmäßige, lange Abwesenheit der Besitzer zurückzuführen sind.

Verlust der Zuneigung des Welpen?

Viele Menschen sind tatsächlich in Sorge, daß sich zwei Tiere stärker zueinander hingezogen fühlen könnten als zu ihnen, und besitzen sie bereits einen Hund, so fürchten sie, seine Gesellschaft und Zuneigung zu verlieren, sobald ein zweiter Welpe (oder eine Katze) im Haus ist. Diese Ängste sind jedoch grundlos, denn wenn Sie Ihrem Tier einen Gefährten verschaffen, kommen Sie in den Genuß der Zuneigung und der Gesellschaft beider Tiere.

Kommt ein zweiter Welpe oder eine Katze in Ihren Haushalt (siehe *Die Eingewöhnung eines zweiten Haustieres,* Seite 238), so bleibt der «eingesessene» Hund Ihr Freund und Begleiter, doch sind Sie dann nicht mehr gezwungen, ihn ständig zu unterhalten und ihm dauernd Gesellschaft leisten zu müssen. Sie brauchen sich nun nicht mehr schuldig fühlen, wenn Ihre Arbeit oder eine Freizeitbeschäftigung Sie länger als gewöhnlich von zu Hause fernhält, und Ihr Welpe leidet weniger an Einsamkeit und Langeweile, wenn Sie unterwegs sind.

Wenn Sie zwei Welpen gleichzeitig aufziehen (ob sie nun aus demselben Wurf stammen oder nicht), müssen Sie darauf achten, daß die beiden keine so starke Beziehung miteinander knüpfen, daß alle anderen Menschen oder Tiere ausgeschlossen sind. Eine derartige gegenseitige Abhängigkeit stört nicht nur Ihr Verhältnis zu jedem der beiden Hunde, sondern führt auch zu einer furchtbaren Gemütsbelastung für die zwei, sollten sie irgendwann einmal voneinander getrennt werden müssen. Eine größere Unabhängigkeit ist relativ leicht zu bewirken, erfordert es jedoch, jedem Welpen individuelle Erfahrungen zu vermitteln. Die beiden müssen hin und wieder voneinander getrennt werden, und jeder Welpe muß gelegentlich mit Ihnen und anderen Familienmitgliedern allein sein. Lassen Sie den einen Hund zu Hause, wenn Sie den anderen ausführen oder auf eine Autofahrt mitnehmen. Lassen Sie den einen Welpen in der Wohnung, während der andere mit Ihnen im Garten herumtollt usw. Tun Sie dies regelmäßig, und achten Sie darauf, daß keiner der beiden bevorzugt oder benachteiligt wird. Dann wachsen die Welpen so heran, daß sie unabhängig voneinander in allen möglichen Situationen und Beziehungen bestehen können.

Welches Tier ist als Gefährte geeignet?

Obwohl es naheliegend zu sein scheint, einen zweiten Hund zur Gesellschaft des ersten anzuschaffen, wollen viele Menschen einfach keine zwei Hunde haben oder der ihnen zur Verfügung stehende Platz reicht nicht aus. Nach unseren Beobachtungen sind ein Welpe und eine junge Katze ideale Gefährten. Selbst ein sehr kleines Kätzchen braucht erheblich weniger Betreuung und Zuwendung als ein junger Welpe, und Katzen benötigen auch sehr wenig Platz. Die Katze sollte jedoch vorwiegend im Haus oder in der Wohnung gehalten werden, denn wenn sie den ganzen Tag draußen unterwegs ist, wird sie einem ans Haus gebundenen Welpen natürlich kaum Gesellschaft leisten können.

Falls Sie im Sinn haben, zwei Welpen anzuschaffen, sollte der eine ein Männchen und der andere ein Weibchen sein. (Das Geschlecht einer Katze spielt keine Rolle.) Das Sterilisieren und/oder Kastrieren von Hunden wie auch Katzen ist sehr zu empfehlen, denn die physischen wie verhaltensmäßigen Vorteile sind, unabhängig vom jeweiligen Geschlecht der Tiere, beträchtlich.

Auch zwei Welpen aus demselben Wurf ergänzen sich ideal, solange jeder von ihnen eigenständige Erfahrungen machen kann, nachdem Sie die beiden Hunde übernommen haben. Zu diesem Zeitpunkt hat die Rollenverteilung bereits stattgefunden. Dies ist durchaus zu begrüßen, denn die beiden müssen nun nicht mehr darum kämpfen, wer die Rolle des dominanten beziehungsweise die des unterlegenen Hundes zu spielen hat.

Wenn Sie bereits einen Hund besitzen, sollte der zweite, den Sie anschaffen, jünger sein als der erste. Ein etwas älteres Tier (auch wenn es noch nicht ganz erwachsen ist) akzeptiert in den meisten Fällen einen jüngeren Welpen eher als einen gleichaltrigen oder gar älteren Hund. Legt sich eine Familie, die bereits einen älteren Hund hat, noch einen jüngeren zu, sollte die Wahl mit Bedacht getroffen werden. Obwohl Tiere mit entgegengesetztem Temperament oft gut miteinander auskommen, sollten Sie darauf achten, daß keinem der beiden vom anderen eine Gefahr droht und daß keines sich eingeschüchtert oder unterdrückt fühlt. Es ist nicht sinnvoll, einem schüchternen und furchtsamen Welpen einen aggressiven, draufgängerischen Gefährten beizugesellen. Doch da Sie vermutlich auch nicht zwei ängstliche Welpen haben wollen, sollten Sie nach einem selbstsicheren Hund suchen, der den älteren, furchtsamen etwas aufmuntern kann. Wenn Sie andererseits einen energiegeladenen und lebhaften Welpen besitzen, der gerne auf alles mögliche Jagd macht, ist es vielleicht günstig, einen ähnlich aktiven zweiten Welpen oder eine gesetzte, ältere Hauskatze anzuschaffen. Größenverhältnisse sind ebenfalls zu berücksichtigen. Es liegt auf der Hand, daß sich ein kleines, junges Kätzchen in Gesellschaft einer Dogge ständig in Gefahr befindet, wie behutsam sich der Hund auch verhalten mag. Und für Ihren zierlichen Zwergpudel ist vielleicht ein großer, starker Labrador-Welpe ein Brocken, mit dem er nicht zurechtkommt.

Die Eingewöhnung eines zweiten Haustieres

Bevor Sie ein neues Tier in Ihrem Haushalt aufnehmen, sollten beide Vierbeiner vollständig geimpft und vom Tierarzt untersucht werden, damit Sie sicher sein können, daß beide gesund sind. Dies verhindert nicht nur eine Übertragung von Parasiten und Krankheiten, sondern gewährleistet auch, daß sich beide wohlfühlen, denn schon geringfügige Erkrankungen und Infektionen können ein Tier mürrisch und unverträglich machen.

Wenn man ein weiteres Tier erst dann in den Haushalt holt, wenn ein Hund bereits erwachsen oder im reifen Alter ist, muß man den erheblichen Nachteil in Kauf nehmen, daß sich sein Territorialinstinkt in der Regel schon voll entwickelt hat. Dieser Instinkt ist bei einigen Hunden stärker ausgeprägt als bei anderen und kommt bei Rüden deutlicher zum Ausdruck als bei Hündinnen.

Sie sollten damit rechnen, daß Ihr Hund zunächst ablehnend oder zumindest mit Zurückhaltung reagiert, wenn der Neuankömmling erscheint, gleichgültig, um was für ein Tier es sich dabei handelt. Um Probleme zu vermeiden, sollte das gegenseitige Kennenlernen im voraus durchdacht und geplant werden und behutsam vonstatten gehen. Es ist unrealistisch zu erwarten, daß ein Hund, der bisher der einzige und unangefochtene «Hahn im Korb» war, nun einen neuen Mitbewohner mit Gleichmut in «sein» Heim aufnimmt. Spannungen können vermieden werden, wenn sich die beiden Tiere das erste Mal auf neutralem Boden begegnen und nicht auf heimischem Gebiet: vielleicht in einem Park oder auf einer Wiese, falls der Neuankömmling auch ein Welpe ist, und im Garten oder im Wohnzimmer eines Nachbarn, wenn es sich um eine Katze handelt. Der etablierte Hund kann den Neuling für eine Weile beschnüffeln und begutachten, ohne das Gefühl zu haben, daß jemand in sein Zuhause eindringt und ihn bedroht. Der Neuankömmling wird keine Angst haben und nicht in Verteidigungsstellung gehen, so daß sich die beiden in Ruhe aneinander gewöhnen können. Wenn die Tiere einige Zeit miteinander Kontakt gehabt haben, können Sie sie mit nach Hause nehmen.

Durch dieses Verfahren lassen sich jedoch nicht alle Probleme der Territorialität und Eifersucht umgehen. Auch wenn die beiden Tiere gut miteinander auszukommen scheinen, wenn jemand zu Hause ist, sollten Sie die beiden nicht miteinander alleine lassen, bis Sie sich davon überzeugt haben, daß sie sich untereinander keine Verletzungen zufügen. Kämpfe ereignen sich jedoch überraschenderweise nur in Gegenwart der Besitzer. Geschieht dies, sollten Sie Ihr eigenes Verhalten kritisch unter die Lupe nehmen und prüfen, wodurch Sie Aggression oder Eifersucht auslösen.

Die Gegenstände und bevorzugten Spielzeuge, die Ihrem ersten Hund gehören, sollten für den Neuankömmling tabu sein, und falls es nötig ist, eines der Tiere einzusperren, sollte es das neu angekommene sein. Ist das neue Tier eine Katze oder ein kleiner Welpe, kann seine Bewegungsfreiheit mit Hilfe eines einfachen Faltgitters, das in eine Türöffnung gestellt wird, so eingeschränkt werden, daß es dem Futter und dem Schlafplatz des älteren Tieres nicht zu nahe kommt; gleichzeitig haben beide Tiere jedoch die Gelegenheit, sich allmählich an den Anblick, den Geruch und die Geräusche des jeweils anderen zu gewöhnen.

Die meisten Hunde akzeptieren einen Welpen oder eine Katze ohne weiteres, doch einige der größeren, temperamentvollen Rassen müssen lernen, sich behutsam zu benehmen. Kleine Katzen können nötigenfalls ausweichen, sobald sie ihren Körper genügend beherrschen, oder auch ihre Krallen benutzen, um einem Hund klarzumachen, daß er zu weit gegangen ist. Kleine Welpen jedoch müssen vor größeren Hunden geschützt werden, bis sie sicher auf den Füßen sind.

Auch wenn die Tiere nicht zu unzertrennlichen Freunden werden, bietet schon die bloße Anwesenheit eines anderen Tieres in der

Regel genug Anregung und Gesellschaft für einen Hund, um Probleme, die sich aus Einsamkeit, Langeweile und fehlgeleiteter Energie ergeben, abwenden zu helfen.

Gelegentliche Rückfälle

Haben Sie einmal alle Rebellion, die sich bei Ihrem Welpen auf dem letzten Stück seines Weges zum Erwachsenendasein gezeigt haben könnte, überstanden, sollte das Leben mit Ihrem nunmehr erwachsenen jungen Hund recht angenehm verlaufen. Es gibt jedoch Hunde, die hin und wieder einen Rückfall zu erleiden scheinen und daher gelegentlich an ordentliches Verhalten erinnert werden müssen; hat man sie schon als Welpen gut erzogen, so genügt meist die unverzügliche Bestärkung des richtigen Benehmens. Bei Tieren, die zudem sterilisiert oder kastriert wurden, treten sexuell bedingte Probleme wie Aggression, Streunen und übermäßige Territorialität in der Regel nicht auf, wenn sie die Reife erreicht haben. Veränderte Lebensumstände können jedoch gelegentlich dazu führen, daß auch ein wohlerzogener Hund bereits erlernte Lektionen vergißt oder nicht beachtet. Ein Umzug, die plötzliche Abwesenheit eines geliebten Menschen oder eines Tiergefährten, Krankheit oder eine längere Unterbringung in einer Hundepension gehören zu den Dingen, die bei einem erwachsenen Hund Ängste auslösen können und schließlich vielleicht Verhaltensstörungen verursachen. Solche Probleme lassen sich gewöhnlich mit Geduld, Verständnis und fortgesetzter Bestärkung lösen. Es kommt jedoch auch vor, daß ein Hund wieder von Grund auf erzogen werden muß. Unter Umständen müssen Sie dann von vorne beginnen und Ihren Hund stubenrein machen oder ihm beispielsweise das Beißen und Kauen erneut abgewöhnen. Haben Sie frühzeitig eine gute Beziehung zu Ihrem Tier hergestellt, sollte dies nicht allzu schwierig sein und auch nicht allzu viel Zeit in Anspruch nehmen. Es könnte sein, daß es einmal zu Schwierigkeiten mit Ihrem Hund kommt, zu deren Beseitigung Ihnen die nötige Distanz fehlt oder in die Sie emotional so stark verwickelt sind, daß Sie den Grund der Verhaltensstörungen Ihres Tieres nicht objektiv sehen und diese nicht beheben können. In einem solchen Fall sollten Sie einen Tierpsychologen zu Rate ziehen.

Schlußbemerkung

Wenn Ihr Hund älter und reifer wird, überrascht er Sie vielleicht von Zeit zu Zeit damit, daß er Ihre Empfindungen und Bedürfnisse scheinbar kennt oder ahnt. Andererseits werden Sie feststellen, daß Sie die Persönlichkeit und unverwechselbaren Eigenheiten Ihres Hundes immer besser verstehen. Diese Verbindung macht das Wesen einer guten Beziehung zwischen Tier und Mensch aus. Sie haben nun einen wunderbaren Hund als Begleiter, weil Sie ein verantwortungsvoller und sorgsamer Besitzer sind.

Register

243